**Compropriedade
e Sociedade**

Compropriedade
e Sociedade

Compropriedade e Sociedade

ESTRUTURA, SEGURANÇA
E LIMITES DA AUTONOMIA PRIVADA

2017

Marcelo Barbaresco

COMPROPRIEDADE E SOCIEDADE
ESTRUTURA, SEGURANÇA E LIMITES DA AUTONOMIA PRIVADA
© Almedina, 2017

AUTOR: Marcelo Barbaresco
DIAGRAMAÇÃO: Almedina
DESIGN DE CAPA: FBA
ISBN: 978-858-49-3251-1

Dados Internacionais de Catalogação na Publicação (CIP)
(Câmara Brasileira do Livro, SP, Brasil)

Barbaresco, Marcelo
Compropriedade e sociedade : estrutura,
segurança e limites da autonomia privada / Marcelo
Barbaresco. -- 1. ed. -- São Paulo : Almedina Brasil, 2017.

Bibliografia
ISBN 978-85-8493-251-1

1. Autonomia privada 2. Direito de propriedade -
Brasil 3. Direito societário 4. Posse (Direito) –
Brasil 5. Propriedade - Aspectos sociais - Brasil I.
Título.

17-10119   CDU-347.23(81)

Índices para catálogo sistemático:
1. Brasil : Propriedade : Direito civil 347.23(81)

Este livro segue as regras do novo Acordo Ortográfico da Língua Portuguesa (1990).

Todos os direitos reservados. Nenhuma parte deste livro, protegido por copyright, pode ser reproduzida, armazenada ou transmitida de alguma forma ou por algum meio, seja eletrônico ou mecânico, inclusive fotocópia, gravação ou qualquer sistema de armazenagem de informações, sem a permissão expressa e por escrito da editora.

Novembro, 2017

EDITORA: Almedina Brasil
Rua José Maria Lisboa, 860, Conj.131 e 132, CEP: 01423-001 São Paulo | Brasil
editora@almedina.com.br
www.almedina.com.br

Primeiramente, à vida intensamente vivida por conta da liberdade de possibilidades proporcionadas pelos meus pais, amigos e companheiros.

Depois, às oportunidades que me foram franqueadas e, especialmente, àquelas relacionadas ao convívio com pessoas tão especiais no universo acadêmico e profissional.

Ao meu orientador, Professor Fabiano Dolenc Del Masso, pela inestimável contribuição para a realização deste meu desejo de uma vida, bem como ao amigo e Professor Kleber Luiz Zanchim, especialmente por sua amizade e imensa sabedoria.

PREFÁCIO

Orientar teses e dissertações representa um dos sonhos da maioria dos professores universitários, mas a jornada da orientação também é penosa para o orientador, pois, de alguma maneira, passa a ser responsável pelo resultado da pesquisa. Certamente não sente a mesma tensão que o mestrando ou doutorando sentem, mas o orientador também passa por algumas provações e incertezas no curso dos trabalhos. A tensão de ambos (orientador e orientado) só termina com o reconhecimento demonstrado na realização da banca pública, e é nesse momento que respiramos fundo e temos certeza de que tudo compensou.

A presente obra que venho a prefaciar origina-se de conclusão de Mestrado na Faculdade de Direito da Universidade Presbiteriana Mackenzie, sendo que foi atribuído ao seu autor o título de Mestre em Direito Político e Econômico, por banca que resolveu aprová-la com todos os méritos e reconhecimentos possíveis. O tema escolhido exigiu de seu autor que trilhasse pelo regime jurídico da compropriedade e das sociedades personificadas para, ao final, concluir e, uma vez observadas certas premissas, o instituto que mais se adequa à realização de negócios jurídicos imobiliários complexos e estruturados.

Após o estudo de ambos os institutos, um importante cenário comparativo foi traçado, de forma a possibilitar, na última parte do trabalho, estabelecer os limites da autonomia privada nas estruturas estruturantes do negócio jurídico imobiliário, o que demandou um posicionamento crítico constante do autor ao longo de toda a obra.

O autor, dedicado e orientado comprometido, desde a realização da disciplina Teoria Jurídica do Mercado, por mim ministrada, demonstrou interesse em trabalhar com as nuances do poder econômico no contexto dos negócios jurídicos imobiliários. A pesquisa intensa foi importante, mas o mérito do trabalho está na contribuição do autor ao tratar o tema com olhar próprio de pesquisador, de professor. Como já declarei no dia da banca de apresentação, *na condição de orientador apenas acompanhei os passos largos e seguros que o Marcelo dava na condução do trabalho.*

Cumpre-nos observar, ao final, que a publicação de livros com temas monográficos merece aplausos de toda a comunidade acadêmica, hoje abarrotada de livros manuais e dirigidos apenas para as massas de estudantes de Direito, sobretudo, para aqueles que estão preocupados com a aprovação em concursos públicos. Este livro da lavra de Marcelo Barbaresco constitui uma grande contribuição para o estudo sério e aprofundado de institutos jurídicos muito próximos, mas com particularidades determinantes para a sua utilização no grande universo dos negócios jurídicos imobiliários. Isto, especialmente, por comparar, criticamente e de maneira prática, o regime jurídico de direito civil (a compropriedade) com aquele relacionado às sociedades empresárias. Externo a minha grande felicidade em saber que mais do que uma dissertação de Mestrado, este livro será um valioso instrumento de estudo e consulta, o que enriquece ainda mais a literatura especializada acerca do tema tratado.

FABIANO DEL MASSO
Professor da Faculdade de Direito do Mackenzie

SUMÁRIO

INTRODUÇÃO — 11

CAPÍTULO 1 – COMPROPRIEDADE: CARACTERÍSTICAS E INSTRUMENTO DE COMUNHÃO DE INTERESSES PARA EMPREENDIMENTOS IMOBILIÁRIOS ESTRUTURADOS — 15
1.1. Conceito e Gênese histórica — 15
1.2. Substância, Essência e Diminuição de Valor — 22
1.3 Compropriedade Casual — 31
1.4. Compropriedade Consensual — 38
1.5. Divisão na Compropriedade Consensual — 41
1.6. Uso, destinação e Administração Geral — 48
1.7. Direito de Preferência e Gravames — 56
1.8. Direitos Reais e Modulação de seus efeitos — 63

CAPÍTULO 2 – SOCIEDADE & PERSONALIDADE JURÍDICA: A CORRELAÇÃO COM A COMPROPRIEDADE — 77
2.1. Retrospectiva, Conceito e Nascimento — 77
2.2. O tipo societário: Pessoas ou Capital — 85
2.3. Consequências do tipo societário: cessão, penhora, preferência — 88
2.4. Quota ou ação e sua correlação com o objeto social — 98
2.5. Os Quóruns de Aprovação — 108
2.6. Administração e relacionamentos entre Sócios e Sociedade — 114
2.7. Interesses em Conflito — 121
2.8. Poder de controlar — 124
2.9. Acordos Sociais (parassociais) — 129

CAPÍTULO 3 – COMPROPRIEDADE E SOCIEDADE: UM CENÁRIO COMPARATIVO 135
3.1. Retrospectiva e consolidação 135
3.2. Pluralidade de pessoas e interesses 137
3.3. Relação com o objeto 143
3.4. Efeito da (In) formal constituição 146
3.5. Comunhão de empresa 150

CAPÍTULO 4 – LIMITES DA AUTONOMIA PRIVADA NAS ESTRUTURAS ESTRUTURANTES DO NEGÓCIO JURÍDICO IMOBILIÁRIO 159
4.1. Delimitação do objeto 159
4.2. Contextualização dos limites e das estruturas estruturantes 160
4.3. Controle e a correlação com a estrutura: a comunhão societária e a compropriedade 164
4.4. Disposições Privadas Normativas em Negócios Jurídicos Imobiliários 167
4.5. Limites da Autonomia Privada nas estruturas estruturantes 173
    4.5.1. Função Social na Propriedade Societária e na Compropriedade 179
    4.5.2. Abuso do direito e a conformação das estruturas estruturantes 184
    4.5.3. Poder, Poder do Econômico e as estruturas estruturantes 190

CONCLUSÃO 197
REFERÊNCIAS 203

INTRODUÇÃO

Na última década, verificou-se um elevado aumento dos empreendimentos imobiliários em geral, especialmente, no segmento econômico dos shopping centers[1].

Neste sentido e, quando dos estudos relacionados à sua formatação jurídica, são avaliados dois regimes jurídicos como sendo os possíveis ou, melhor acentuando o tema, os costumeiramente utilizados no desenvolvimento destas relações que se estabelecem no entorno desta empresa enquanto atividade econômica, quais sejam:

(I) O do condomínio voluntário[2] – que, doravante, passa a ser denominado de compropriedade por questões metodológicas e através do qual os seus integrantes participam, diretamente, da propriedade imobiliária mediante a titulação de quinhões ou,

(II) Através da constituição de uma sociedade – que, depois de registrada, se torna personificada e que será a detentora dos direitos de propriedade, no caso, especificamente, uma sociedade limitada ou por ações.

---

[1] Sendo que este segmento, especificamente, cresceu, em números absolutos, 58%; iniciando o ano de 2006 com 351 empreendimentos imobiliários e atingindo, no início do ano de 2017, o número de 558 shopping centers em operação, segundo informações da Associação Brasileira de Shopping Centers – ABRASCE. In: Evolução do Setor. Shopping Centers no Brasil 2015. Disponível em: www.portaldoshopping.com.br/monitoramento/evolução-do-setor. Acesso em: 10 fev. 2017.

[2] Que também são conhecidos, segundo apontamentos de Almeida Guilherme (2013), op. cit., p. 592, como sendo "convencionais (pela vontade das partes); incidental ou eventual (criado por fato alheio à vontade das partes – ex.: doação em comum a mais de duas pessoas) ou legal ou forçado (aquele que decorre de imposição legal)."

Dentre os principais fatores que norteiam a escolha do regime jurídico a ser adotado, duas premissas foram adotadas como sendo aquelas que, costumeiramente, são consideradas quando da realização da opção: (I) a segurança jurídica do regime e, (II) o exercício do poder através da liberdade de contratar que, segundo Grau (2015, p. 91) "[...] tem o sentido precípuo de viabilizar a realização dos efeitos e virtualidades da propriedade individual dos bens de produção. Em outros termos: o princípio da liberdade de contratar é instrumental do princípio da liberdade privada dos bens de produção."[3] [4]

A escolha do regime jurídico tem por finalidade, portanto, não apenas, mas também, a melhor disciplina, *lato sensu*, do poder de controlar as atividades a serem exercidas sobre o negócio social, tanto no que se refere ao momento de seu nascimento quanto ao desenvolvimento e condução da relação jurídica, ambos predominantemente sob a ótica do agente imobiliário, idealizador e empreendedor[5] do negócio jurídico.

Neste sentido, a presente obra tem como finalidade avaliar quais são as características, primeiramente, as gerais e, em um segundo momento, as específicas de cada um dos regimes jurídicos, objeto do estudo, sob a ótica de sua regulação. Isto de maneira a identificar aquele que melhor atende aos dois elementos considerados como sendo os fundamentais para a escolha da estrutura normativa associativa.

A avaliação destas características demandará o desenvolvimento de uma relação o tanto quanto possível comparativa entre o regime jurídico da compropriedade e o da sociedade, objetivando estabelecer os normativos e as relações principiológicas que os aproximam, os afastam e os diferenciam sob a ótica de suas respectivas estruturas, através da consideração de elementos doutrinários e da legislação aplicável.

Uma vez identificados os elementos que possuem a tendência de ser interpretados como os essenciais na definição do regime jurídico associativo a ser adotado, serão abordadas certas disposições contratuais inseridas

---

[3] GRAU, Eros Roberto. *A Ordem Econômica na Constituição de 1988*. 17. ed. São Paulo: Malheiros.
[4] O corte metodológico considerará como um dos critérios de avaliação, em qualquer das estruturas, a ampla liberdade de contratar aliada à segurança jurídica, ou seja, aquela alternativa que possibilite, desde o início e ao longo do tempo, uma maior flexibilidade e segurança para os agentes imobiliários desenvolverem suas relações jurídicas, econômicas e negociais.
[5] Entende-se por empreendedor aquele que reflete, cria, organiza e, na grande maioria das situações, também administra ou controla a administração do empreendimento imobiliário.

na disciplina desta relação e que, independentemente do regime jurídico adotado, podem ser verificadas como possivelmente presentes em variadas destas relações. Dizem respeito às aqui doravante denominadas "disposições privadas normativas", assim chamadas por conta de sua criação por aquele que exerce o poder dirigente e econômico como espécie de pré-condição à participação de terceiros no empreendimento imobiliário.

O agente imobiliário idealizador do negócio jurídico e que exerce o poder de controlar a atividade, em decorrência da possível predominância de seu poder, tende a adotar a alternativa que estruturalmente melhor lhe assegure, desde o início e ao longo da relação jurídica, os melhores resultados sob a ótica do poder de conduzir a relação de forma segura, ininterrupta e de maneira a preservar consigo o poder de decisão.

Levando-se em consideração, portanto, esta última circunstância, diga-se, por vezes velada[6], porém, também em outras situações, claramente impositiva de uma vontade unilateral baseada no exercício do poder, serão objetos de avaliação os limites jurídicos que norteiam o nascimento e desenvolvimento desta estrutura, como forma de se abordar o que poderia ser caracterizado como uma prática abusiva do poder "do" econômico. Entendido este de maneira a capturar, em sua essência, não apenas aquelas situações de direito concorrencial, mas, especial e fundamentalmente, aqueles comportamentos que de alguma forma não se subsumam àquilo que o Direito entenda como sendo um comportamento aceitável. Dito de outra forma, de maneira a consolidar o recorte objeto do estudo: as limitações do poder decorrentes da aplicação dos conceitos do abuso do direito e da função social dos contratos como forma de identificar os seus limites.

Fazendo alusão ao registrado por Marcos Paulo Veríssimo[7], no posfácio da obra Cláusula de Exclusividade de Bagnoli et al. (2014, p. 150), quanto ao principal foco desta obra, será "concentrar-se no exame de problemas jurídicos concretamente manifestados".[8]

---

[6] Diz-se velada, pois, nas palavras de Pierre Bourdieu, in: O Poder Simbólico, Rio de Janeiro: Bertrand Brasil, 1989 p. 9: "[...] o poder simbólico é, com efeito, esse poder invisível o qual só pode ser exercido com a cumplicidade daqueles que não querem saber que lhe estão sendo sujeitos ou mesmo que o exercem."
[7] Professor do Departamento de Direito do Estado da Faculdade de Direito da Universidade de São Paulo e Ex-Conselheiro do CADE, a quem o autor possui enorme apreço.
[8] BAGNOLI, Vicente; BASTOS, Alexandre Augusto Reis; NAVAS, Amanda Renata Enéas. Cláusula de Exclusividade – Análise Concorrencial a partir do Caso dos Créditos Consignados, São Paulo: Almedina.

Neste sentido, foram abordadas questões relacionadas ao bem objeto do negócio jurídico (i.e. o imóvel ou a sociedade), a maneira como se fraciona a participação, a forma e o formato da administração ordinária e da extraordinária, sua destinação, os gravames, os quóruns para aprovação da prática de determinados atos, o direito de preferência, os conflitos de interesses, o poder e o poder de controlar, os acordos parassociais, os direitos reais e, adotando a linguagem de Tepedino (1993)[9], a possibilidade de "modulação de seus efeitos" – dos direitos reais – e, ao final, os limites da autonomia privada e da livre iniciativa.

Assim, o estudo do regime jurídico aplicado quando da estruturação associativa dos negócios jurídicos imobiliários, sob a lente da segurança jurídica e da liberdade de contratar como corolário da autonomia privada, tem como finalidade, enfim, propiciar uma oportunidade de reflexão acerca deste tema de forma a, sem qualquer pretensão de esgotar o assunto, iluminar os aspectos correlacionados entre a compropriedade e a sociedade. Tudo de maneira a estabelecer os laços que as unem, sem esquecer as diferenças que as enriquecem.

[9] TEPEDINO, Gustavo. *Multipropriedade Imobiliária*. São Paulo: Saraiva.

Capítulo 1
Compropriedade: características e instrumento de comunhão de interesses para empreendimentos imobiliários estruturados

O estudo acerca da origem, da conceituação e das principais características e, inclusive, abordando, o quanto possível, eventuais divergências teóricas e doutrinárias relacionadas ao regime jurídico da Compropriedade, tem como finalidade estabelecer as bases mínimas de conhecimento, através das quais serão criadas condições de comparação com o regime jurídico da Sociedade.

Portanto, não se tem a pretensão de abordar com profundidade todos os temas a ela relacionados, de forma exaustiva e detalhada; o que se propõe é uma abordagem contextualizada e atualizada com relação àqueles temas que, costumeiramente, são os de maior impacto quando da concepção das relações jurídicas que se estabelecem no entorno dos negócios jurídicos imobiliários estruturados.

1.1. Conceito e gênese histórica

Pretende-se investigar, no que se refere à compropriedade (ou copropriedade ou condomínio civil)[10], as bases de seu surgimento, especialmente, por conta de sua importância para fins do entendimento das mais arraigadas interpretações teóricas e doutrinárias assumidas como verdadeiras e ainda vigentes.

---

[10] Não será utilizado como um sinônimo da compropriedade ou copropriedade a designação de condomínio civil voluntário, uma vez que este, para os fins a que se destina a presente investigação, assumirá uma conotação interpretativa específica denotando diferença estrutural entre a compropriedade "casual" e a "consensualmente estabelecida".

E, de outro lado, por conta da relação direta com sua gênese histórica, a disciplina legalmente aplicável quando do enfrentamento de questões relacionadas ao convívio das pessoas que participam da compropriedade. Isto como forma de identificar e entender as particularidades do regime jurídico aplicável quando da verificação de situações de compropriedade.

Nas situações de compropriedade, entendidas como sendo aquelas em que duas ou mais pessoas – físicas e/ou jurídicas – compartilham direitos da mesma natureza e sobre um mesmo bem ou conjunto de bens e sobre ele(s) possuem direitos idênticos e correlatas obrigações, pode-se afirmar existir uma relação de comunhão[11]. E, no mesmo sentido, assim coloca Vieira (2008, p. 357), ao comentar o direito português: "A comunhão representa simplesmente uma situação de concurso de direitos reais da mesma espécie, todos eles tendo a mesma coisa por objeto".[12]

Comunhão esta que se faz sentir por conta do equilíbrio de direitos e de interesses jurídicos, com relação aos quais cada um dos integrantes da compropriedade, simultaneamente, e sem preferência de um determinado coproprietário sobre qualquer outro, são exercidos sobre a coisa de forma harmoniosa no que se refere ao conteúdo objetivo dos direitos titularizados, observados, sempre, os direitos subjetivos[13] de cada condômino.

A comunhão, desta forma, é gênero da qual a espécie é a compropriedade e, esta, portanto, uma vez verificada por conta da subsunção de um determinado fato – casual ou consensuado – à realidade de sua essência do mundo da vida, serão a ela aplicáveis as disposições de seu específico regime jurídico, como forma de estabelecer os direitos e as correspondentes obrigações de seus integrantes.

E, portanto, em linha com Venosa (2015, p. 351) em havendo uma comunhão que se faz notar sobre um determinado bem, de forma harmônica,

---

[11] VENOSA, Sílvio de Salvo. *Direito Civil. Direitos Reais*. São Paulo: Altas. 2015. Esclarece que: "Nem sempre, existindo mais de uma pessoa com direito sobre o mesmo bem, existe comunhão. Havendo várias hipotecas sobre o mesmo imóvel, por exemplo, os vários credores hipotecários não têm comunhão de interesses entre si, uma vez que seus respectivos direitos são excludentes."

[12] VIEIRA, José Alberto C. *Direitos Reais*. Coimbra: Coimbra.

[13] Os direitos subjetivos de cada coproprietário seriam aqueles decorrentes das parcelas de participação no bem em regime de condomínio, assim como quaisquer outros direitos que, porventura, um determinado condômino possua em face de outro por conta de sua relação com a coisa, tal como o pagamento de despesas de manutenção.

simultânea, não concorrente, compatível e que possa ser exercida pelos comunheiros de forma independente, estaremos diante do condomínio e, como também por Venosa colocado "[...] o condomínio é modalidade de comunhão específica do direito das coisas. Para que exista condomínio, há necessidade de que o objeto do direito seja uma coisa; caso contrário, a comunhão será de outra natureza."

Cunhando conceituação semelhante e reforçando o senso de igualdade, de limitação recíproca de direitos e de equilíbrio, Maximiliano (1944, p. 7)[14], fazendo alusão a Ulpiano, diz "condomínio é uma relação de igualdades que se limitam reciprocamente; uma relação de equilíbrio que torna possível a coexistência de direitos iguais sobre a mesma coisa [...]."

Acerca, também, da conceituação de condomínio, Pereira (2013, p. 149) coloca que:

> dá-se condomínio quando a mesma coisa pertence a mais de uma pessoa, cabendo a cada uma delas igual direito, idealmente, sobre o todo e cada uma de suas partes. O poder jurídico é atribuído a cada condômino, não sobre uma parte determinada da coisa, porém, sobre ela em sua integralidade, assegurando-se a exclusividade jurídica ao conjunto de coproprietários, em relação a qualquer pessoa estranha, e disciplinando-se os respectivos comportamentos, bem como a participação de cada um em função da utilização do objeto.[15]

Compreendida a essência do conceito no qual reside a compropriedade que, nas palavras de Monteiro (1991, v. 3, p. 205), mencionando Bonfante[16], "vem a ser o mais trabalhado instituto da teoria dos direitos reais, quer no seu conceito, quer no seu regime positivo"[17], é relevante ao entendimento do regime da compropriedade[18] um breve comentário acerca de seu sur-

---

[14] MAXIMILIANO, Carlos. *Condomínio. Terras, apartamentos e andares perante o Direito*. Rio de Janeiro: Freitas Bastos.

[15] PEREIRA, Caio Mário da Silva. *Instituições de Direito Civil*. v. 4, 4. ed. Rio de Janeiro: Forense. No mesmo sentido, coloca Camillo (2014), op. cit., p. 1.222: "O condomínio tradicional, ou seja, a propriedade comum, copropriedade, é uma situação anômala, o que se afirma na exata medida em que o exercício do direito de propriedade tende à exclusividade."

[16] Corso di Diritto Romano. La proprietà, 2/250 e segs.

[17] Esta afirmação se relaciona ao fato de constituir um dos atributos do direito de propriedade, o seu exclusivismo e a compropriedade, por sua vez, uma anomalia.

[18] MONTEIRO, Washington de Barros. Curso de Direito Civil. Direito das Coisas. 29. ed. atual., São Paulo: Saraiva.

gimento, ou seja, a partir de que fato jurídico o direito passou a se preocupar com o tema.

Segundo Maria do Carmo Dubard de Moura Rocha, mencionada por Maluf (1989, p. 9)[19], fazendo menção ao direito romano, é afirmado que o denominado "consortium inter fratres"[20] se tratava de uma figura jurídica surgida, originariamente, entre os "filii famílias"[21], no momento em que o pai de uma determinada família era levado a óbito.

E, por conta do óbito do pai da família, acabava por surgir, casualmente, e no momento de seu falecimento, aquela situação através da qual se estabelecia, entre seus herdeiros e com relação aos bens por ele deixados, um estado de comunhão caracterizado pelo nascimento de um condomínio sobre a totalidade dos bens e, portanto, um domínio indiviso; que nas palavras de Cujácio, mencionado por Maximiliano (1944, p. 8), "a parte indivisa está, à semelhança da alma, toda no todo e toda em qualquer parte".

Cada consorte, sobre a integralidade da coisa[22], possuía o direito de utilizá-la e de dispô-la livremente, sendo que contra tal direito poderia qualquer dos demais consortes exercitar o direito a ele atribuído de vetar a utilização da forma como pretendida.

E, exatamente por conta desta situação, percebe-se que a relação jurídica que se estabelecia entre os consortes acerca dos direitos sobre a coisa tenderia a ser uma relação marcada pela acentuada possibilidade do surgimento de conflitos. Tanto assim que Maximiliano (1944, p. 59), assim, lecionava: "A comunhão é mãe de discórdias [...]" e Bessone (1988, p. 55)[23], arrematando colocava: "Convém que o condomínio cesse o mais cedo possível".

Em outras palavras, exigia-se o consenso e, ao assim ser imposto, certamente, muitos eram os pontos de desentendimentos por que passavam seus consortes até que se atingisse uma eventual concordância. Portanto, presumível seria o conflito diuturno, constante, possivelmente incessante

---

[19] MALUF, Carlos Alberto Dabus. *O Condomínio Tradicional no Direito Civil*. 2. ed. São Paulo: Saraiva.
[20] Comunhão universal de bens.
[21] Filhos da família.
[22] RIPERT, Georges; Boulanger, Jean. *Tratado de Derecho Civil Segun El Tratado de Planiol*. Trad. Delia Garcia Daireaux, Supervisão de Jorge Joaquim Llambias. Buenos Aires: La Ley, tomo vi, p. 100, coloca: "Una cosa perteneciente a varios copropietarios se encuentra en indivisión cuando el derecho de cada propietario recae sobre el conjunto (y no sobre una parte determinada) de la cosa común".
[23] BESSONE, Darcy. *Direitos Reais*. São Paulo: Saraiva.

e por qualquer razão, seja objetiva, seja subjetivamente relacionada a caprichos de qualquer ordem.

Mas com isso não se quer fazer acreditar que o direito romano, ao disciplinar o direito de propriedade, era excessivamente individualista e defendia, contra tudo e todas as circunstâncias, a chamada exclusividade da propriedade.

Como recorda Marchi (2002, p. 69-70)[24], ao estudar acerca da existência da *"communio pro diviso"* no período clássico romano, mencionando texto de Ulpiano, geralmente citado em matéria de limitação do direito de propriedade, que esclarecia acerca daquelas situações em que o direito proprietário deveria observar certas limitações decorrentes da existência de outros direitos, também, sujeitos à proteção. Como exemplo desta limitação, transcreve situações relacionadas ao lançamento de água ou de fumaça de uma propriedade sobre outras e sua impossibilidade, bem como a extração de pedras por um proprietário em sua propriedade de modo que fragmentos caíssem sobre imóvel alheio.

E, no mesmo sentido, Kaser (1999, p. 141), ao abordar o direito romano, assim coloca:

"Apesar de a propriedade conferir um domínio pleno, não se pode abusar dela em prejuízo da coletividade. A sua limitação por interesse social compete, na época mais antiga, ao critério do censor, que vela pelos bons costumes. Os censores intervieram em caso de alienação de propriedade fundiária indispensável, de exploração insuficiente e, ainda, de gastos imprudentes e de lucros efeminados. Numerosas disposições das XII Tábuas já contêm

---

[24] MARCHI, Eduardo C. Silveira. *A Propriedade Horizontal no Direito Romano*. 2. ed. São Paulo: Quartier Latin. Assim coloca acerca do fragmento D. 8,5,8,5 (Ulp. 17 ad ed.): "Ulpiano, neste fragmento, recorda um responsum de Aristão, dirigido a certo Cerélio Vital, parecer em que o jurista citado era contrário a que duma "taberna casiaria", ou seja, fábrica destinada à produção e defumação de queijos, se pudesse deitar fumaça sobre os edifícios superiores, a menos que, para tanto, esclarecia-se, fosse constituída a competente servidão. Acrescentava também Aristão não ser permitido despejar água ou lançar qualquer outra coisa do edifício superior para os inferiores; cada qual, preceituava o jurista, poderia dispor livremente de sua propriedade, desde que nada introduzisse em propriedade alheia, como se dava, por exemplo, nos casos de lançamento de fumaça ou de água. O proprietário do edifício superior poderia, portanto, continuava Aristão, agir contra o do edifício inferior, alegando que este não tinha o direito de fazer tal coisa. Alfeno teria escrito, segundo Aristão, que se poderia agir alegando-se que um dono não tinha o direito de extrair pedras em seu terreno de modo aos fragmentos caírem sobre imóvel alheio."

limitações da propriedade no interesse público por diversos motivos; principalmente proibições exigidas pela Edificação e a Polícia Sanitária; outras de caráter religioso ou de combate ao luxo [...]"[25][26]

Avaliadas, portanto, as disposições acerca do surgimento da compropriedade e da existência de limites à propriedade, importa explorar em que momento, em termos de disciplina jurídica, surge o regramento aplicável à compropriedade.

No Brasil, o regime jurídico da compropriedade, até 31 de dezembro de 1916, foi disciplinado pelas normas das Ordenações Reais portuguesas[27], uma vez que apenas em 01 de janeiro de 1916 foi editada a Lei nº 3.071, que instituiu o primeiro Código Civil debatido e aprovado em território brasileiro e que entrou em vigor em 01 de janeiro de 1917, tendo disciplinado a matéria nos artigos 623 a 646, na Seção I, do Capítulo IV – Do Condomínio, Título II, do Livro II – Do Direito das Coisas, sendo certo que, através do início da vigência da Lei nº 10.406, de 10 de janeiro de 2002, foi inte-

---

[25] KASER, Max. *Direito Privado Romano*. Trad. Samuel Rodrigues e Ferdinand Hammerle. Rev. Maria Armanda de Saint Maurice. Lisboa: Fundação Calouste Gulbenkian. E pouco mais a frente, à p. 144, coloca: "A emissão de fumos, águas etc., a partir do prédio vizinho, desde que não exceda os limites habituais, tem de ser tolerada pelo proprietário. Se exceder, pode agir contra o vizinho através do *interdictum uti possidetis* ou, se este pretende ter o direito de assim atuar, através da actio negatoria (conforme Ulp. D.8.5.8,5-7, Alf. eod 17.2) [...] Se alguém for prejudicado por instalações ou alterações no prédio vizinho, que provoquem maior afluxo de água pluvial no seu próprio prédio, pode exigir do vizinho a remoção e reparação, através da *actio aquae pluviae arcendae*. A ação remonta às XII Tábuas (VII e VIII) e foi reelaborada pelos juristas clássicos e por Justiniano. O vizinho que construiu ele mesmo as instalações responde pela restituição total, qualquer outro proprietário, pela simples tolerância na remoção pelo autor, às custas dele (Paul D. 39.3.5)".

[26] E Juan Iglesias in: *Derecho Romano – Instituciones de Derecho Privado*, Barcelona: Ariel, v. 1, 1953, p. 189 e ss. elenca diversas outras limitações ao direito de propriedade e, dentre elas: (I) aquelas relacionadas aos limites máximo de altura de uma edificação de forma a não prejudicar a casa do vizinho; (II) que não era permitido levantar edifícios a menos de cem metros dos existentes na hipótese dos mesmos possuírem vista para o mar; (III) da obrigação de um vizinho permitir o levantamento do muro divisório entre propriedades e desde que a parede se localize em meio fio; (IV) que nada obstava a abertura de poços ou canais, desde que a abertura destes não desviasse ou paralisasse a corrente de água que corria para o vizinho.

[27] O sistema jurídico que vigorou no Brasil, enquanto uma colônia de Portugal foi o mesmo que existia em Portugal, ou seja, as Ordenações Reais, compostas pelas Ordenações Afonsinas (1446), Ordenações Manuelinas (1521) e, por último, as Ordenações Filipinas (1603), tudo conforme relata Maluf (1989), op. cit., p. 18 e ss.

gralmente revogado o Código Civil de 1916, sendo que o regime jurídico da compropriedade passou a ser disciplinado nos artigos 1.314 a 1.326[28].

Por conta das reflexões que se pretende iniciar, se faz de todo conveniente relatar, em breves linhas, a teoria germânica da propriedade coletiva, mencionada por Maluf (1989, p. 49), ao fazer alusão a Louis Josserand, em que coloca que: "as legislações modernas não podem contentar-se com a concepção romana do condomínio, pois ela foi superada pela noção germânica de propriedade coletiva."

E a noção germânica de propriedade coletiva, a denominada "Gesamte-Hand", comentada por Maluf (1989, p. 47-48) através dos ensinamentos de Ricol[29] e Louis Josserand[30], seria:

> uma propriedade verdadeiramente coletiva que cria um poder pleno e exclusivo de várias pessoas, em conjunto, sobre um mesmo objeto. A especial natureza jurídica deste instituto obriga naturalmente a distinguir seu regime daquele que governa a indivisão romana e a pessoa natural. [...] numa posição intermediária entre a indivisão e a pessoa jurídica, que representam dois tipos e formas tradicionais de propriedade. Surge, assim, como uma massa de bens que escapa a toda afeição individual e esta destinada exclusivamente a fins coletivos, sem pertencer, não obstante, a um ente moral distinto, senão a todos os membros da coletividade. O patrimônio comum, integrando um bloco, resulta, desta maneira, salvo da indivisão, sem ter que apoiar-se numa pessoa jurídica.

Em suma, por conta do fato de que em uma mesma propriedade figuram diversas pessoas como sendo seus proprietários, não deveria ser ela considerada como sendo única e exclusiva, ou seja, individual, tal qual originariamente estabelecido pelo direito romano. Por conta de tal teo-

---

[28] Monteiro (1991, p. 206), coloca: "O Código Civil Brasileiro, tomando partido entre correntes tão diversas e tão embaraçosas, aceitou a teoria da subsistência, em cada condômino, da propriedade sobre toda a coisa, delimitada naturalmente pelos iguais direitos dos demais consortes; entre todos se distribui a utilidade econômica da coisa; o direito de cada condômino, em face de terceiros, abrange a totalidade dos poderes imanentes ao direito de propriedade; mas entre os próprios condôminos, o direito de cada um é autolimitado pelo de outro, na medida de suas quotas, para que possível se torne sua coexistência."

[29] Ricol. *La coproprieté em main commune (Gesamte-Hand) et son apllication possible em droit français.* Toulousse, Ed. Imprimerie Cooperative Toulousaine, 1907.

[30] JOSSERAND, Louis. *Essai sur la propriété collective.* Paris, A. Rousseau, 1904.

ria, poderia a propriedade ser considerada em si mesma como coletiva e, assim o sendo, as decisões seriam também tomadas por uma coletividade.

Como coloca Vieira (2008, p. 362), na Gesamte-Hand "encontramos um patrimônio que pode não ser composto apenas por outras coisas corpóreas, mas também por outros bens. Sobre estes patrimônios não existem quotas e os comunheiros não podem dispor da sua posição, nem sozinhos nem com o consentimento de todos".

Interessante e, aos que se interessarem, realizar a leitura dos estudos conduzidos por Espinola (1956, p. 334-335)[31] e, relativamente, a como a compropriedade foi disciplinada em sua origem nos sistemas legais da França, de Portugal, da Espanha, da Grécia, da China e da Alemanha.

1.2. Substância, Essência e Diminuição de Valor

Assim, em face desta breve restrospectiva que teve por finalidade apenas elucidar as bases elementares acerca das circunstâncias fático-normativas relacionadas ao originário aparecimento das relações de compropriedade, se faz necessário avaliar, especificamente, o bem objeto da comunhão, assim como, de que forma as relações das pessoas no que se refere ao objeto da propriedade comum são disciplinadas.

Dito de outra forma, compreender certas particularidades por vezes relacionadas ao próprio objeto da comunhão, bem como as relações de uso, gozo, fruição e disposição da coisa em regime de compropriedade, tudo com relação aos seus integrantes, ou seja, aos consortes do condomínio. Isto, pois, uma vez que neste regime é imposto aos comunheiros reciprocidade de tratamento como forma de propiciar o aproveitamento da coisa por todos e da mesma forma.

Primeiramente, portanto, se torna essencial a precisa delimitação da classe de bens que se pretende abordar sob a ótica da compropriedade. Não pelo fato de que as conclusões a que se chegará através deste estudo não poderiam, pelo menos em tese, ser aplicadas a todos dos bens das diferentes classes, mas, sim, apenas para fins metodológicos, possuir a certeza quanto à perfeita delimitação do objeto, ao qual serão abordados os temas, e com relação aos quais decorrerão as pretensas conclusões.

---

[31] ESPINOLA, Eduardo. *Posse – Propriedade. Compropriedade ou Condomínio. Direitos Autorais.* Rio de Janeiro: Conquista.

Neste sentido, os bens com relação aos quais será desenvolvida a discussão acerca do regime jurídico da compropriedade serão aqueles considerados como sendo os bens imóveis, definidos estes, especificamente, como sendo "o solo e tudo o quanto se lhe incorporar natural ou artificialmente".

Melhor vincando o recorte, de forma a delimitar o objeto do estudo: não serão objetos de abordagem os direitos reais sobre imóveis e as ações que os asseguram; o direito à sucessão aberta; as parcelas de uma edificação que, separadas do solo, mas mantidas em unidade forem removidas para outro local, bem como os materiais provisoriamente retirados de um prédio para posteriormente nele se reempregarem. Isto, pois, estas situações exorbitam o estudo prático que se pretende empreender quando da estruturação de empreendimentos imobiliários.[32]

Desta feita, retornando ao tema, e no que respeita ao imóvel objeto da comunhão, sempre se fará necessário avaliar de forma detalhada as suas características intrínsecas e extrínsecas e com relação às quais se buscará entender acerca de sua divisibilidade ou indivisibilidade fática. Ou seja, se é realmente possível ou não partir, dividir, desmembrar, enfim, esquartejá-lo fisicamente em tantas partes quantas forem os comproprietários, sem que se cause ou se possa causar prejuízo ao uso ou, então, ao seu valor de exploração econômica, este último potencial ou real.[33] [34]

Importante tornar claro que não se está tratando da divisão meramente jurídica do imóvel, ou seja, daquela que se faria mediante mera atribuição de quinhões ou proporções a cada um dos titulares de direitos sobre a propriedade do todo. Trata-se, na realidade, do mundo empírico das coisas, de sua divisão realmente efetiva, ou seja, material.

---

[32] Para a conceituação de bens imóveis foi utilizada a própria definição legal contida no artigo 79 do Código Civil de 2002. E, quanto a este aspecto, importante enfatizar que a avaliação do regime jurídico aplicável à compropriedade não levará em consideração e, portanto, não será extensível à conceituação de bens imóveis por definição legal prevista no artigo 80 do Código Civil e, tampouco, àquelas situações previstas em seu artigo 81.

[33] Neste sentido, diz o artigo 87 do Código Civil: "Artigo 87 – Bens divisíveis são os que se podem fracionar sem alteração na sua substância, diminuição considerável de valor, ou prejuízo do uso a que se destinam".

[34] E em sentido muito semelhante, o artigo 1.112 do Código Civil Italiano: "Art. 1.112. (Cose non soggette a divisione). Lo scioglimento della comunione non può essere chiesto quando si tratta di cose che, se divise, cesserebbero di servire all'uso a cui sono destinate".

E para ser considerada como efetiva, cada parte que resultar da divisão deve, de per si, constituir por si só um todo, ou seja, uma coisa independente, com função econômica e utilidade.

À primeira vista, a resposta quanto à divisibilidade ou indivisibilidade poderia ser alcançada mediante simples avaliação física do bem, no sentido de se observar a possibilidade de sua repartição em tiras, em pedaços, desde que assegurado àquele com quem mencionada parte permanecer, o seu livre acesso, melhor dizendo, a possibilidade de ingressar e sair do bem partilhado de forma independente, autônoma, sem que para tal finalidade fosse necessário requerer algo a qualquer pessoa diversa de si mesmo.

Mas a avaliação da divisibilidade ou indivisibilidade de um bem imóvel não é tão simples quanto pode parecer àquele que, sem a necessária reflexão, simplesmente conclui por sua (im) possibilidade. Como se costuma dizer: nas questões que aparentam ser as mais simples se encontram as de maior complexidade.

Variados serão os fatores a serem estudados e aprofundados como forma de se buscar encontrar uma resposta satisfatória a esta indagação, especialmente, naquelas situações em que sobre e em um determinado imóvel são desenvolvidas atividades empresarialmente organizadas e que, sob a ótica de sua essência exploratória tornam, em tese, o bem objeto da exploração indivisível, por afetar as funções por ele desenvolvidas.

O primeiro ponto a ser observado será a avaliação do que deve ser entendido como sendo uma alteração na substância do bem.

Coloca Spinoza (2003, p. 62) que a substância "é o que é em si e se concebe por si: isto é, aquilo cujo conceito não tem necessidade do conceito de outra coisa, do qual deve ser formado"[35].

Monteiro (1990, v.1. p. 146) fornece a título de exemplo de algo indivisível por conta de sua substância, "um quadro a óleo". E Maximiliano (1944, p. 21) – assim pode ser considerado como complementar às palavras de Monteiro – coloca "a lei não se refere à partilha geodésica simplesmente prejudicial; porém à impossível, à incompatível com a natureza do objeto [...]".

---

[35] SPINOZA, Baruch de. Ética Demonstrada à Maneira dos Geômetras. Trad. Jean Melville. São Paulo: Martin Claret.

Para Aristóteles e Japiassu e Marcondes (2001):

> a substância é a categoria mais fundamental, sem a qual as outras não podem existir, p. ex., só pode existir a cor branca se existir uma coisa que seja branca. E apenas a substância que é absolutamente primeira, tanto logicamente no plano do conhecimento, quanto temporalmente. Com efeito, por um lado, nenhuma das outras categorias existe separadamente, apenas a substância. Por outro lado, ela é também a primeira logicamente, pois na definição de cada ser está necessariamente contida a de sua substância". (Metafísica, Z, 1).[36]

Desta forma, a substância de algo mantém relação direta com sua existência; com o seu existir no universo tal qual como "nascida" de forma a não depender da existência de outras substâncias para existir, pois como coloca Spinoza (2003, p. 65) "a substância é por natureza anterior às suas afecções", ou seja, precede àquilo "que existe em outra coisa, mediante a qual também é concebida"[37]. Isto, pois, "duas ou mais coisas distintas se distinguem entre si, ou pela diversidade dos atributos das substâncias, ou pela diversidade das afecções destas"[38]. E, entenda-se como sendo um atributo de uma substância, "aquilo que o entendimento percebe de uma substância como constituindo a sua essência".[39] [40]

Neste sentido, alterar a substância de um imóvel significa modificar seus contornos ou destinação e, em assim o fazendo, jurando de morte, sua destinação, sua vocação, sua exploração.

A titulo de exemplo, se poderia refletir acerca da possibilidade do fracionamento de um empreendimento imobiliário nascido e constituído em regime de shopping center. Isto, pois, não há como negar que, com a divisão, sua substância que constitui a administração única e centralizada

---

[36] Definição do vocábulo "Substância", in: JAPIASSU, Hilton; MARCONDES, Danilo. Dicionário Básico de Filosofia. 3. ed. rev. e ampl. Rio de Janeiro: Zahar.
[37] Ibidem p. 62.
[38] Ibidem p. 67.
[39] Ibidem p. 62-73.
[40] E acerca dos atributos de uma substância, coloca Spinoza, op. cit., p. 73: "Vê-se, pois, que mesmo que sejam concebidos dois atributos como realmente distintos, isto é, um sem auxílio do outro, não podemos daí concluir, entretanto, que eles constituam dois seres, isto é, duas substâncias diferentes, porque é da natureza de uma substância que cada um dos seus atributos seja concebido por si, uma vez que todos os atributos que ela possui existiram nela ao mesmo tempo e que um não pode ser produzido por outro, mas cada um exprime a realidade ou o ser da substância. Portanto, não é absurdo referir vários atributos a uma mesma substância [...]"

de um todo, deixaria de existir, uma vez que um empreendimento desta espécie não se constitui como um mero "amontoado" de lojas (suas "afecções"), mas, sim, pelo conjunto estruturalmente organizado de suas lojas e operação (seus "atributos"), de maneira a representar sua substância e desta decorrendo sua essência.

E acrescente-se que todo imóvel desempenha uma função e, neste sentido, é conveniente transcrever as palavras de Wald (1991, p. 132), nos seguintes termos: "para dividir o objeto não basta que ele seja materialmente divisível; ainda é preciso que o seja econômica e juridicamente" (g.n.).[41]

E Nery Junior e Andrade Nery (2011, p. 293), ao comentarem acerca do conceito de divisibilidade, afirmam que: "O conceito é relativo, pois está em função da propriedade, da sua natureza, da sua utilização econômica etc."[42] [43]

Neste sentido, em face dos princípios da ordem econômica, especificamente o da propriedade privada e o de sua função social, é que também deve ser avaliada a possibilidade da divisão pretendida. Isto de forma a afastar aqueles interesses egoísticos e individuais que pretendem única e tão somente aplicar um determinado e específico comando legal para fazer valer sua vontade e, por conta deste comportamento, comprometer a função social e a função econômica a ele predestinadas em um determinado momento, mediante o prévio ajuste de vontades.

A conciliação entre o interesse individual e o interesse social é fator-chave para que se possa dar concretude à função social e à função econômica da propriedade.[44]

Como lembra Grau (2015), a compatibilidade entre um direito subjetivo e sua função – no caso o direito de propriedade e a interpretação

[41] WALD, Arnold. Direito das Coisas, 8. ed. São Paulo: Revista dos Tribunais.
[42] NERY JUNIOR, Nelson; ANDRADE NERY, Rosa Maria de. Código Civil Comentado, 8ª. ed., rev. ampl. e atual. São Paulo: Revista dos Tribunais, 2011.
[43] E continuam ao ilustrarem as consequências econômicas advindas da desqualificada divisão da seguinte forma: "Em uma propriedade agrícola, por exemplo, a alienação de uma parte poderá fazer perecer a própria vida econômica, o mesmo acontecendo em propriedade pastoril, cujo valor, muitas vezes, está na dependência de sua extensão territorial (RT 185/993)".
[44] E como colocado por Grau (2015, p. 244) op. cit.: "A lei, então, – âmbito no qual se opera a concreção do princípio -, impõe ao proprietário (titular de um direito, portanto, de um poder) o dever de exercitá-lo em benefício de outrem, e não, de não exercitá-lo em prejuízo de outrem."

acerca do que vem a ser considerado como modificador de sua substância – assume importância no ordenamento jurídico, na medida em que tem por finalidade conciliar os interesses particulares e os interesses sociais de forma que a prática do direito subjetivamente assegurado se encontra condicionada à observância de determinadas premissas que têm por finalidade estabelecer a conformidade do ato à proteção de um todo socialmente legítimo e amparado.

Dito de outra forma, e transcrevendo Grau (2015, p. 241): "Ser titular de um direito subjetivo é estar autorizado pelo ordenamento jurídico a praticar ou a não praticar um ato [...] A transformação da faculdade em ato, quando juridicamente autorizada, – e aí o direito subjetivo – deve ser exercida dentro dos limites da autorização."

Assim o sendo, a interpretação acerca da possibilidade da divisibilidade ou indivisibilidade de um determinado imóvel, especificamente por conta da avaliação da alteração de sua substância, deverá considerar se a divisão pretendida afetará, positiva ou negativamente em sua essência, sua função social e sua função econômica e, em sendo afetada de forma negativa, a cindibilidade física deverá ser afastada.

Em acréscimo à avaliação da alteração da substância do imóvel que, porventura, a repartição do bem poderia produzir, devem ser avaliados ainda dois outros fatores antes que se possa proceder sua partição, quais sejam, aquele que acarrete uma diminuição considerável do valor do imóvel ou, então, que propicie prejuízo quanto ao seu uso.

No que se refere à diminuição de seu valor, parece questão que se resolverá mediante a realização de perícia, através da qual se buscará estudar os impactos econômicos e financeiros relacionados ao processo de desmembramento do imóvel, antes e após o processo de cisão, ou seja, o valor do imóvel antes da partição e pós-partição.

Mas, de outro lado, se estabelece que não basta a diminuição pura e simples do valor do bem, mas, sim, uma diminuição que seja de tal forma interpretada como sendo "considerável". Um conceito indeterminado e que demandará quando de sua aplicação a busca pela concretude de seu sentido.

E a interpretação acerca daquilo que pode ser assim entendido como "considerável" dependerá da avaliação de circunstâncias tais e quais que considerarão os aspectos subjetivos e, portanto, pessoais de cada integrante da relação jurídica no entorno de um determinado bem. Decorrendo a conclusão lógica de não bastar apenas ser aplicado um determinado percentual identificado de forma aleatória, como sendo ele considerado o bastante para, e por si só, caracterizar uma redução considerável e que a todos afetaria de forma, repita-se, considerável.

Isto, pois, o que se entende como sendo uma redução considerável para uns, poderá não sê-lo para outros e, portanto, o estabelecimento de um critério de avaliação pragmática acerca das condições de cada umas das partes para, com base nestes elementos objetivos, se buscar estabelecer o que seria considerável para uns e outros em determinada relação, seria o caminho mais acertado, mesmo naquelas situações em que a disparidade entre as partes avaliadas seja significativa.

Esta última afirmação se prende ao fato de que, se na avaliação para fins de mensuração do que se entende como sendo uma redução considerável se partir da premissa objetiva do que aquela cisão representaria, em termos percentuais, aquele que possuir uma condição menos favorável com relação aos demais, estaria se privilegiando à ideia de que, quem pode suportar o mais, poderá suportar o menos.

Melhor dizendo, em sendo o impacto da operação de divisão suportável para o de menor capacidade, também o seria para o de maior. E, se interpretando desta forma, poder-se-ia defender que se estaria dando concretude ao princípio constitucional da igualdade, na medida em que as desigualdades estariam sendo observadas enquanto busca pelo fator de tratamento igualitário.[45]

De qualquer forma e, sob qualquer ângulo, se torna fundamental o estudo aprofundado do caso em concreto, de maneira que seja possível, assertivamente, ao intérprete, uma conclusão que venha a ser satisfatoriamente condizente com os princípios relacionados ao instituto.

Com relação ao último dos elementos metodologicamente a serem avaliados antes de se proceder à cisão de um bem, se encontra a possibilidade da divisão acarretar um prejuízo do uso que o próprio bem, no caso, o imóvel, se destina.

---

[45] MELLO, Celso Antônio Bandeira de. *O Conteúdo Jurídico do Princípio da Igualdade*. São Paulo: Malheiros, 2006, p. 32, coloca: "Sintetizando: aquilo que é com absoluto rigor lógico necessário e irrefragavelmente igual para todos não pode ser tomado como fator de diferenciação, sob pena de hostilizar o princípio isonômico. Diversamente, aquilo que é diferenciável, que é, por algum traço ou aspecto, desigual, pode ser diferenciado, fazendo-se remissão à existência ou à sucessão daquilo que dessemelhou as situações."

Mais uma vez, se faz a utilização de conceitos indeterminados e flexíveis, sem se estabelecer qualquer premissa objetiva para sua interpretação e aplicação, exatamente, no sentido de se permitir que a disposição venha a se adequar a cada realidade, tal qual se apresentar em determinado momento e situação.

Assim sendo, em havendo a demonstração de que com a operação de desmembramento do imóvel haverá, diretamente, por força deste fato, um prejuízo ao uso, não poderá ocorrer sua partição. E, de forma a melhor fundamentar mencionada conclusão, se pode tomar por emprestado e aplicar por analogia as disposições relacionadas às desapropriações "parciais" de terrenos ou prédios, em que há dispositivo legal[46] estabelecendo que, nestas hipóteses, quando se verificar que (I) o imóvel permanecer com menos de sua metade original pós-desapropriação ou (II) for privado das serventias necessárias à sua utilização ou, então, (III) for constatado que seu valor foi reduzido por conta da desapropriação, poderá o proprietário requerer a integral desapropriação do imóvel com o pagamento da indenização relacionada à totalidade do imóvel.

Desta forma, se na hipótese de desapropriação, da qual resulte a desvalorização do imóvel, a legislação autoriza o proprietário a requerer que ela se efetive sobre todo o imóvel de maneira a não suportar um prejuízo; da mesma forma quando da divisão de um imóvel e por conta desta divisão o imóvel sofrer prejuízo quanto a seu uso, se encontra por amparada a conclusão acerca de sua impossibilidade, na exata medida em que o ordenamento não autoriza a ocorrência de prejuízos sem a respectiva possibilidade de compensação.

Mas, então, pelo menos cabe indagar que espécie de prejuízo a lei desejou evitar com relação ao uso e destinação do bem imóvel decorrente de seu fracionamento.

Na primeira parte do dispositivo que ampara a indivisibilidade, se protegeu a substância do bem, na segunda parte seu valor e na terceira seu uso.

---

[46] Neste sentido, o artigo 12 do Decreto Federal nº 4.956, de 09 de setembro de 1903, estabelece que: "Os terrenos ou prédios, que houverem de ser desapropriados, somente em parte, se ficarem reduzidos a menos de metade de sua extensão, ou privados das serventias necessárias para uso o gozo dos não compreendidos na desapropriação, ou ficarem muito desmerecidos de seu valor pela privação de obras e benfeitorias importantes, serão desapropriados e indenizados no seu todo, se assim requererem os seus proprietários."

Seria possível, portanto, presumir que qualquer alteração na substância da coisa, prejudicaria sua utilização. Mas parece que esta parte do dispositivo não teve como finalidade esta proteção. Isto, pois, ao se alterar a substância, não se traz qualquer espécie, direta ou indireta, de prejuízo ao uso da coisa propriamente dita, mas simplesmente se procede a uma transformação de tal ordem da coisa, que acarreta uma alteração da sua própria substância por consequência do seu uso e, portanto, não causando prejuízo ao novo uso do objeto que assim se transformou.

A proteção conferida por esta parcela do conteúdo do dispositivo mantém relação com a coisa, cuja divisibilidade não altera sua substância nem tampouco seu valor, mas pode de certa forma causar um prejuízo ao seu uso[47]. Dito de outra forma seria a divisão que acarretasse a perda de eficiência quanto ao uso do próprio bem, ou seja, aquela cisão que de qualquer forma crie dificuldades, obstáculos e prejuízos, até então inexistentes quanto ao seu uso.

Ao abordar o assunto, Tepedino (2007, p. 188) coloca que: "[...] a divisibilidade, do ponto de vista dogmático, não fica restrita a uma qualidade física: é naturalmente indivisível o bem que não apenas não pode ser fracionado sem alteração na sua substância, mas que tampouco sofra diminuição considerável de valor ou prejuízo do uso a que se destina"[48].

Certamente que a criação de dificuldades ou obstáculos – enfim, de prejuízos – poderão acarretar a redução do valor do bem, não de forma diretamente relacionada à precedente divisão em si considerada para fins de avaliação de sua possibilidade, mas, sim, por conta de fatores relacionados apenas à fruição da coisa, depois de havido o processo de divisão.

---

[47] Como exemplo de divisão que acarreta prejuízo ao uso da coisa, se poderia mencionar a divisão de uma área de terras que, após o processo de divisão, somente poderia ser acessada através de pequena ponte, através da qual apenas os veículos de pequeno porte poderiam transitar, estando impossibilitado seu alargamento por conta da circunstância de que qualquer alargamento da ponte estaria comprometido por conta da mesma localizar-se em área de proteção permanente ambientalmente protegida. De outro lado e, de forma a ainda mais vincar a possibilidade de prejuízo, vale mencionar a situação mencionada por Tepedino (2007), op. cit., p. 188, quando menciona o seguinte exemplo de Sílvio Venosa: "para um diamante, por exemplo, dependendo de sua qualidade e pureza, seu fracionamento fará com que haja perda de valor".

[48] TEPEDINO, Gustavo; BARBOZA, Heloisa Helena; MORAES, Maria Celina Bodin de. *Código Civil Interpretado conforme a Constituição da República*. V. 1, 2. ed. Rio de Janeiro: Renovar.

Neste sentido, a proteção da indivisibilidade espraia seus efeitos, seja antes da divisão avaliando-os quanto à alteração da substância[49] e a perda de valor, seja após a divisão indagando acerca do aparecimento de fatores que possam causar, por conta da divisão, prejuízos ao uso da coisa dividida.

1.3. Compropriedade Casual

Mas a par e ao lado das disposições relacionadas ao estudo da divisibilidade ou indivisibilidade dos bens em si considerados, enquanto regra geral estabelecida pelo sistema legal faz-se necessário abordar e enfrentar a situação jurídica especificamente relacionada àquelas hipóteses nas quais um determinado bem imóvel[50] se encontra sob o regime da compropriedade "casual" ou, então, daquela que passarei a denominar de uma compropriedade "consensualmente" estabelecida[51], ou seja, a compropriedade consensual.

---

[49] De forma a acrescentar ao quanto alhures debatido acerca da substância de uma determinada coisa quando, então, se utilizou de Spinoza (2003), acrescente-se o que a respeito informa Silva, De Plácido, in: Dicionário Jurídico. 21. ed. Rio de Janeiro: Forense, 2003, p. 778, que define substância da seguinte forma: "A substância, pois, revela a qualidade da coisa, indica sua propriedade ou natureza, ou mostra o modo de ser evidenciado o que lhe é principal, fundamental ou subsistente. Juridicamente, a substância não se afasta do sentido gramatical; resulta da própria natureza ou essência das coisas, ou dos requisitos e atributos que lhe são impostos pela própria lei, em tendo em atenção o seu destino ou sua finalidade.[...] identifica-se com sua natureza econômica e com o destino que lhes é atribuído, a par do que lhes é inerente, imutável ou persistente.[...] a substância das coisas, firmada no sentido de subsistência ou permanência de sua essência, ou natureza, muito influi na divisibilidade das coisas. As coisas cuja substância não suporte uma divisão sem alteração, ou destruição de sua estrutura, ou de seu corpo, anulando destarte o fim principal de seu uso, são tidas como indivisíveis'.

[50] Apenas recordando que o conceito de bens imóveis é aquele contido no artigo 79 do Código Civil de 2002. E, quanto a este aspecto, importante enfatizar que a avaliação do regime jurídico aplicável à compropriedade não levará em consideração e, portanto, não será extensível à conceituação de bens imóveis por definição legal prevista no artigo 80 do Código Civil e, tampouco, àquelas situações previstas no artigo 81.

[51] Espinola (1956), op. cit., p. 338, coloca que a Compropriedade "pode ter por fonte: a) um fato voluntário, b) uma situação acidental (*communio incidens*) ou uma disposição da lei". E, ao comentar estas fontes, esclarecia a distinção quanto à comunhão incidental e a comunhão voluntária, mas, ao final, dizia, mencionando Stolfi, que tal classificação não possui importância, uma vez que as regras jurídicas não distinguiam uma da outra (*Diritto Civile* v. 2, 1926, n. 481, p. 332-333). Não obstante, esta colocação de Espinola é exatamente esta distinção de tratamento que se busca iniciar a discussão através deste estudo.

A compropriedade casual decorre daquele fato involuntário, através do qual àquela determinada pessoa apenas resta aceitar a situação de compropriedade ou, então, precedentemente à formação da relação, renunciar àqueles bens e/ou respectivos direitos, com relação aos quais se verificaria estabelecida a relação de comproprietários.

Portanto, ao renunciar[52], abdicando de sua parte e, por consequência, de seu todo direito, sequer seria estabelecida a relação. Uma medida extrema para que não se enfrente os propalados percalços históricos de uma relação condominial no entorno de um imóvel em regime de compropriedade.

Mas não será desta específica hipótese que versará a discussão, uma vez que a razão motivacional deste estudo é identificar, no campo dos negócios jurídicos bilaterais, as consequências empíricas do desenvolvimento de um empreendimento organizado sobre um imóvel e não dos efeitos e das razões motivacionais de uma renúncia.

Portanto, foi exatamente na hipótese – a do casualismo –, como se estudou alhures, que se originaram os aguerridos estudos e debates acerca da gênese, em tese e a princípio, do regime jurídico da compropriedade, especialmente, por conta da ocorrência daquelas situações não desejadas, mas inescapáveis, ou seja, por conta de um destino certo, porém indefinido, que consistia no falecimento do patriarca[53] da família e a consequente partilha de seus bens quando, então, nascia a compropriedade.

E este surgimento, involuntário, de uma situação jurídica não desejada e cercada de questões sucessórias e/ou familiares das mais diversas ordens, não se poderia esperar situação muito diversa do que aquela tão exemplificada ao longo dos séculos e pelos mais diversos autores: a discórdia e o desejo de se terminar, o quanto antes possível, com aquela relação que, na maioria das vezes, senão logo no início, em breve espaço de algum tempo,

---

[52] Maximiliano (1944), op. cit., p. 18, assim coloca com relação à renuncia, relativamente, aos demais comproprietários: "O coproprietário adquire, por acrescimento, a quota dos condôminos derelinquentes; operam-se a seu favor as aquisições que os outros deveriam obter, porém, não o conseguiram por militar contra eles a incapacidade ou qualquer outro motivo. Portanto, se uma fração do imóvel comum fica sem dono, ou se este a abandona, a fim de não contribuir para despesas obrigatórias, é distribuída entre os cointeressados restantes, excluído, entretanto, da coparticipação o que à mesma renuncie, ou que haja abandonado o seu direito na comunhão, a fim de se livrar de semelhante ou diferente gasto rateado entre todos".
[53] Silva (2003), op. cit., p. 593, define como patriarca: "do latim *patriarcha*, de origem grega, que significa chefe de família".

se tornaria um sem fim de tristezas e desavenças das mais variadas espécies e intensidade, como também foi apurado por Elias Filho (2012, p. 49)[54].
Para Maluf (1989, p. 31), citando Lacerda de Almeida:

> [...] a comunhão chama-se também indivisão e resulta quase sempre de causa involuntária ou fortuita, e é por isso um estado de índole transitório, refratário às normas dos contratos, e cuja regra geral principal é conciliar o interesse de um com o interesse dos outros, não para manter esse estado, que tende sempre a desfazer-se, mas para evitar conflitos de que a comunhão é causa interminável e fecunda ou para facilitar-lhe a dissolução, amigável ou judicial, para cujo fim existe em direito ação competente e adequada.

Percebe-se, portanto, que a origem da compropriedade casual – chamada por outros de involuntária ou fortuita – não decorre, verdadeiramente, de um acordo pré-concebido, ou seja, pensado, desejado, planejado, refletido e, por fim, organizado por parte daqueles que nela restarão desejosamente reunidos.

Poderia, sim, no sentido em que se verifica casuisticamente o "de cujus", através de testamento[55], ou, então, aqueles que herdariam tais bens e/ou direitos, ao se sentirem próximos desta realidade, buscarem de alguma forma uma espécie de organização prévia acerca da coisa futura como forma de elasticizar, moldar, plastificar a relação. Mas, mesmo assim, seria algo engendrado como forma de dar sentido a uma relação decorrente de uma inescapável causalidade.

---

[54] ELIAS FILHO, Rubens Carmo. *A Convenção de Condomínio e as Restrições aos Direitos dos Condôminos dela decorrentes.* Tese (Doutorado em Direito Civil) – Pontifícia Universidade Católica de São Paulo. São Paulo. Coloca que: "É inerente ao condomínio voluntário a sua transitoriedade, uma vez que, conforme a experiência demonstra, é fonte perene de conflitos".

[55] Neste sentido, Maluf (1989), op. cit., p. 98, menciona: "O Código Civil [...] determina que "se a indivisão for condição estabelecida pelo doador ou testador, entende-se que o foi somente por cinco anos. Como pontifica Clóvis Beviláqua, o pai deixa, na sua meação disponível, uma fazenda aos filhos, com a condição de que não a dividam porque, constando ela de um estabelecimento bem instalado, receia que, se a retalharem, não dê os resultados que ele quis assegurar. Além disso, imagina que o trabalho comum num imóvel de tradição familiar aperte os laços de fraternidade. O Código permite essa condição. Não é um constrangimento da vontade dos consortes, é uma cláusula, que pode ser aceita ou não. "Se não for, está claro que o herdeiro será excluído e que a sua parte acrescerá à dos outros." O parágrafo segundo, do artigo 1.320 do Código Civil, disciplina esta possibilidade aventada por Maluf e pontificada por Clóvis Beviláqua.

Decorre, assim, a compropriedade casual de um fato jurídico estranho a uma vontade desejada pelas partes, mas que, por conta de circunstâncias da vida [a finitude do Ser], todos restarão, compulsoriamente, vinculados. E vinculados nesta hipótese não organizada, muitas vezes, por razões relacionadas apenas e tão somente ao não perdimento de bens e de direitos patrimoniais, pois é a única forma possível de se evitar o aparecimento do regime em condomínio[56].

E neste cenário em que a vontade se resume à simples exteriorização de uma quase impositiva concordância pela mera aceitação de um bem ou conjunto de bens, sob pena de perdimento, é que se situa o regime aplicável à compropriedade casual. Verdadeiramente, pode não existir – como se constata dos diversos autores que discorreram acerca do assunto – exteriorização de uma vontade de comungar algo com os demais comunheiros. Há apenas uma situação gravada e aceita por conta das circunstâncias.

Importante, portanto, vincar de maneira bastante explícita este instituto da compropriedade casual, de forma que seja possível distinguir sua essência, comparativamente à da compropriedade consensual. Isto, pois, para os fins tendentes à diferenciação de realidades completamente antagônicas sob a ótica da vontade e que, portanto, mereceria pelo menos em tese um tratamento distinto pelo direito, especialmente sob a ótica dos princípios constitucionais que norteiam a ordem econômica.

Retornando ao tema da compropriedade casual, e tendo por base a proteção das próprias relações e das coisas com relação às quais as pessoas passam a, obrigatoriamente, conviver em regime de compropriedade, é que o direito brasileiro, desde sempre, desejando colocar fim a esta situação de conflito ou, quando pouco, de potencial e latente conflito, assegura a possibilidade de, a qualquer tempo e a qualquer integrante desta relação casual, requerer a divisibilidade da coisa, como forma de se extinguir a relação jurídica de compropriedade. Mas, se não divisível, haverá de ser vendida e ser partilhado seu resultado.

E ao se extinguir esta relação de compropriedade, o direito restabeleceria o primado, segundo o qual direito de propriedade é exclusivo, de

---

[56] Ao se realizar esta afirmação, não se pretende avaliar aquelas situações através das quais os sucessores, quando da realização da partilha dos bens, resolvem atribuir integralidades de determinados bens a determinada(s) pessoa(s), justamente para que se evite a situação de compropriedade casual.

apenas um e, portanto, afastaria do sistema a anomalia que se materializa através da compropriedade, no caso, a casual.

Neste sentido, já dizia Monteiro (1991, p. 219): "O direito de solicitar a venda é imprescritível e exercitável, assim, a qualquer tempo pelo condômino. Outrossim, bastará a vontade de um só consorte para que se ordene a venda."

E Venosa (2015, p. 360), ainda, coloca que o direito do condômino solicitar a divisão se trata de um direito potestativo, portanto, podendo ser exercido a qualquer tempo durante a existência do condomínio de forma que, por qualquer razão, justificada ou injustificada, razoável ou irrazoável, enfim, sem motivação qualquer, poderá um determinado integrante da relação requerer que este estado de indivisão e de comunhão sobre a coisa cesse imediatamente.

Em negócio jurídico análogo que se utiliza da figura do condomínio *pro indiviso* e versando acerca da denominada "multipropriedade imobiliária *ad tempus*"[57], ratifica Diniz (2013, p. 15), fazendo menção a Sílvio de Salvo Venosa:

> Não se pode tratar juridicamente o fenômeno como um singelo condomínio *pro indiviso*, pois sob esse regime o condômino poderia a qualquer momento pedir a extinção do estado de indivisão, faculdade imprescritível e potestativa. Entendendo-se que se aplica subsidiariamente a lei condominial, afasta de plano essa situação teratológica.[58]

Uma vez solicitada a cessação deste estado de condomínio casual, será avaliado se o bem imóvel objeto da compropriedade se encontra em estado "*pro diviso*" ou "*pro indiviso*", no sentido de se verificar se o mesmo é divi-

---

[57] Também conhecida como Time Sharing, de forma que a utilização de uma determinada coisa, no caso, de um imóvel, seja realizada de forma compartilhada com outras pessoas, cada qual por um período de tempo previamente estabelecido. A este respeito, importa informar que se encontra em tramitação o Projeto de Lei do Senado nº 463, apresentado ao Senado da República Federativa do Brasil em 13/12/2016, que possui como finalidade disciplinar o denominado condomínio multiproprietário em imóveis e, através desta disciplina, dissipar a insegurança jurídica quando da adoção deste modelo de negócio jurídico. BRASIL. Projeto de Lei do Senado nº 463, de 13 de dezembro de 2016. *Condomínio Multiproprietário em Imóveis*. Disponível em: http://www25.senado.leg.br/web/atividade/materias/-/materia/127788.

[58] DINIZ, Maria Helena. *Multipropriedade imobiliária: uma especial figura condominial ad tempus*. In: Direito Imobiliário Atual. Daniel Aureo de Castro (Coord.) Rio de Janeiro: Elsevier.

sível ou indivisível, sempre sob a ótica do que se tratou nos itens anteriores, acerca de sua divisibilidade ou não, por conta do perdimento de sua substância, diminuição considerável de valor ou prejuízo ao uso em razão da operação de cisão.

Esclareça-se que o bem em estado *"pro diviso"*, como o próprio nome indica, é aquele em que cada um dos comproprietários ocupa determinada parte ou parcela do imóvel como se, de fato, este já se encontrasse parcelado para cada um dos condôminos[59]. À vista de um simples observador, seria possível afirmar que aquela parte do imóvel era de seu ocupante, uma vez que ele se comporta como sendo o possuidor dos atributos que lhe conferem legitimidade para a utilização da coisa.

Nestas situações em que cada um dos comproprietários já exerce seu poder, em parte certa e determinada, a divisão da coisa imóvel deverá observar as leis da localidade em que se encontra inserida, bem como os demais regramentos relacionados ao uso e ocupação do solo como forma de se proceder à sua divisão jurídica, ou seja, mediante a criação de outro imóvel destacado, através da abertura de nova matrícula perante o registro de imóveis da localidade.

E acerca da ação de divisão do imóvel divisível, dizia Monteiro (1990, p. 213-214): "Esse direito, assegurado pelo [...], do Código Civil, baseia-se na lição da experiência, segundo a qual condomínio constitui sementeira de discórdias. *Communio est mater discordiarum*, eis o aforismo consagrado pela jurisprudência romana".

Mas há situações outras em que o imóvel não se encontra faticamente dividido entre os comproprietários, mas sim todos, por uma ficção jurídica, se utilizam ao mesmo tempo do mesmo imóvel e, portanto, se encontrando mencionado bem em uma situação de "pró-indivisibilidade". Dito de outra maneira, em uma avaliação preliminar e aparente há uma indivisibilidade de fato e, de direito, de forma que cada comproprietário exerce a propriedade sobre a coisa em comum no regime das frações ou quotas ideais, conforme explicado por Maluf (1989)[60]. E Vieira (2008, p. 365)

---

[59] Mais uma vez, utilizando-se das palavras de Venosa (2015), op. cit., p. 354: "no condomínio *pro diviso*, existe mera aparência de condomínio porque os condôminos localizaram-se em parte certa e determinada da coisa, sobre a qual exercem exclusivamente o direito de propriedade".
[60] Op. cit., p. 3 – "O conceito tradicional do condomínio considera objeto do direito de propriedade uma quota intelectual ou ideal de cada condômino, a qual não está materialmente delimitada, ou individualizada no período da indivisão; mas é determinada conceitualmente,

acrescenta que: "A quota não faz variar o conteúdo do direito do comunheiro, que é idêntico, mas diferencia a posição dos comunheiros no exercício de alguns dos poderes e deveres que fazem parte dele, introduzindo uma feição quantitativa [...]".

Nesta situação, se fará necessário avaliar se o imóvel comporta ou não divisão. Acaso a coisa imóvel não comporte sua cômoda divisão entre os comproprietários, pois há desinteligência acerca de quem permanecerá com o imóvel ou, então, o imóvel, por conta de sua divisão, perderá sua substância, a solução encontrada será sua alienação, como comentado por Venosa (2015, p. 360)[61][62] e como também assim estabelece o direito italiano, conforme lecionado por Bianca (1999, v, 6, p. 481)[63]. A respeito da divisibilidade da coisa, coloca Camillo et al. (2000, p. 1.220) que "a situação de indivisão deve ser sempre temporária, dado o caráter de exclusividade do direito de propriedade. A indivisibilidade natural da coisa imóvel

concretizando-se somente ao efetuar-se a divisão. Segundo o conceito moderno, porém, a quota não representa o objeto do direito que pertence a cada condômino; significa apenas a razão ou proporção, segundo a qual cada um dos condôminos participa das vantagens ou lucros e dos encargos ou despesas da coisa: objeto do condomínio é a coisa em sua integralidade, da qual pode usar cada participante nos limites compatíveis com o uso dos outros." E Maluf menciona, em seus apontamentos, a lição de Luiz da Cunha Gonçalves, que conceitua a figura do condomínio, nos seguintes termos: "A característica da compropriedade consiste em que a coisa indivisa, embora pertença a diversas pessoas, cada uma destas só tem nela uma parte intelectual ou mentalmente dividida, mas o direito de cada comproprietário recaia sobre toda a coisa indivisa. Não quer isto dizer que a coisa indivisa pertença por inteiro a cada comproprietário, mas sim que não é possível localizar, concretamente, em qualquer parte material da coisa, o direito de cada comproprietário. Daí resulta que os direitos dos comproprietários são exercidos na coisa comum conjuntamente, limitados os de cada um pelos dos outros, e só para certos efeitos se faz uma divisão mental. (*Princípios de Direito Civil Luso-Brasileiro*, Max Limonad, 1951, v. 1, n. 156, p. 328)".

[61] "Se a coisa não suportar divisão cômoda, ou for indivisível, a solução será a alienação, com preferência dos demais comunheiros na aquisição da cota ideal do condômino dissidente, conforme a ordem estabelecida no artigo 1.322."

[62] No mesmo sentido, o caput do artigo 1.320 do Código Civil estabelece: "Artigo 1.320 – A todo tempo será lícito ao condômino exigir a divisão da coisa comum, respondendo o quinhão de cada um pela sua parte nas despesas da divisão".

[63] BIANCA, C. Massimo. *Diritto Civile. La Proprietà*. v. 6. Milano: Giuffrè. Coloca no mesmo sentido e, fazendo referência ao direito italiano que: "L'indivisibilità della cosa non preclude tuttavia lo scioglimento dela comunione se essa può essere alienata a terzi o assegnata ad um compartecipe mantenendo la sua funzione".

que não admite divisão cômoda pode ser representada por uma casa ou apartamento."[64]

Ao que importa à alienação por conta da indivisibilidade do imóvel, são estabelecidos alguns critérios que deverão ser observados no que se refere ao respectivo procedimento tendente à cessação do estado de condomínio por conta da alienação forçada da coisa.

Em um primeiro momento, caberá aos comproprietários ajustar, de comum acordo e entre si, se o imóvel será vendido a um deles. Para tanto, necessário será definir as condições desta venda e compra, dentre elas o preço, o prazo e as condições de pagamento. E, portanto, em havendo acordo acerca destas condições, bem como acerca de qual condômino irá processar sua aquisição, o assunto estaria por encerrado, após o pagamento a cada um dos vendedores pelo condômino comprador.

Mas, em não havendo acordo acerca destas condições, serão aplicadas ao processo de venda as disposições para tanto estabelecidas na norma adjetiva, as quais, em apertada síntese, determinam a avaliação por perito nomeado pelo juízo e, após, sua venda em leilão, à exceção daquelas situações em que todos os comproprietários forem capazes e concordarem que o imóvel seja vendido independentemente de leilão[65].

E, ainda assim, em havendo a venda em leilão de um imóvel em regime de compropriedade, é estabelecido o direito de preferência dos comproprietários em face dos estranhos participantes do leilão, como mais adiante será tratada esta prelação em face de suas particularidades.

1.4. Compropriedade Consensual

De outro lado, e de maneira substancialmente diversa daquela historicamente aplicável ao regime da compropriedade casual, é possível verificar o surgimento, ao longo do tempo, de relações voluntárias de compropriedade.

Para tanto, e de forma que se possa compreender a essência do que será tratado a seguir, se realiza uma sugestão: que se afastem as naturalizadas[66] interpretações acerca da compropriedade.

---

[64] CAMILLO, Carlos Eduardo Nicoletti; FUJITA, Jorge Shiguemitsu; SACAVONE JR, Luiz Antonio; TALAVERA, Glauber Moreno (Coord.). *Comentários ao Código Civil*. 3. ed. rev. e atual. São Paulo: Revista dos Tribunais.

[65] Neste sentido, os artigos 725 e seguintes do Código de Processo Civil.

[66] Naturalizadas no sentido de enraizadas e, portanto, naturalmente aceitas como sendo uma verdade incontestável por já constituir a essência de alguma coisa que se estuda.

A compropriedade consensual (ou voluntária) é aquela através da qual as pessoas se reúnem, de forma desejada e muitas vezes organizada estrategicamente, desde o nascimento da relação jurídica, com a finalidade de explorar conjuntamente um determinado imóvel pré-existente ou, então, sobre ele desenvolver novas edificações tendentes ao seu melhor aproveitamento e com relação ao mesmo buscar obter o seu máximo aproveitamento econômico.

E, exatamente com esta finalidade, tendo em mente enfrentar no exato momento do surgimento da compropriedade a disciplina das futuras relações de convivência, acabam algumas vezes por celebrar regulamento ou conjunto de cláusulas contratuais que, por consenso, são estabelecidas na partida e que servirão para regular as desejadas relações de compropriedade consensual.

Esta realidade social econômica já era enfrentada muito antes de 1944, tanto que Maximiliano (1944, p. 52), fazendo menção à copiosa doutrina estrangeira, assim coloca:

> A lei não lhe limita os termos, senão em o caso excepcional de ordem pública. Tais contratos, ou Regulamentos, disciplinam a administração, bem como o uso e gozo da coisa comum, prevalecem pró e contra os sucessores, singulares ou universais dos primitivos donos.

Na mesma linha, Bianca (1999, p. 460), discorrendo acerca das características relacionadas à aprovação do regulamento através de uma assembleia ou através de um contrato, ao comentar as disposições a respeito do Código Civil Italiano, assim observa:

> Il regolamento non può incidere sulle posizioni individuali dei compartecipi né regolamentare gli atti di straordinaria amministrazione né derogare alle norme di legge sulla comunione aventi carattere imperativo[67]. Tali sono le norme che conferiscono alla maggioranza il potere regolamentare, che fissano i requisiti minimi di validità delle delibere, che prevedono l'impugnazione del regolamento e degli atti assembleari, che vietano il patto

---

[67] Neste sentido, coloca Bianca (1999), op. cit., p. 462: "[...] s'impone ovviamente nelle ipotesi di patti leonini che privano totalmente un partecipante dei suoi vantage o che lo esonerano totalmente dai sui obblighi. Il contratto che modifica la mistura del concorso in vantaggi ed oneri ha comunque efficacia meramente obbligatória e non è opponibile agli acquirenti delle quote. L'esonero dalle obbligazioni, poi, non può pregiudicare i diritti di credito dei terzi".

di indivisione ultradecennale (n. 244)" Rispetto al regolamento collettivo, emanato dall'assemblea, va distinto il regolamento contrattualle, che scaturisce dai consensi singolarmente prestati dai compartecipi (in tal caso ocorre l'unanimitá). Esso può anche essere predisposto da chi aliena le quote di comunione, ed accetato da singoli acquirenti mediante consenso espresso negli atti di acquisito. Nei limitti di liceità dell'autonomia privata, il regolamento contratuale può imporre obblighi a carico dei compartecipi e conferire diritti che esulano dal pote regolamentare del grupo.

Há de outro lado, também, aquelas situações nas quais um imóvel é de propriedade de apenas uma pessoa que, por conta de circunstâncias variadas, outros se interessam em nele também passar a titularizar uma determinada parcela e, por conta desta situação, a auferir os frutos *lato sensu* decorrentes desta relação de compropriedade.

E, por fim, se verificam aquelas hipóteses que se assemelham às outras duas, mas que, tendo em vista questões financeiras, o próprio proprietário de um imóvel busca, de forma direta ou indireta, interessados em dela participar e aliena parcelas de sua propriedade isolada a terceiros, passando a surgir a compropriedade consensual.

Neste sentido e, em qualquer uma dessas situações, verifica-se que, de forma antagônica à compropriedade casual, na compropriedade consensual as pessoas se organizam no entorno da propriedade do bem e, portanto, estando conscientes das relações a serem vivenciadas e enfrentadas do momento inicial ao final da relação de condomínio estabelecida.

Há, portanto, a exteriorização e a consagração da autêntica[68] vontade das partes quando se materializa o regime da compropriedade consensual, na medida em que se presume operar através de uma manifestação livre e consciente acerca do objeto no entorno do qual se efetivará a relação jurídica, bem como das regras – muitas vezes consensualmente estabelecidas – que disciplinarão esta desejada e desejosa relação condominial.

Certamente que, como se abordará mais à frente em outro capítulo, haverá situações, através das quais, uma vez excedido certos limites nesta cordata relação consensuada, haverá a incidência de princípios e outras regras de forma a buscar reequilibrar e impor certas condicionantes à própria liberdade da vontade, caracterizada pela imposição de limites dire-

[68] Autêntica, no sentido de desejada desde o seu nascimento.

tamente à autonomia privada. Os limites ao eventual poder econômico (ou "do" econômico) de uma das partes e sobre qualquer das outras, e de todas elas sobre elas mesmas, constitui a essência de um sistema normativo que privilegia o desenvolvimento sustentável e coerente de sua economia, de forma a coibir a prática de situações abusivas. Dito de outra forma: de situações que venham a macular a própria autonomia da vontade em sua essência.

Retornando mais diretamente ao tema: o consenso representado através de um acordo deve servir como um instrumento de cooperação mútua entre partes. Isto, pois, como colocado por Lourenço (2001, p. 67):

> Além de não haver liberdade que não se limite a si própria, para que o contrato goze da tutela da lei, não podem os contraentes ignorar os valores fundamentais que estão na base do sistema legislativo, nem as limitações imediatamente destinadas a salvaguardar as justificadas expectativas da outra parte e os legítimos interesses de terceiros [...].[69]

E diante deste universo do consenso socialmente válido acerca da relação de compropriedade sobre um imóvel é que as partes transigem no entorno e em observância da aplicação das disposições legais insculpidas no Código Civil e que possuem como base histórica a compropriedade casual. São estabelecidos ajustes que funcionam como normas procedimentais e comportamentais para aquelas situações em que se verificam as hipóteses fáticas.

1.5. Divisão na Compropriedade Consensual

E na esteira destes variados ajustes, um deles assume significativa relevância por conta de sua direta relação com a própria sobrevivência temporal da compropriedade consensual, ou seja, constitui essência do negócio jurídico imobiliário estabelecido no entorno de um imóvel. Trata-se da possibilidade, como largamente discutido anteriormente, de sua divisão e, em caso de impossibilidade, da realização forçada de sua venda e, por consequência do desfazimento da relação negocial estabelecida.

Independentemente de a coisa ser, em sua essência, divisível ou não, podem os comproprietários estabelecer, mediante ajuste, que a coisa permanecerá em

---

[69] LOURENÇO, José. *Limites à Liberdade de Contratar: Princípio da Autonomia e da Heteronomia da Vontade nos Negócios Jurídicos.* São Paulo: Juarez de Oliveira.

estado de indivisão por um período não superior a 05 (cinco) anos suscetível de prorrogação posterior[70]. Idênticas regras são as vigentes no Código Civil Português, segundo Vieira (2008, p.382)[71], e, também, no Código Civil Francês[72].

Entretanto, no direito francês, não obstante o prazo máximo ser o mesmo que o estabelecido no direito brasileiro e no português, ele faculta às partes contratantes estabelecer um acordo acerca da duração do estado de indivisão, tanto que Josserand (1950, p. 336) assim se manifesta a este respeito:

> Por regla general, se considera la indivision como un estado provisional, temporal, como una situación jurídica anormal que debe cesar lo más pronto possible, por ser mala jurídica y economicamente. Por eso el artículo 815 [do Código Civil Francês] dispone, en términos imperativos, que "nadie puede ser forzado a permanecer en la indivisión e la participación puede siempre ser provocada, no obstante prohibiciones y convenciones contrárias." (g.n.)

E, acerca destas convenções contrárias, Josserand (1950, p. 337) coloca:

> La indivisión se reduce a un contrato o a una disposicion legal que se organiza en vista de un objetivo preciso, de uma situación determinada; es evi-

---

[70] O parágrafo primeiro, do artigo 1.320 do Código Civil, estabelece que: "Podem os condôminos acordar que fique indivisa a coisa comum por prazo não maior que 05 (cinco) anos suscetível de prorrogação ulterior".

[71] Op. cit., coloca que: "Os comunheiros podem convencionar a indivisão da coisa, no próprio título constitutivo ou posteriormente (art. 1.412, n. 1). A lei estabelece o prazo máximo de cinco anos para a eficácia do acordo de indivisão".

[72] O Código Civil Francês, em seu artigo 1.873-3, (criado pela Lei n° 1.286/76, de 31 de dezembro de 1976), coloca: "La convention peut être conclue pour une durée déterminée qui ne saurait être supérieure à cinq ans. Elle est renouvelable par une décision expresse des parties. Le partage ne peut être provoqué avant le terme convenu qu'autant qu'il y en a de justes motifs. La convention peut également être conclue pour une durée indéterminée. Le partage peut, en ce cas, être provoqué à tout moment, pourvu que ce ne soit pas de mauvaise foi ou à contretemps. Il peut être décidé que la convention à durée déterminée se renouvellera par tacite reconduction pour une durée déterminée ou indéterminée. A défaut d'un pareil accord, l'indivision sera régie par les art. 815 et suivants à l'expiration de la convention à durée déterminée". Mas, de outro lado, o artigo 815 do Código Civil Francês estabelece a regra acerca da qual as partes podem transigir acerca da duração da indivisão por conta de ajustes entre elas realizado e no entorno de seu objeto. E, assim, ele estabelece: "Nul ne peut être contraint à demeurer dans l'indivision et le partage peut toujours être provoqué, à moins qu'il n'y ait été sursis par jugement ou convention."

dente que se prolongará mientras ese objetivo no se alcance, mientras dicha situación persista [...] Ocurre también que la sociedad no tenga otro fin que el mantenimiento de la indivisión; hay entonces una sociedad de indivisión que tiende precisamente a descartar la eventualidad de una partición. En suma, la regla del artículo 815 está establecida para las indivisiones passivas, no para las indivisiones activas que respondem a um objetivo determinado, que son, no un acidente, um episódio, sino un régimen establecido para un resultado que se proponen alcanzar deliberadamente."

Parafraseando o que coloca Maximiliano (1944, p. 60-61), não se considera válida a renúncia à divisão e, tampouco, a disposição através da qual não se possa fazer a divisão em tempo algum, com o que também concorda Espinola (1956, p.347)[73].

No mesmo sentido, mas, no direito italiano, Bianca (1999, p. 479) menciona tratar-se de um "diritto potestativo giudiziale" e transcreve a posição de Pavanini, nos seguintes termos: "sembra perciò anche qui preferibile riconoscere nel soggetto interessato il titolare del diritto potestativo e nella domanda giudiziale il modo col qualde questo diritto viene esercitato".

A fixação de prazo de validade para uma situação conscientemente consentida no entorno de um imóvel poderia ser diferentemente disciplinada pelo Código Civil Brasileiro, tal qual o faz o Código Civil Francês, conferindo aos comproprietários esta liberdade de contratar, especialmente, por conta do princípio da livre iniciativa.

Desta forma e, de maneira a embasar este entendimento, se torna conveniente a avaliação, em alguns dos países que se basearam no direito romano, de como tem sido tratada a questão relacionada ao prazo estabelecido, como sendo o limite temporal da indivisibilidade consensual, de forma que se possa compreender os caminhos interpretativos identificados e sua evolução.

Neste sentido, Tepedino (1993)[74], realizando um estudo acerca da disciplina legislativa na Itália, França, Espanha e Portugal, constatou que nos

---

[73] E mencionando Ruggiero e Maroi, coloca: "O direito (potestativo) de pedir a divisão, a qualquer momento, é imprescritível, isto é, não se extingue enquanto dura a comunhão; além de imprescritível é irrenunciável, sendo, por consequência, inválido o pacto de permanecer em comunhão indefinidamente, assim como seria nula a proibição, que se fizesse o testador aos seus herdeiros, de fazer a divisão".

[74] TEPEDINO, Gustavo. *Multipropriedade Imobiliária*. São Paulo: Saraiva.

sistemas normativos de mencionados países a compropriedade é tratada como sendo, tal qual no Brasil, uma relação jurídica transitória e, portanto, sendo suscetível de extinção[75] e, neste sentido, "indiscutível o desfavor do legislador pela indivisão perpétua"; sendo possível o estabelecimento em mencionados países de um acordo de indivisibilidade por prazo não superior a dez anos.

Entretanto, na Itália, Tepedino (1993) identificou controvérsia doutrinária, através da qual se discutia acerca da disposição contida no artigo 1.112[76] do Código Civil Italiano que estabelecia uma exceção à regra da divisibilidade, qual seja, que a divisão não poderia ser requerida quando se tratarem "de coisas que, se divididas, cessariam de servir ao uso ao qual são destinadas".

E, tendo por fundamento mencionado artigo, afirma Tepedino (1993, p. 17), mencionando a posição de De Cupis[77], que:

> parte da doutrina italiana considerou possível interpretar extensivamente a hipótese de indivisão perpétua, aceitando-a no caso da multipropriedade, já que a dissolução comprometeria a destinação econômica atribuída pelos condôminos à coisa, como único motivo de constituição do condomínio.

Entretanto, segundo estudo de Oreste Calliano em sua obra denominada La Multiproprietà immobiliare no Trattato di diritto privato, mencionada também por Tepedino (1993, p. 17), foi assentada pela jurisprudência uma interpretação restritiva quanto ao estabelecido através do artigo 1.112 do Código Civil Italiano, no que se refere à impossível divisibilidade por conta da cessação ao uso ao qual se destinava o bem.

Foi consignado que esta impossibilidade somente seria aplicável em duas circunstâncias: (I) àqueles bens cujo valor econômico se encontrava associado ao estado de compropriedade e, por via de consequência, se realizada

---

[75] No mesmo sentido, o Código Civil Francês, em seu artigo 815 (Lei nº 728, de 23 de junho de 2006.), diz: "Nul ne peut être contraint à demeurer dans l'indivision et le partage peut toujours être provoqué, à moins qu'il n'y ait été sursis par jugement ou convention".

[76] Estabelece o Código Civil Italiano em seu "Art. 1.112. (Cose non soggette a divisione). Lo scioglimento della comunione non puo' essere chiesto quando si tratta di cose che, se divise, cesserebbero di servire all'uso a cui sono destinate".

[77] De Cupis. *Multiproprietà e Comproprietà*. Rivista Trimestrale di Diritto e Procedura Civile, 1984, p. 1.024 e ss. Adde, Danusso, *Comunione e multiproprietà immobiliare*, Giurisprudenza Italiana, 1982, 1, 2, c. 514.

a divisão, restaria ele sem valor algum[78] ou, então, (II) àqueles bens que, "integrantes do condomínio, são contemporaneamente acessórios de outros bens, de propriedade particular dos consortes, de modo que a divisão destruiria sua potencialidade econômica, vinculada ao estado de comunhão"[79].

E, concluindo a pesquisa acerca da interpretação restritiva destacada pela jurisprudência italiana ao artigo 1.112 do Código Civil, entende Tepedino (1993, p. 18) que:

> se fosse possível interpretar o artigo 1.112 como abrangente das hipóteses em que a imutabilidade da destinação econômica houvesse sido atribuída pelas próprias partes, contratualmente, revestindo-se tal vínculo, portanto, de conotação subjetiva e convencional, resultaria dispositiva a regra da divisibilidade. Para tornar indivisível certo condomínio, bastaria que os consortes, reunidos para a sua constituição, declarassem seu intento, motivando a compropriedade pela destinação da coisa, cuja integralidade fosse a razão de ser da relação consorcial.

No direito brasileiro, e como se discorreu alhures, há disposição equiparada àquela mencionada no Código Civil Italiano e que poderia, em tese, comportar entendimento mais flexível àquele consolidado pela jurisprudência italiana.

Isto, pois, ao passo que no direito italiano a defesa da perpetuidade da indivisão se baseava no fato da coisa "cessar de servir" ao uso ao qual é destinada; na legislação brasileira, menos incisiva, apenas estabelece o "prejuízo do uso"[80] ou a "diminuição considerável de valor", como fatores suficientes a justificar a indivisibilidade e, portanto, em gradação menor que a fortíssima "cessação do servir" estabelecida pela legislação italiana.

Maluf (1989, p. 96-97), mencionando Sá Pereira (1924, p. 423)[81], coloca que a ninguém é obrigado a permanecer em estado de comunhão e informa que esta regra se justifica por três motivos:

---

[78] Como mencionado por Tepedino (1993), op. cit., p. 17, o caso de um livro contábil.

[79] Como seria o exemplo de uma escada ou átrio comum que servisse a dois imóveis particulares, segundo Tepedino (1993), loc. cit., p. 17.

[80] Neste sentido, diz o artigo 87 do Código Civil: "Artigo 87 – Bens divisíveis são os que se podem fracionar sem alteração na sua substância, diminuição considerável de valor, ou prejuízo do uso a que se destinam."

[81] SÁ PEREIRA, Virgílio. *Manual do Código Civil Brasileiro; Direito das Coisas*. v. 8. Rio de Janeiro: J. Ribeiro dos Santos.

1º.) Por uma questão de ordem econômica. A propriedade comum é de regra abandonada ou mal aproveitada. Por um vício quase natural, dizia uma constituição de Theodósio e Valentiano, não se cuidam muito as coisas que se não possuem na totalidade, mas em comum com os outros; 2º.) Por uma razão de ordem social. O estado de indivisão é uma fonte de contendas; 3º.) O tipo legal da propriedade é o da propriedade solitária, e todas as demais combinações representam hibridismos, cuja tendência natural é a redução ao tipo unitário.

E se utilizando, exatamente, das razões pelas quais Sá Pereira, ao se referir à compropriedade, justifica a necessidade de seu desaparecimento, sua extinção, é que se justifica a necessidade de sua perpetuidade naquelas relações jurídicas, através das quais nascem as compropriedades consensuadas. Isto, pois, por uma única e exclusiva razão. Na compropriedade consensuada há o desejo, a vontade de se possuir e de explorar a coisa em regime de compropriedade enquanto escolha racional diante de um universo de outras possibilidades jurídicas.

Desta forma, há o completo aproveitamento do imóvel, sendo certo que se torna desejável, por força da constituinte vontade no entorno da relação que se estabelece que todos os comproprietários zelem e cuidem da coisa, em maior ou menor grau a depender dos próprios ajustes realizados; não há contendas entre os condôminos, diversas daquelas naturalmente existentes em outros negócios jurídicos em que estabelecem relações de comunhão e, por fim, se trata de um regime jurídico escolhido, ou seja, desejável por conta de suas especiais características e, dentre elas, aquelas relacionadas à segurança que a propriedade de um imóvel confere a seu titular.

Neste sentido e, assim, se tratando da compropriedade consensualmente estabelecida, é de se indagar se seria outro o entendimento de Monteiro (1991, v.3, p. 214), quando assim coloca: "[...] está sobejamente demonstrado que a propriedade individual sempre se evidencia mais fecunda e mais produtiva que a propriedade comum".

Talvez, quando desta opinião, Monteiro se referia unicamente à compropriedade casual (chamada de indivisão passiva por Josserand (1950, p. 337) e, portanto, nítida a diferença fática com relação à originada consensualmente (chamada de indivisão ativa, também, por Josserand (1950, p. 337). A interpretação dos regimes e do direito devem ser especificamente direcionadas a uma determinada realidade e, mesmo assim, constantemente adequadas e atualizadas ao seu tempo, de forma a se evitar, o quanto possível, a necessidade de novas e outras leis que venham regular o que o Direito regula[82].

Certamente que, como diz Grau (2015, p. 269): "a interpretação nunca é livre de pressuposições" e, portanto, se torna possível concluir que o significado de algo não se limita à coisa em si, mas absorve e se relaciona com o contexto no qual se insere. Se conclui, portanto, acerca da validade do acordo de indivisibilidade, independentemente, do tempo.

Outro ponto, também relacionado à pactuação da indivisibilidade por determinado período de tempo, merece ser brevemente comentado como forma de se possuir uma macrovisão acerca dos temas que gravitam no entorno do regime jurídico da compropriedade. Trata-se da possibilidade de, a qualquer tempo, um determinado interessado solicitar a divisão da coisa e do dever do juiz, se graves razões assim o aconselharem, a determinar a divisão da coisa comum – certamente, desde que divisível – antes de vencido o prazo.[83]

Se trata de disposição que reafirma o poder geral de cautela e de administração de conflitos, conferido ao poder judiciário para a solução daquelas situações emergentes do legalmente amparado. Aliado a esta circunstância geral, é possível presumir que, por conta da gênese histórica conflituosa da compropriedade casual, optou o Direito por possibilitar, mesmo naquelas situações em que se pactuou um prazo determinado, a possibilidade do desfazimento judicial do acordo tendente à fixação de um prazo pré-determinado.

O que se entende como desejável seria o sistema do direito brasileiro se afeiçoar o quanto possível ao sistema do Código Civil Francês, no sentido

---

[82] Neste sentido, Grau (2015), Op. cit., p. 157, diz: "[...] o Direito é alográfico; mas não apenas de textos, senão de textos e de fatos; e mais: interpretar/aplicar o Direito é concretizá-lo, ir dos textos e dos fatos à norma jurídica geral e, em seguida, à norma de decisão, no desenvolvimento de uma prudência; por isso não existe, no Direito, uma única solução correta, senão várias". E reproduzindo Canotilho, p. 159, transcreve: "Entre um "objetivismo histórico" conducente à rigidificação absoluta do texto constitucional, em um "objetivismo actualista" extremo, legitimador de uma "estratégia política" de subversão ou transformação constitucional, a interpretação constitucional deve permitir a renovação (=atualização, evolução) do "programa constitucional", mas sem ultrapassar os limites de uma tarefa interpretativa [...]".
[83] Neste sentido, o parágrafo terceiro do artigo 1.320 do Código Civil, assim estabelece: "A requerimento de qualquer interessado e se graves razões o aconselharem, pode o juiz determinar a divisão da coisa comum antes do prazo".

de permitir que, nas "indivisiones ativas" (i.e. na compropriedade consensual), ou seja, naquelas desejadas, se possa pactuar livremente a vontade de seus comunheiros, sem que a norma jurídica estabeleça restrições não pertencentes à realidade da vontade, parafraseando Josserand (1950, p. 337).

Mas, afora as questões relacionadas a tortuoso tema, se faz necessário enfrentar aquelas outras relacionadas à administração do imóvel objeto da compropriedade, pois, no que se refere à indivisibilidade da compropriedade mediante pacto de seus comproprietários e com prazo superior ao limite estabelecido legalmente, demanda nova interpretação da disciplina normativa, independentemente, da criação de dispositivo que faculte às partes a disciplina da convivência comproprietária consensual da melhor forma aos pessoais interesses de seus comproprietários.

1.6. Uso, destinação e administração geral

Cada um dos comproprietários e, portanto, individualmente, poderá se utilizar do imóvel e, no seu todo, segundo a sua própria destinação, ou seja, uma vez observada a finalidade ao qual se encontra vincado[84].

O uso realizado por qualquer deles deve ser compatível com a utilização pelos demais, de forma a impedir cada um e, assim mesmo, a todos de usufruírem de seus direitos de compropriedade. Neste sentido, Maximiliano (1944, p. 28), mencionando Borsari (1399), coloca: "O que é direito de coproprietário, ele exerce ou desfruta sem provocar o consenso e apesar do dissenso dos outros".

De outro lado, Vieira (2008, p. 369), ao abordar o tema sob a ótica do direito português, ratifica que os comproprietários têm direito ao "uso integral da coisa, de toda a coisa, e todos eles podem usar a coisa simultaneamente, contanto que seja possível".

Segundo Venosa (2015, p. 357), "a utilização livre da coisa, conforme sua destinação, é corolário do direito de propriedade, que encontra limitação apenas no direito dos demais consortes". E, mencionando Luiz Edson Fachin, afirma que a destinação é "de teor pétreo", no sentido de que sua

---

[84] Em idêntico sentido, diz o Código Civil Italiano: "Art. 1.102. (Uso della cosa comune). Ciascun partecipante puo' servirsi della cosa comune, purche' non ne alteri la destinazione e non impedisca agli altri partecipanti di farne parimenti uso secondo il loro diritto. A tal fine puo' apportare a proprie spese le modificazioni necessarie per il miglior godimento della cosa. Il partecipante non puo' estendere il suo diritto sulla cosa comune in danno degli altri partecipanti, se non compie atti idonei a mutare il titolo del suo possesso".

modificação depende da prévia e consensuada autorização dos demais comproprietários; melhor vincando, de sua totalidade[85]. E Vieira (2008, p. 369), abordando o direito português, arremata ao dizer: "ao comunheiro é dado somente utilizar a coisa como ela se encontra". Acerca deste mesmo tema no direito francês, coloca Josserand (1950, p. 334) que:

> "cada uno de los copropietários por indivisión de una cosa común, tiene sobre ellaun derecho completo que no reconece más limites que el derecho igual de cada uno de los demás comuneros [...] este derecho consiste en usar livremente de la cosa común, con la condición de no cambiar su destino sin el consentimento unanime de todos los copropietários [...]

Percebe-se, portanto, a importância da caracterização dos elementos relacionados ao conceito de destinação[86].

Poder-se-ia, de maneira elementar, apenas se avaliar para esta finalidade aquelas situações costumeiramente identificadas como sendo caracterizadoras de dois gêneros: imóvel rural ou imóvel urbano. E, na abrangência destas basilares categorizações, apenas se entender e se estabelecer que, desde que mantido o gênero principal quanto ao uso, a espécie de exploração a que destinado não assumiria importância.

---

[85] Em idêntico sentido, Maluf (1989), op. cit., p. 81-83, assim coloca: "Para alterar ou substituir o destino da coisa comum, ou agir em contrário ao mesmo, necessita, um copropietario, do assentimento de todos os outros. [...] Com efeito, esta proibição é um corolário da regra já firmada no art. 623 (Código Civil de 1916), de que o condômino só pode usar da coisa comum, conforme sua destinação, certo como é que "alterar a coisa comum é desviá-la da sua destinação natural ou voluntária, aquela imposta pela natureza, esta pela vontade da maioria", segundo o ensinamento de Virgílio de Sá Pereira. Assim compreendida a proibição legal, fácil é perceber que a alteração a que alude o Código, neste artigo, não é outra senão a que muda a destinação da coisa ou lhe transforma o modo de ser, como exemplifica Clóvis Beviláqua, quando de um terreno de cultura se faz um campo de pastagem, ou se adapta uma casa de habitação individual à forma de habitação coletiva. [...] As benfeitorias e melhoramentos, que não modificam o uso da coisa, mas apenas aumentam as utilidades, não são alterações nos termos da lei. [...] Poderíamos aqui lembrar o exemplo fornecido pelo próprio J. M. Carvalho Santos: o condômino que seja exclusivo do prédio vizinho não poderá abrir discricionariamente janelas, frestas, deitando para o terreno comum, com desrespeito aos dispositivos do artigo 573 (Código Civil de 1916) do Código Civil".

[86] Silva (2003), op. cit., p. 263, define como destino do imóvel: "Tal como o destino da coisa, o do imóvel refere-se a seu uso. É a sua destinação. O destino do imóvel (casa, prédio, apartamento, loja, armazém etc.) pode ser determinado ou livre. Desde que determinado, ou por lei, ou por cláusula inserta no contrato de locação, não pode ser usado para fim estranho ao que se fixou ou que é indicado.

Mas, certamente, por conta dos precedentes historicamente relacionados ao surgimento da compropriedade casual, especialmente, a imobiliária, o objetivo da restrição quanto à alteração da destinação, mantém relação direta com aquele efetivo uso, aquela real e verdadeira exploração que se faz, ou melhor, que se fazia do imóvel quando da formação da compropriedade, ou seja, no exato momento de seu surgimento.

Esta possibilidade de entendimento se relaciona ao pressuposto de que, de maneira expressa ou tácita, aquele ou, então, aqueles detentores da compropriedade, validamente deliberaram acerca de sua destinação em momento precedente à própria e pessoal utilização ou, então, quando da cessão por eles realizada a terceiros para uma dirigida finalidade. E, mais uma vez, coloca Vieira (2008, p. 369): "Seja como for, o uso que releva juridicamente, não é o uso abstrato da coisa, aquele que normalmente é dado a coisas da mesma espécie, mas o uso concreto que lhe foi dado na comunhão".

Poderão, então, e em tese, surgir discussões naquelas hipóteses em que um determinado imóvel, no momento do nascimento da compropriedade casual, se encontrava destinado a uma específica finalidade e, após a cessação desta peculiar utilização, se pretender destiná-lo a outra atividade, observada, apenas, a generalidade[87] da destinação.

Reflita-se acerca de uma situação possível: a exploração, no imóvel, de uma específica atividade empresarial e, por força de variadas circunstâncias, o desenvolvimento de tal atividade vem a cessar e o imóvel venha a retornar aos comproprietários. E ao recebê-lo, surge a discussão no sentido de que a destinação aceitável para o imóvel seria apenas aquela relacionada àquele gênero de atividade empresarial.[88]

Nesta hipótese, pertinente é a discussão acerca dos elementos principiológicos e relacionados à destinação da coisa, tal qual concebida originariamente. Isto, pois, estes representam uma das particularidades relacionadas à segurança daqueles negócios jurídicos imobiliários a serem concebidos e estruturados mediante a adoção do regime jurídico da compropriedade; sempre tendo como ponto de partida as possibilidades interpretativas decorrentes da compropriedade consensuada e seus limites.

---

[87] Entenda-se por generalidade da destinação a rural ou a urbana e, como especificidade desta última, a residencial ou a não residencial.

[88] Entenda-se por gênero da atividade empresarial: serviços, moda e alimentação, dentre outras categorias.

Virgilio de Sá Pereira, mencionado por Maluf (1989, p. 58) e com ele concordando, entende que caberá à maioria dos comproprietários definir a destinação do imóvel e, inclusive, menciona exemplo através do qual comproprietários de um terreno suscetível de várias destinações divergem acerca de seu destino, ou seja, ser plantado, destinado a pastagem ou, então, a sementeira (e quanto a esta, destinar o gênero da cultura a ser desenvolvida).

Nesta situação, e pelo que é possível compreender do exemplo, não existia com relação ao terreno qualquer destinação até então empreendida pelo proprietário ou, então, pelos comproprietários e sobre o imóvel e, portanto, caberia à maioria dos consortes decidir acerca do destino a ser dado à coisa.

Mas, uma vez definida pela maioria a destinação da coisa, resta indagar se esta poderia ser alterada, também, e por maioria dos votos dos comproprietários ou, então, apenas por unanimidade, uma vez tratar-se de alteração de destinação anteriormente definida e, assim, repetindo as palavras de Luiz Edson Fachin, tratar-se-ia de destinação e, portanto, de "teor pétreo".

A posição que se defende é no sentido de que, definida a destinação para determinado uso, e efetivamente utilizado o imóvel como decidido, esta inicial destinação assume um caráter tal que somente poderá ser alterado mediante decisão unânime dos comproprietários[89].

Neste sentido, inclusive, em uma de suas disposições, estabelece o artigo 815-3 do Código Civil Francês de forma expressa: "Toutefois, le consentement de tous les indivisaires est requis pour effectuer tout acte qui ne ressortit pas à l'exploitation normale des biens indivis et pour effectuer tout acte de disposition autre que ceux visés au 3°".[90]

Isto, pois, se defende que esta é a melhor forma de se interpretar a parte inicial do dispositivo legal que disciplina o assunto, uma vez estabelecer que "nenhum dos condôminos pode alterar a destinação da coisa comum"[91]. Melhor explicando, ao ser definido que a "nenhum" é possível

---

[89] Inclusive, é mencionado por Maximiliano (1944), op. cit., p. 48, o seguinte exemplo: transformar em lugar de prazeres passageiros uma residência familiar.
[90] Tradução nossa: No entanto, o consentimento de todos os comproprietários se faz necessário para executar qualquer ato que não corresponda à normal exploração da propriedade indivisa, assim como qualquer ato que não esteja compreendido no item 3º.
[91] O parágrafo único do artigo 1.314 do Código Civil assim estabelece: "Parágrafo Único – Nenhum dos condôminos pode alterar a destinação da coisa comum, nem dar posse, uso ou gozo dela a estranhos, sem o consenso dos demais."

alterar a destinação da coisa, significa afirmar que a qualquer deles individualmente não seria possível, assim como não seria à maioria, restando apenas, e por indução lógica, à totalidade[92] dos proprietários esta decisão.

Esta interpretação guarda relação com a principiologia acerca da exclusividade do direito de propriedade, em decorrência da "anomalia" diretamente relacionada ao regime jurídico da compropriedade casual.

De outro lado, relativamente à mera destinação quanto a seu uso pessoal por comproprietários ou por estranhos, competirá à maioria decidir quanto ao destino da coisa no sentido de desfrutá-la, emprestá-la ou alugá-la, sendo certo que o exercício do direito do condômino deve sujeitar-se e harmonizar-se com o interesse da maioria[93]. E Monteiro (1991, p. 209) complementa dizendo que "se os condôminos, em maioria, resolvem destiná-lo à cultura, não pode um deles, manifestando-se em dissidência, exigir que sua parte seja aplicada na invernagem de gado".[94]

No direito português, entende Vieira (2008, p. 370) que a deliberação acerca do uso da coisa depende da aprovação da unanimidade dos comproprietários, uma vez que:

> A maioria dos comunheiros não pode decidir sobre um poder de exercício individual como é o poder de usar a coisa. De outra forma, estava encontrado um expediente fácil para a maioria determinar a seu belo prazer o uso da coisa comum, frustrando o fim da regra estabelecida no art. 1.406, nº 1, que é o de assegurar a todos os comunheiros o uso da coisa.[95]

E, paralelamente ao uso, decorre ou pode decorrer o percebimento dos frutos e rendimentos resultantes da compropriedade, assim como o paga-

---

[92] No mesmo sentido, e segundo Varela (2008), op. cit., p. 372, ao fazer alusão ao Código Civil português coloca: "O poder de transformar a coisa (as obras de conservação não constituem o exercício de um poder de transformação, mas sim a mera administração da coisa comum) surge incluído no conteúdo de alguns direitos reais de gozo. Envolvendo ou podendo envolver a alteração da substância da coisa, o seu exercício cabe conjuntamente a todos os comunheiros".

[93] Conforme Venosa (2015), op. cit., p. 357.

[94] E ainda, Monteiro, nessa passagem e fazendo menção à Barassi, coloca que: "Nesse fato reside, sem dúvida, a debilidade do condomínio, pois o condômino sabe que a vontade dos demais pode decidir soberanamente sobre a destinação da coisa."

[95] Mas Vieira (2008) menciona na op. cit., p. 370, que Pires de Lima e Antunes Varela "sustentam que a maioria pode deliberar sobre o uso da coisa, nos mesmos termos em que decide sobre a administração dela, embora mitiguem a sua posição afirmando que os comunheiros não podem ser privados do uso da coisa".

mento das despesas. Neste sentido, cada comproprietário possui como direito legalmente assegurado auferir proporcionalmente o líquido auferido com a exploração da propriedade e, na mesma proporção, arcar com o pagamento das despesas.

E, ainda, se estabelece a regra segundo a qual na hipótese de um determinado comproprietário não realizar o pagamento das despesas que lhe cabe quando da gestão da compropriedade, aquele consorte que a realizar e, na proporção dos que fizer, restará transferida a parte ideal de quem deixou de fazê-la (por renúncia).[96]

Estas regras não serão aplicáveis apenas àquelas situações em que a compropriedade se encontrar em regime *pro diviso* e, portanto, nesta hipótese, cada comproprietário possuirá o direito exclusivo de perceber a integralidade dos frutos e rendimentos de sua específica parcela explorada da propriedade e, identicamente, arcar com o pagamento da totalidade das despesas.

Questão que se coloca se relaciona à possibilidade de os comproprietários ajustarem a distribuição dos frutos e rendimentos ou, então, do pagamento das despesas, temporária ou definitivamente, em desconformidade com a participação de cada um deles na compropriedade. Discussão esta, mais uma vez, relacionada à possibilidade de os comproprietários transigirem a respeito dos direitos decorrentes da natureza real estabelecida legalmente.

Acerca do assunto, Maximiliano (1944, p. 29-34), ao abordar o tema coloca que, desde que definido pela unanimidade, dos comproprietários, poderão os mesmos acordar acerca da divisão não proporcional das receitas ou despesas decorrentes da exploração do imóvel em compropriedade, uma vez que "a vontade das partes sobreleva à lei, que é meramente dispositiva ou supletiva".

Em sentido idêntico, coloca Vieira (2008, p. 383) ao se referir ao direito português que "nada impede os comunheiros de acordarem entre si o pagamento das despesas em proporção diferente das suas quotas. Tal acordo

---

[96] Neste sentido, o parágrafo primeiro do artigo 1.316 do Código Civil assim estabelece: "Art. 1.316 – Pode o condômino eximir-se do pagamento das despesas e dívidas, renunciando à parte ideal. Parágrafo Primeiro – Se os demais condôminos assumem as despesas e as dívidas, a renúncia lhes aproveita, adquirindo a parte ideal de quem renunciou, na proporção dos pagamentos que fizerem. Parágrafo Segundo – Se não há condômino que faça os pagamentos, a coisa comum será dividida."

não contende com a tipicidade legal dos direitos reais e cai debaixo do princípio geral da autonomia privada".

Entretanto, este tema comporta entendimento diverso por parte da doutrina brasileira, na medida em que estariam as partes transigindo acerca de direitos não disponíveis e, portanto, como será tratado mais adiante, demanda reflexão acerca da modulação dos efeitos dos direitos reais, terminologia esta utilizada por Tepedino (1993).

Poderão, também, os comproprietários e, por maioria absoluta[97][98], desde que observada a destinação do imóvel, escolher uma pessoa – comproprietária ou não[99] – para desempenhar as atividades relacionadas à sua administração, diga-se, ordinária[100][101] que, segundo Monteiro (1991, p, 220-

---

[97] Venosa (2015), op. cit., p. 357, assim coloca: "Na escolha do administrador, é fundamental que todos os consortes sejam convocados e que se documente a deliberação assemblear que elegeu os administradores, bem como decidiu o destino da coisa comum. As deliberações serão obrigatórias, sendo tomadas por maioria absoluta".

[98] Da mesma forma, se manifesta Pereira (2013), op. cit. p. 155, ao assim colocar: "E para que obriguem a todos, serão as deliberações tomadas pela maioria absoluta, isto é, pelos votos que representem mais da metade do valor total".

[99] Neste sentido, também se manifesta Espinola (1956), op. cit., p. 352.

[100] O Código Civil Francês em seu artigo 815-3 (criado pela Lei n° 728/2006 de 23 junho de 2006), estabelece o quórum de 2/3 dos comproprietarios para deliberar acerca desta e outras matérias, da seguinte forma: "Le ou les indivisaires titulaires d'au moins deux tiers des droits indivis peuvent, à cette majorité: 1° Effectuer les actes d'administration relatifs aux biens indivis; 2° Donner à l'un ou plusieurs des indivisaires ou à un tiers un mandat général d'administration; 3° Vendre les meubles indivis pour payer les dettes et charges de l'indivision; 4° Conclure et renouveler les baux autres que ceux portant sur un immeuble à usage agricole, commercial, industriel ou artisanal. Ils sont tenus d'en informer les autres indivisaires. A défaut, les décisions prises sont inopposables à ces derniers.Toutefois, le consentement de tous les indivisaires est requis pour effectuer tout acte qui ne ressortit pas à l'exploitation normale des biens indivis et pour effectuer tout acte de disposition autre que ceux visés au 3° Si un indivisaire prend en main la gestion des biens indivis, au su des autres et néanmoins sans opposition de leur part, il est censé avoir reçu un mandat tacite, couvrant les actes d'administration mais non les actes de disposition ni la conclusion ou le renouvellement des baux". Esta alteração do Código Civil Frances teve por finalidade estabelecer as matérias que poderiam ser decididas pelo quórum de dois terços dos comproprietários e em face desta medida reduzir as impossibilidades decorrentes da unanimidade e, portanto, possibilitando a administração ordinária do bem indiviso em seu próprio benefício. Quórum unânime este e ao qual Ripert e Boulanger (1963), p. 103, assim se referiam: "La administración es igualmente difícil, ya que supone el concurso de todos y la unanimidad de las decisiones".

[101] Por sua vez, o Código Civil Italiano estabelece o quórum da maioria simples como o competente para deliberar acerca do tema, conforme "Art. 1.105. (Amministrazione). Tutti

221), relativamente ao administrador, poderão compreender circunstâncias relacionadas à "condições, direitos, obrigações, remuneração do administrador, prestação de contas etc."[102] Ou seja, atos que mantenham relação com o pré-definido aproveitamento do imóvel (sua destinação), sua conservação e sua reparação, de modo a manter-se ao uso ao qual se destina[103].

E esta maioria, tal qual para as outras e aplicáveis para as matérias assim definidas como regidas por este quórum, será calculada levando-se em consideração o valor de cada quinhão na compropriedade. Ou seja, o valor da fração ideal pura e simples, decorrente da participação na compropriedade e a ela acrescido o valor das eventuais benfeitorias realizadas pelo detentor do quinhão e na parcela da compropriedade por ele, eventual e individualmente, ocupada. Portanto, se valendo das palavras de Espinola (1956, p. 353) "não é o critério pessoal que prevalece, mas o econômico".

De outro lado, em se verificando o silêncio de quanto pertence a cada comproprietário, será presumido que todos participam em iguais

i partecipanti hanno diritto di concorrere nell'amministrazione della cosa comune. Per gli atti di ordinaria amministrazione le deliberazioni della maggioranza dei partecipanti, calcolata secondo il valore delle loro quote, sono obbligatorie per la minoranza dissenziente [...]". Neste sentido, Bianca (1999), op. cit., p. 473, coloca: "L'assemblea, precisamente, delibera a maggioranza simplice in ordine agli atti di ordinária amministrazione. L'ordinaria amministrazione può essere delegata ad um amministratore". Da mesma forma, diz Bianca (1999) que no direito italiano, se encontra prevista a possibilidade da realização de uma administração extraordinária do bem em regime de compropriedade, mediante a aprovação de um quórum correspondente à maioria absoluta dos comproprietários. Entretanto, esta administração é realizada sob certos limites subjetivamente estabelecidos, tais como: não causar dano ao comproprietário ausente da assembleia; que a aprovação de melhoria não acarrete uma despesa excessivamente elevada, dentre outras.

[102] Maximiliano (1944), op. cit., p. 40-41, coloca acerca da administração que: "Só pratica atos de administração, salvo mandato especial, expresso e unânime dos coproprietários; portanto, o que é vedado à simples maioria, a ele não se faculta; por outro lado, a sua competência abrange tudo o que diz respeito à administração ordinária. [...] O voto da maioria não basta para fixar a data da prestação de contas nem para o dispensar de cumprir esse dever; é, entretanto, suficiente para o investir do cargo e afastá-lo do mesmo, salvo o caso de incompetência ou infidelidade, em que a iniciativa de um só consorte basta para o Juiz decretar a remoção necessária".

[103] Deve ser entendido como reparação aqueles pequenos e médios consertos e não aqueles decorrentes de grandes danos ocasionados ao imóvel, tal como, por conta de incêndios e demais circunstâncias semelhantes e que, de alguma forma, comprometam de forma substancial o imóvel. Isto, pois, em sendo verificada esta situação, caberá aos comproprietários deliberar a respeito.

quinhões[104]. E, em idêntico sentido, disciplina o Código Civil Italiano[105] que, segundo Bianca (1999, p. 461), tem por finalidade o estabelecimento de um princípio que estabelece a: "presunzione di parità delle quote dei partecipanti. Il principio è destinato ad operare nelle ipotesi residuali in cui la misura della quota non sia indicata nel titolo di acquisito, legale o negoziale". E, no mesmo caminho, estabelece o Código Civil Português, que segundo Vieira (2008, p. 367) ao versar sobre o tema assim coloca: "[...] se este for omisso quanto a elas, a lei presume que as quotas dos comunheiros são iguais [...]".

Entretanto e, no que se refere ao quórum necessário para a aprovação da contratação da administração, o Código Civil Português adota um sistema híbrido e que conjuga dois fatores para o alcance da maioria absoluta relacionada à concordância da contratação. Deverá ser ela aprovada por quinhão que corresponda a 50% das quotas que formam a propriedade e, também, pela metade do número de coproprietários, pois como coloca Vieira (2008, p. 375):

> O sistema consagrado tem a vantagem de evitar a imposição da administração da coisa pela minoria pessoal dos comunheiros com quotas que no conjunto sejam superiores a 50% e, no limite, que um só dos comunheiros com mais da metade do valor das cotas determine a administração da coisa comum.

1.7. Direito de Preferência e Gravames

O tema acerca dos direitos dos coproprietários na hipótese de venda[106] do imóvel, total ou parcialmente, individualmente ou em grupo, se encontra

---

[104] Neste sentido, Venosa (2015), op. cit., p. 357, coloca: "No silêncio do ato constitutivo do condomínio, presume-se que essas quotas sejam iguais. Dispõe que a maioria, no exame da vontade condominial, será calculada pelo valor dos quinhões (artigo 1.325). Com isto, alguém, com quinhão maior, poderá ser vontade preponderante ou única nesse universo condominial. Contudo, havendo dúvida, pelo atual código o valor do quinhão deverá ser avaliado judicialmente e não mais se presume a igualdade (artigo 1.325, parágrafo 3). A presunção de igualdade de frações ideais é relativa e cairá por terra mediante prova em contrário." No mesmo sentido acerca do cálculo ser efetuado pelo valor dos quinhões e acrescentando que a maioria por este critério se calcula, vide ALMEIDA GUILHERME, Luiz Fernando do Vale de. Código Civil Comentado. São Paulo: Rideel, 2013, p. 596.

[105] Neste sentido, o Código Civil Italiano estabelece: "Artigo 1.101 "(Quote dei partecipanti). Le quote dei partecipanti alla comunione si presumono eguali. Il concorso dei partecipanti, tanto nei vantaggi quanto nei pesi della comunione, e' in proporzione delle rispettive quote".

[106] Importante notar que os dispositivos legais se utilizam, reiteradas vezes, do verbo "vender" e não "alienar". Portanto, a avaliação da disciplina do alargamento desta possibilidade nas

de alguma maneira disciplinado nos dispositivos que regulam esta matéria no Código Civil Brasileiro[107].

E duas são as hipóteses objeto de regramento: a primeira delas se refere à venda de todo o imóvel na hipótese de sua indivisibilidade e a segunda se relaciona à venda de uma parcela do imóvel integrante da copropriedade por um determinado coproprietário.

Em sendo o imóvel indivisível e os condôminos não desejarem adjudicá-lo a um só, este deverá ser vendido e, uma vez apurado o resultado da venda, – pois computadas serão as despesas havidas com o procedimento da venda e descontadas do preço – seu saldo será repartido entre os consortes da relação, na proporção em que dele participavam antes do evento que culminou com sua venda.

Mas há regra geral aplicável às relações de copropriedade e que estabelece a preferência do condômino ao estranho, na hipótese de venda do imóvel neste regime jurídico. E, neste sentido, o próprio exercício da preferência se encontra procedimentalizado na regra que a estabelece enquanto direito do coproprietário[108].

E esta preferência, fundada em um direito real sobre o imóvel, confere ao seu titular "a regalia, o privilégio ou, como se queira, a vantagem, para que se satisfaça preferencialmente ou em primeiro lugar, quando em con-

---

relações jurídicas imobiliárias que se pretenda empreender sob o regime da copropriedade assume relevância estratégica.

[107] Segundo Vieira (2008), op. cit., p. 373 e, fazendo menção ao Código Civil Português: "o artigo 1.409, nº 1, confere ao comunheiro o poder de preferir no caso de venda ou dação em cumprimento a estranhos do direito de outro comunheiro". Logo e, também, no Código Civil Português, a preferência somente se aplica a situações restritas, quais sejam a venda e a dação em pagamento, tanto assim que, Vieira (2008) assim coloca: "O poder de preferir atribuído ao comunheiro abrange somente os negócios de compra e venda e dação em cumprimento; em qualquer outro negócio jurídico (doação, permuta etc.), o comunheiro não tem nenhum poder legal de preferir, o que redunda na possibilidade de entrada de estranhos na comunhão".

[108] O artigo 1.322 do Código Civil assim estabelece: "Art. 1.322. Quando a coisa for indivisível e os consortes não quiserem adjudicá-la a um só, indenizando os outros, será vendida e repartido o apurado, preferindo-se, na venda, em condições iguais de oferta, o condômino ao estranho, e entre os condôminos aquele que tiver na coisa benfeitorias mais valiosas, e, não as havendo, o de quinhão maior. Parágrafo Único – Se nenhum dos condôminos tem benfeitorias na coisa comum e participam todos do condomínio em partes iguais, realizar-se-á licitação entre estranhos e, antes de adjudicada a coisa àquele que ofereceu maior lanço, proceder-se-á à licitação entre os condôminos, a fim de que a coisa seja adjudicada a quem afinal oferecer melhor lanço, preferindo, em condições iguais, o condômino ao estranho".

curso ou em disputa com outras pessoas", como assim colocado por Silva (2003, p. 630).

A preferência, portanto, se encontra disciplinada nos seguintes termos pragmáticos: (a) o condômino, sempre, prefere ao estranho em condições iguais de oferta; (b) se mais de um condômino e, em condições iguais de oferta, se interessar por adquirir o bem, será vencedor aquele que possuir no imóvel as benfeitorias mais valiosas[109] ou, em não havendo esta situação, aquele que possuir o maior quinhão da propriedade e (c) se todos os condôminos participam do imóvel em partes iguais, será realizada licitação entre estranhos e, antes de adjudicado o imóvel àquele que ofereceu o melhor lance, será aberta nova licitação, mas entre os condôminos, partindo-se como base de preço o melhor lance ofertado pelo estranho; sendo considerado vencedor o condômino que oferecer o melhor lance, comparativamente, ao do estranho[110].

Mas, historicamente, muito se discutiu acerca da preferência e de sua ordem procedimental em sendo verificada determina circunstância. Portanto, para fins de se incentivar o processo de reflexão se torna conveniente relatar as posições de alguns autores a respeito, como forma de registrar a consolidação da ideia de valor que se encontrava na base das discussões havidas ao longo dos tempos e que, de certa forma, acabaram por influenciar o regramento atualmente existente.

Segundo pesquisa realizada por Maluf (1989, p. 108-110), a doutrina possuía entendimentos diversos e, especificamente, com relação à solução da situação em que comparecessem condôminos detentores de idênticos quinhões disputando pela aquisição de um bem não sendo, também, nenhum deles possuidor de benfeitorias na coisa.

Para Clóvis Beviláqua, e fazendo alusão ao artigo 632 do Código Civil Brasileiro de 1916, o bem deveria ser vendido ao estranho, uma vez que a norma não estabelecia a preferência e, portanto, não existindo regra dizia ele que "o direito igual dos condôminos anula-se, reciprocamente, e a coisa será vendida ao estranho".[111]

---

[109] Isto, pois, pode haver situações em que um ou alguns determinados condôminos tenham realizado benfeitorias no imóvel, exemplificativamente, a construção de um edifício em sentido amplo.

[110] No mesmo sentido, Venosa (2015), op. cit. p. 365.

[111] *Código Civil da República dos Estados Unidos do Brasil*, 8. ed. Francisco Alves, 1950, v.3 e 4, *Direito das Coisas*. 5. ed. atual. por José de Aguiar Dias, Forense, s.d.

No entendimento de Epitássio Pessoa[112], em se verificando a circunstância de condôminos em situação idêntica, ou seja, todos sendo detentores de quinhões iguais e sem benfeitorias, uma vez encerrados os lanços dos estranhos, e antes da assinatura do auto de arrematação, dever-se-ia "proceder-se a uma licitação entre os condôminos que disputam entre si, em igualdade de condições".

Alcides de Mendonça Lima[113], fazendo menção crítica à posição de Clóvis Beviláqua, defendia também que a solução adequada seria a da licitação entre comproprietários e, neste sentido, se referia à posição de Hugo Simas que assim dizia: "é o meio de acatar a lei que atribui a preponderância dos direitos do condômino sobre o estranho, mantendo os titulares preferentes na mesma relação para com o objeto do condomínio"[114].

É possível, portanto, perceber desta discussão que a ideia central debatida era no sentido de como disciplinar uma situação que a regra posta não estabelecia uma solução pré-determinada. Para uma corrente, como inexistia regra, os direitos iguais anulavam-se entre si e, portanto, deveria se privilegiar o estranho. Para outra corrente, como se estava em uma relação de compropriedade, a premissa a ser observada na aplicação do direito seria a de se privilegiar os próprios integrantes da relação pré-existente em contraposição ao estranho, preferindo, nesta hipótese, a manutenção da coisa nas mãos de um daqueles que já a possuía.

Resta claro, portanto, que o direito aplicável às relações de compropriedade casual possui duas premissas inafastáveis. A primeira delas e, como já variadas vezes detalhado alhures, no sentido de que esta situação fortuita deve, o quanto antes, terminar, de forma que os dilemas cessem e a vida civil possa retornar à sua normalidade. E a segunda, que sempre se privilegiará nesta relação jurídica o comproprietário ao estranho, desde que em condições idênticas de oferta, uma vez funcionar esta posição como meio

---

[112] Do Direito de Preferência entre condôminos (parecer), Revista de Jurisprudência Brasileira, 1:227, 1928.

[113] *Comentários ao Código de Processo Civil*. Revista dos Tribunais, 1982, v.12.

[114] No mesmo sentido e, conforme mencionado por Maluf (1989), op. cit., p. 116: "Para Celso Laet de Toledo Cesar (in: *Condomínio. Divisão e venda judicial da coisa comum, Posse e Propriedade*. Saraiva: 1987, p. 81), em face da seriedade imposta pelo legislador, evitando a presença de estranhos no seio do condomínio, a interpretação deverá ser, sempre, em favor dos direitos do condômino e não se poderá pretender, mesmo, que tão exíguo prazo se dilua em maquinações secretas, para toldar o exercício do direito de preferência."

de retribuição pelo menos a um daqueles que tanto suportou a teórica e indesejável situação da compropriedade.

A respeito deste último aspecto, se percebe que a autonomia da vontade cede espaço para uma interpretação acerca do coletivo (do bem coletivo; da comunhão) a despeito de, à época, inexistir a disciplina normativa relacionada a este fato; e ser exatamente esta a linha que acabou por nortear o regramento que lhe sucedeu.

De outro modo, e não estabelecido especificamente no capítulo que versa sobre as regras relacionadas ao direito de preferência nas situações de compropriedade, há uma disposição geral, através da qual na hipótese de um comproprietário em coisa indivisível desejar vender seu próprio quinhão na coisa indivisível deverá, primeiramente, oferecer ao outro comproprietário que, nas mesmas condições ofertadas pelo estranho, possuirá o direito de preferência[115].

Quase que da mesma forma que a preferência se encontra procedimentalizada para a primeira das hipóteses avaliadas, ou seja, para a venda da totalidade do imóvel, ela se encontra regulada para aquela situação em que apenas um dos comproprietários deseja vender sua participação no imóvel.

Há apenas duas diferenças de tratamento e exatamente por conta das particularidades desta específica situação jurídica.

A primeira delas, mais de forma do que de conteúdo, se relaciona ao fato de que não se versa acerca da realização de leilão. Isto, pois, em tese inaplicável por conta da situação presumida pelo sistema de que: se algum comproprietário deseja oferecer aos demais sua parcela na compropriedade, se prende ao fato de que possui uma oferta da qual consta as condições da venda e que pretende aceitar sob a confirmação da circunstância de que nenhum outro condômino se interesse em adquirir.

A segunda diferença, esta sim substancial, se relaciona à forma pela qual se apresenta a solução para aquelas situações em que os condôminos

---

[115] Neste sentido, o artigo 504 do Código Civil estabelece: "Artigo 504 – Não pode um condômino em coisa indivisível vender a sua parte a estranhos, se outro consorte a quiser, tanto por tanto. O condômino, a quem não se der conhecimento da venda, poderá, depositando o preço, haver para si a parte vendida a estranhos, se o requerer no prazo de 180 (cento e oitenta dias), sob pena de decadência. Parágrafo Único – Sendo muitos os condôminos, preferirá o que tiver benfeitorias de maior valor e, na falta de benfeitorias, o de quinhão maior. Se as partes forem iguais, haverão a parte vendida os comproprietários, que a quiserem, depositando previamente o preço".

interessados na aquisição da parcela a ser vendida são detentores de iguais quinhões. Para esta hipótese, é estabelecida a regra de que todos que a quiserem, desde que depositado o preço, a terão; isto querendo dizer que na exata e delimitada participação dos quinhões detidos na compropriedade, em observância ao sistema da proporcionalidade entre os quinhões que a exercerem. Situação esta que privilegia o tratamento equânime entre comproprietários.

Por fim, e ainda com relação ao direito de preferência, há uma questão que será enfrentada mais adiante, qual seja, a possibilidade ou impossibilidade do direito de dispor, de transigir acerca do direito de preferência. Para tanto, serão abordadas algumas premissas relacionadas à discussão dos direitos relacionados à compropriedade (especificamente, a consensual) ou a de seus efeitos sobre os imóveis dela integrantes, em justaposição à autonomia da vontade e ao princípio da livre iniciativa.

E, de forma diretamente relacionada à utilização do imóvel pelos comproprietários, permite a lei que cada um dos mesmos grave com ônus sua parcela na compropriedade, uma vez que, na medida em que lhe é facultado alienar, também o seria gravar sua parte na propriedade[116]. Neste sentido, Elias Filho (2012, p. 48) coloca que: "é direito de cada condômino alienar a sua fração ideal ou gravá-la [...]. No que concerne a gravá-la com ônus hipotecário, seu direito fica limitado à sua parte ideal sobre o imóvel, não podendo, obviamente, gravar a sua totalidade."

Não obstante esta afirmação, de todo necessário atentar para as consequências decorrentes da execução da garantia. Isto, pois, se encontra estabelecida legalmente a preferência dos demais comproprietários na compropriedade nas hipóteses de alienação de imóvel indivisível.

Acerca da divisibilidade ou indivisibilidade do imóvel, se reafirmam as colocações anteriormente realizadas a este respeito e que deverão conduzir o processo de reflexão quando do oferecimento do imóvel em garan-

---

[116] Neste sentido, o artigo 1.420 do Código Civil estabelece: "Artigo 1.420 – Só aquele que pode alienar poderá empenhar, hipotecar ou dar em anticrese; só os bens que se podem alienar poderão ser dados em penhor, anticrese ou hipoteca. Parágrafo Primeiro – omissis. Parágrafo Segundo – A coisa comum a dois ou mais proprietários não pode ser dada em garantia real, na sua totalidade, sem o consentimento de todos; mas cada um pode individualmente, dar em garantia real a parte que tiver". E, ainda, a parte final do artigo 1.314, também do Código Civil, assim estabelece: "Artigo 1.314 – Cada condômino pode usar da coisa conforme sua destinação, sobre ela exercer todos os direitos compatíveis com a indivisão, reivindicá-la de terceiro, defender a sua posse e alhear a respectiva parte ideal ou gravá-la" (g.n.).

tia como forma de se buscar avaliar as consequências decorrentes de sua aceitação ou, então, mais tardiamente, quando da execução da garantia.

De outro lado e, em decorrência da interpretação relacionada à gênese histórica da compropriedade casual, se adota como se fosse um princípio aplicável a este regime jurídico condominial, a preferência de um condômino a um estranho na convivência entre os comproprietários.[117]

Portanto, não obstante a afirmação normativa no sentido de que a cada comproprietário assiste o direito de gravar sua parcela na propriedade comum, ao lado, também subsiste mencionada preferência, de forma a manter intacto, o quanto possível, o próprio conjunto da comunidade proprietária casualmente estabelecida; buscando afastar o ingresso de estranhos aos até então pertencentes àquele conjunto de proprietários.

Monteiro (1991, v.3. p. 212), enquanto na vigência do Código Civil de 1916 e, especialmente, em face do quanto estabelecia a parte final de seu artigo 757, no qual se fazia alusão a que a coisa comum a duas ou mais pessoas somente poderia ser objeto de garantia real se fosse divisível a coisa, assim se manifestou:

> Se a garantia objetivar a totalidade da coisa, dependerá da anuência dos demais coproprietários. Esse entendimento, por igual, será indispensável, se indivisível for a coisa. Contudo, se divisível (e o Código, nessa matéria, se atem à divisibilidade jurídica), desnecessária será a concordância dos demais consortes.[118]

---

[117] Preferência esta, e como afirmado anteriormente, estabelecida pelo artigo 504 do Código Civil.

[118] E também comentando mencionado artigo, Maluf (1989), op. cit., p. 64, assim coloca: "O que provoca divergência é se o condômino pode constituir direito real de garantia sobre a parte ideal que possui na coisa comum. O citado artigo 757, segunda parte, decide pela afirmativa, mas sob uma condição: se divisível a coisa. Acontece, porém, que existem duas espécies de indivisibilidade: a) material ou física, resultante da própria natureza da coisa, como uma casa residencial; b) jurídica, decorrente da lei, como, por exemplo, a do prédio enfitêutico (artigo 681, 2ª parte). Pergunta-se, então: a qual dessas indivisibilidades se refere o artigo 757? Antiga a controvérsia: de um lado Clóvis Beviláqua, Lacerda de Almeida, Didimo da Veiga, Carlos de Carvalho, Lysipo Garcia e Affonso Fraga sustentam que o dispositivo alude à indivisibilidade material ou física. De acordo com esse ponto de vista, lícito não seria ao condômino hipotecar a respectiva parte ideal. Outros, porém, como Lafayett, Sá Pereira, Philadelpho Azevedo, Carvalho Santos e Azevedo Marques, apoiados em copiosa jurisprudência, inclusive do Supremo Tribunal Federal, asseveram que a lei se refere à indivisibilidade jurídica. De conformidade com essa corrente, assim como a parte ideal de

De toda forma, o que se pretende avaliar será a possibilidade e, especialmente, nas relações de compropriedade consensual, do direito de os comproprietários disporem de maneira diversa àquela estabelecida pela lei no que se refere à constituição de gravames sobre parcela do imóvel em regime de copropriedade.

O que se busca com este recorte metodológico é a avaliação que se relaciona ao fato da possibilidade da livre disposição acerca do bem objeto da compropriedade consensual, nela compreendido o direito de constituir ônus ou gravames sobre a coisa imóvel. Melhor vincando, a autonomia (i.e. privada) quanto à disciplina, inclusive, acerca dos efeitos da execução da garantia, uma vez constituir importante elemento para a captação de recursos relacionados, de maneira direta ou indireta, ao negócio jurídico imobiliário estruturado sob o regime da compropriedade. A resposta a esta indagação será identificada ou, melhor dizendo, os critérios norteadores acerca de uma posição serão obtidos através da avaliação das características relacionadas ao direito real e à possibilidade da modulação de seus efeitos[119].

1.8. Direitos Reais e a Modulação de seus Efeitos[120]

Para que se possa estudar acerca da validade da disposição, por parte dos comproprietários em uma relação jurídica consensual, de um ou de alguns dos direitos reais a eles conferidos pelo sistema normativo, se faz necessário avaliar, ao menos de forma generalizada, as premissas que se estabelecem tendo como ponto de partida aquelas relações de direito pessoal e, em sentido contrário ou pelo menos como sendo uma outra vertente, aquelas de direito real.

Dito de outra forma, buscar-se-á compreender na dinâmica da organização da autonomia e atividade privadas, a possibilidade de os compro-

---

um imóvel pode ser vendida e penhorada, também poderá ser hipotecada. Esse é o ponto de vista mais acertado. O condômino pode gravar sua cota porque pode aliená-la. Essa cota acha-se *in comercium*. Do contrário, haveria manifesta colisão com o disposto no art. 623, III, do Código Civil, que ao condômino permite alhear e gravar sua parte indivisa".

[119] Mais uma vez, a terminologia "modulação dos efeitos", no que se refere aos direitos reais, é tomada por empréstimo de Tepedino (1993).

[120] A terminologia "modulação de seus efeitos" é tomada por empréstimo de Tepedino (1993), quando aborda as possibilidades de estruturação jurídica, mediante a utilização de direitos reais relacionados à Multipropriedade Imobiliária.

prietários transigirem acerca de certos elementos relacionados aos direitos reais, sem que esta forma de negociação venha a ferir o sistema jurídico e, por via de consequência, sujeitar a operação desenvolvida ao campo das nulidades ou anulabilidades.

Nas palavras de Gondinho (2001, p. 4), seria o estudo através do qual se busca responder acerca da "possibilidade de a autonomia da vontade moldar situações reais, ou com eficácia real, merecedoras de tutela jurídica".[121]

Ao que importa suscintamente esclarecer, de forma a estabelecer uma linha divisória acerca dos conceitos necessários ao entendimento do tema que se pretende abordar no direito pessoal, o que assume destaque é a relação pessoa a pessoa. Abordado de uma outra maneira, aqueles direitos e obrigações que se relacionam entre si, por conta de um consenso havido entre pessoas e no entorno destas pessoas; sendo que os efeitos destes ajustes estarão circunscritos àqueles que integram a relação e seus eventuais sucessores.[122]

Por sua vez e, no direito real, as pessoas gravitam no entorno de um determinado bem, e sobre ele, e relativamente a ele, são estabelecidos e desenvolvidos os negócios jurídicos, sendo que os efeitos decorrentes desta relação das pessoas e sobre a coisa se espraiam sobre toda a coletividade, entenda-se, sobre toda a sociedade, de forma que o direito das pessoas e sobre as coisas ganha proporções *erga omnes*.

Fazendo menção àquelas obrigações com eficácia *erga omnes*, explica Penteado (2012, p. 132):

> são aquelas situações jurídicas de natureza pessoal em que não integrantes da relação jurídica (não partes) podem ser por ela afetados mediante a oposição de seu conteúdo, com prevalência em face deste terceiro. Justamente esta prevalência ou preferência é que assemelha estas situações jurídicas àquelas de direito das coisas [...] Os acordos são vínculos jurídicos relacionais, isto é,

---

[121] GONDINHO, André Pinto da Rocha Osório. *Direitos Reais e Autonomia da Vontade (O Princípio da Tipicidade dos Direitos Reais)*. Rio de Janeiro: Renovar.

[122] A este respeito, Silva (2003), op. cit. p. 276, coloca: "O direito pessoal, em oposição ao real, é assim o que assegura a uma pessoa o exercício de um direito que, ou diz respeito a seu próprio ego (*jus in persona ipsa*) ou incide sobre o dever a ser cumprido por outrem (*jus in persona aliena*). E, neste caso, toma propriamente a denominação de direitos obrigacionais ou direitos de crédito, porque embora não recaiam diretamente sobre a coisa, como os direitos reais, dela podem decorrer. [...] Desse modo, propriamente direitos pessoais entendem-se os que afetam a própria pessoa e devem ser por ela exercitados."

obrigações em sentido clássico, entretanto, por força da específica circunstância do registro, que lhes confere publicidade, tornam-se vinculativos perante terceiros adquirentes dos imóveis sob que pesam.[123]

A pergunta, portanto, que se reafirma é acerca da possibilidade, como colocado por Gondinho (2001, p. 5) "de a autonomia da vontade moldar situações reais, ou com eficácia real, merecedoras de tutela jurídica".

Mais uma vez, e para que se possa enfrentar este desafio acerca dos direitos reais e a possibilidade da modulação de seus efeitos, recomenda-se como necessário refletir acerca do alcance do quanto colocado por Goethe[124], também mencionado por Gondinho: "a ciência é sempre pobre perante a riqueza palpitante da vida".[125]

Neste sentido, ganha relevância resgatar as razões pelas quais a criação de novos direitos reais oponíveis *erga omnes* foi limitada, no entendimento de Giacomo Venezian em Dell'usufrutto, dell'uso e dell'abitazione, mencionado por Gondinho (2001, p. 28): "[...] o argumento de que a criação de novos direitos reais era prejudicial ao sistema econômico face à eficácia *erga omnes* que as relações assim criadas acabam por adquirir". E mais à frente continua dizendo: "A existência de uma vicissitude convencional, oponível *erga omnes*, incidindo sobre um determinado bem, representaria uma diminuição no seu valor negocial, o que seria contrário aos interesses capitalistas".

De forma a deixar evidentemente vincada a essencial diferença entre o direito real e o pessoal, se toma por empréstimo as palavras de Bonnecase, mencionado por Monteiro (1991, v.3, p. 11), onde esclarece que os objetos do direito pessoal e do direito real são diversos e irredutíveis, pois "o direito real traduz apropriação de riquezas, o direito pessoal, prestação de serviços; o primeiro tem por objeto uma coisa material, o segundo, um ato ou uma abstenção; aquele é oponível *erga omnes*, ao passo que este apenas vincula duas pessoas determinadas [...]".

---

[123] PENTEADO, Luciano de Camargo. *Direito das Coisas*. 2. ed., rev. ampl. e atual. São Paulo: Revista dos Tribunais, 2012.
[124] Goethe (1749-1832) escritor alemão, autor de "Fausto", poema trágico. Foi filósofo e cientista. Fez parte, junto com Schiller, Wieland e Herder, do "Classicismo de Weimar" (1786-1805), período do apogeu literário na Alemanha.
[125] Loc. cit.

Em semelhante sentido, mas abordando a inexistência de intermediários na relação de direito real, Tepedino (1993, p. 58) coloca que através dele se estabelece uma relação, um liame, entre uma coisa e seu titular, sem a existência de intermediários e, portanto, este vínculo jurídico "adere à coisa sobre a qual incide e tem eficácia generalizada, já que todas as pessoas devem respeito às situações jurídicas de direito real (por isso mesmo chamadas de direitos absolutos)".

Continua Tepedino afirmando que nas relações de direito pessoal se observa a vinculação entre duas partes determinadas, de forma que entre "o objeto do direito, que é a prestação, e o credor encontra-se o devedor, do qual aquele depende para a satisfação de seu direito (crédito, etimologicamente, indica a confiança do credor, que acredita, crê – do latim *credere* – na conduta do devedor, através da qual obterá a *res*, que se encontra fora de seu poder de ação)". Conclui-se que nesta relação entre o credor e o devedor, a satisfação do credor se realiza não imediatamente, mas mediatamente, uma vez que se faz necessária uma atividade do devedor para satisfazer o crédito do credor.

Retornando a Monteiro (1991, v.3, p. 12), como forma de complementar a conceituação em estudo, informa ele que o direito real pode ser conceituado como sendo "a relação jurídica da qual o titular pode retirar da coisa de modo exclusivo e contra todos as utilidades que ela é capaz de produzir". Em semelhante sentido e, se referindo ao direito italiano, Bianca (1999, p. 136) assim o conceitua: "sono le obbligazzioni collegate alla proprietà o altro diritto reale su un immobile".

E, pouco mais à frente, Monteiro (1991) traz à sua obra algumas linhas acerca da controvérsia existente acerca da taxatividade (*numerus clausus*) da relação dos direitos considerados como sendo reais e assim afirma: "outros direitos poderão ser ainda criados pelo legislador, ou pelas próprias partes, desde que não contrariem princípios de ordem pública". E, concluindo sua exposição acerca desta possibilidade, finaliza dizendo que: "realmente, texto algum proíbe, explícita ou implicitamente, a criação de direitos reais, ou a modificação dos direitos reais existentes".[126][127]

---

[126] Mas, no loc. cit., em nota de rodapé, coloca que: "Mas há quem sustente ser *numerus clausus*. Tendo estrutura específica, só constituem direitos reais, afirma-se, aqueles que, como tais, forem admitidos pela lei (Barassi, I Diritti Reali, p. 2). No mesmo sentido, Otávio Kelly, Interpretação do Código Civil, 1/307. Aliás, no Código Civil argentino, há texto expresso (art. 2.502)".

Entretanto, a posição de Monteiro (1991), como ele mesmo coloca, não é pacífica, uma vez que a divergência acerca da possibilidade da criação de novos direitos reais ou, então, a negociação acerca de seu conteúdo, é matéria controversa até os dias atuais[128], sendo que para Alvim (2005, p. 295) sua criação depende de lei que os autorize[129].

Corroborando com este último entendimento, Gondinho (2001, p. 16) coloca que "o princípio do *numerus clausus* se refere à impossibilidade de criação, pela autonomia da vontade, de outras categorias de direitos reais que não as estabelecidas em lei [..]." E conclui que enquanto a tipicidade mantém relação com o conteúdo estrutural do direito real – ou seja, como ele será exercido – o princípio do *numerus clausus* "diz respeito única e exclusivamente à fonte do direito real", ou seja, a lei e não ao acordo de vontades.

No mesmo sentido, acerca do tratamento deste tema no direito italiano, continua Bianca (1999, p. 133) ao assim colocar:

> Il princípio del numero chiuso dei diritti reali indica la tipicità legale necessaria di questi diritti. In conformità di tale principio non è dato ai privati creare figure di diritti reali al di fuori di quelle previste dalla legge né modificarne il regime.

No que se refere à tipicidade dos direitos reais, e após realizar estudo acerca da existência de duas tipificações, quais sejam o fechado e o aberto,

---

[127] E, no mesmo sentido, Bianca (1999), op. cit., p. 133, coloca: "Il principio del numero chiuso non è espressamente sancito dal códice ma esso si desume dal rilievo che la possibilità di creare figureatipiche è stata prevista solo em tema di contratti".

[128] No mesmo sentido, Bianca (1999), op. cit., p. 134, assim coloca: "Di recente si è alzata qualche voce per disattendere il principio del numero chiuso in quanto non più rispondente alle instanze della moderna economia. Tale contestazione non ha fondamento poichè nell"atuale assetto socio-economico rimane fermo l'interesse generale a tutelare la utilizzabilità e commercialità dei beni. Questo interesse si pone a fondamento e giustificazione della limitazione dell"autonomia privata espressa dal principio del numero chiuso." E, em nota de rodapé numero 31, mencionando Costanza, Numerus clausus dei diritti reali e autonomia contratuale, in: *Studi in onore di Grassetti*. v. 1, p. 421, Milano, 1980, coloca que: "l'idea di un numero chiuso come limite alla privata autonomia non é giustificabile [...] né dal punto di vista storico né sotto il profilo tecnico, relativamente all'attuale ordinamento, e che la regola relativa al giudizio di meritevolezza [...] impedisce che possano avere forza giuridica, e quindi un effetto vincolante, operazioni economiche la cui struttura possa rivelarsi dannosa per l'intera collettività.

[129] ALVIM, Arruda. *Direitos Reais*. In: O Crédito Imobiliário em face do Novo Código Civil/ Instituto de Registro Imobiliário do Brasil e Associação Brasileira das Entidades de Crédito e Poupança. São Paulo: IRIB/ABECIP.

conclui Gondinho (2001, p. 86) que os direitos reais são do tipo aberto e, portanto, é permitido que "[...] outros elementos não previstos na descrição legislativa venham a integrar aquele estatuto jurídico, conquanto respeitem os limites fundamentais ali fixados".

E, especificamente, acerca da compropriedade, quando Tepedino (1993, p, 63) aborda o fenômeno da multipropriedade imobiliária e busca entender se ela se tratava de uma espécie de compropriedade, assim se manifesta acerca de alguns de seus dispositivos normativos:

> [...] de cunho estritamente dogmático, os princípios que regem a relação entre condôminos, marcada, dentre outras, pelas regras da unanimidade, quanto à destinação do bem e da administração, por maioria, pelo direito de preferência [...], pela possibilidade de rejeição à introdução de estranhos no bem comum – todas regras significativas e sintomáticas.

Portanto, demonstrando que as regras aplicáveis são interpretadas como sendo dogmáticas e, como tal, insuscetíveis de questionamento.

E, pouco mais adiante, Tepedino (1993, p. 83), ao abordar especificamente e de forma genérica os direitos reais, coloca que a interpretação da norma deve se dar em conformidade com os preceitos constitucionais da livre iniciativa e da função social da propriedade, ambos dirigidos à construção de um Estado de Direito em que se privilegia a segurança jurídica de suas relações e a dignidade de seus cidadãos, impondo-se, inclusive e para tanto, limites ao próprio exercício do poder econômico enquanto forma assecuratória de um estado de bem-estar social. E neste sentido, coloca:

> [...] ao lado de regras imperativas, que definem o conteúdo de cada tipo real, convivem preceitos dispositivos, atribuídos à autonomia privada, de sorte a moldar o seu interesse à situação jurídica real pretendida. Assim, se é inegável que a constituição de um novo direito real sobre a coisa alheia, ou de uma forma proprietária com características exóticas, depende do legislador que, por sua vez, deve ater-se aos limites de utilidade social definidos pela Constituição, certo é que no âmbito de cada tipo real há um vasto território por onde atua a autonomia privada e que carece de controle quanto aos limites (de ordem pública) permitidos para esta situação.[130]

---

[130] E em sentido semelhante, mas desta vez prefaciando a obra de Soares (1999), assim se coloca Gustavo Tepedino: "Afinal, os espaços de autonomia privada, tanto nos chamados direitos

Neste sentido, e sob esta ótica, é que o Direito deve ser avaliado. Deve-se buscar a superação de interpretações meramente dogmáticas, que se repetem e se fazem repetir ao longo dos tempos, como se os intérpretes simplesmente realizassem a mera e impensada compilação de informações de um lugar ao outro, sem preocupação com a verdade real e plástica a todo o momento esculpida por um mundo em constante processo de definição. O significado de alguma coisa não se limita a si mesmo, mas, sim, deve ser definido levando-se em consideração o contexto no qual se insere.

Por oportuno, portanto, mencionar de forma que se possa incentivar a reflexão dai decorrente, a seguinte passagem de Kant (2015, p. 17), em sua obra Crítica da Razão Pura:

> A maior parte do trabalho de nossa razão é análise de conceitos já formados a respeito dos objetos; isso é o que nos livra de todo e qualquer medo e precaução na construção de nossa obra, e também nos ludibria pela aparente lucidez.[131]

Deve-se realizar um esforço interpretativo no sentido de superar a cega aplicabilidade dos princípios históricos da compropriedade casual, quando o estudioso do direito se deparar com a compropriedade consensual. Isto, pois, na compropriedade consensual as relações e os frutos dela decorrentes – uma vez pautados pela livre vontade e iniciativa, bem como pelo desejo de se estruturar organizadamente – devem ser dirigidas pela vontade assim estabelecida por seus conscientes integrantes, isto é, em conformidade com aquilo que aquele conjunto de pessoas e interesses, em um determinado momento, decidiu como sendo a forma mais adequada para a disciplina de seus objetivos.

Os estudiosos do direito devem buscar, o quanto possível, a constante atualização interpretativa de suas normas como um dos critérios necessários para que se dê concretude aos anseios decorrentes dos princípios cons-

---

obrigacionais quanto nos chamados direitos reais, são merecedores de tutela jurídica, desde que atendidos os valores sociais da livre iniciativa (artigo 1º, IV, da Constituição Federal), sendo certo, em definitivo, que os princípios constitucionais, em particular a proteção dignidade da pessoa humana, definem os critérios interpretativos a serem adotados no deslinde das novas situações que, como o condomínio de fato, e a despeito do silêncio legislativo, impõe-se à realidade jurídica contemporânea"
[131] KANT, Immanuel. *Crítica da Razão Pura*. Tradução: Lucimar A. Coghi Anselmi e Fulvio Lubisco. São Paulo: Martin Claret.

titucionais – interpretados e reinterpretados – ao longo do tempo. E este caminho, tomando por empréstimo as palavras de Grau (2015, p. 161), deve ser percorrido sob a seguinte premissa: "assim como jamais se interpreta um texto normativo, mas sim o Direito, não se interpretam textos normativos constitucionais, isoladamente, mas sim a Constituição, no seu todo".

E, portanto, deste modo, o direito civil deve ser interpretado e sentido em composição, ou seja, em harmonia e consonância com os princípios constitucionais, uma vez compreendida que a interpretação (ou como alguns dizem, a releitura) é uma construção de sentidos que depende de variados fatores e, dentre eles, os políticos, os ideológicos e os momentaneamente consentâneos com a realidade do tempo em que se pratica o ato de interpretar. E, de outro lado, quando a releitura não for fundamentadamente possível, deve o estudioso buscar criar ou aprimorar o direito existente mediante a criação de novas normas.

De outro lado, fato é que o direito real ou a disciplina de seus efeitos, quando ajustados de maneira a dar concretude aos preceitos desejados pela Constituição do Brasil, são legítimos e merecem guarida pelo Direito[132].

Tanto assim que Gondinho (2001, p. 154), após aprofundar-se na tipicidade dos direitos reais, concluiu acerca da possibilidade da autonomia da vontade atuar na modelação dos direitos reais estabelecidos através da lei, desde que observadas certas condições, quais sejam:

> devem ser compatíveis não somente com os limites do tipo real, com as normas de ordem pública enunciadas na legislação ordinária, mas também e principalmente, com os princípios constitucionais da função social da propriedade e da atividade econômica, de forma a entender os valores existenciais da pessoa humana como paradigma necessário e indispensável para a tutela pretendida.

Como forma de reforçar os princípios que sustentam sua posição, Gondinho (2001, p. 131) aborda a possibilidade do nascimento de obrigações de natureza real, através do consenso entre partes contratantes, fazendo específica menção à inserção de restrições desta espécie de regramento

---

[132] Vale mencionar, mais uma vez, Tepedino (1999), op. cit., p. 119: "Dúvidas também não podem subsistir quanto à necessidade de se "funcionalizar" a atividade econômica, tutelada pelos artigos 170 e s. da Constituição Federal, aos princípios fundamentais da Constituição, sob pena da decretação da inutilidade destas normas constitucionais".

na convenção de condomínio edilício[133], da seguinte forma: "[...] a constituição de obrigações *propter rem*[134] [135] pela convenção condominial, só se justificam quando correspondem à necessidade de se evitar conflitos de interesse entre os titulares dos direitos reais correlacionados [...]". E mais adiante, arremata colocando: "[...] quaisquer outras formas de restrição, não relacionadas às normas de boa vizinhança e à paz condominial[136], configuram ofensa ao exercício lícito do direito de propriedade".

Em sentido bastante semelhante, Bianca (1999, p.142), ao abordar o direito italiano acerca do tema, coloca que:

> Occorre allora prendere atto che la creazione di obblighi a carico di terzi può rispondere ad apprezzabili interessi sociali, prevalenti sul principio di relatività dei contratti. A tali interessi, non è rimasta insensibile la giurisprudenza, che ha derogato al principio di relatività del contratto per salvaguardare esigenze di tutela della vivibilità della casa e dell'ambiente edilizio. Si segnalano al riguardo di sentenze che ammettono la vincolatività dei regolamenti di condominio e delle convenzioni edilizie a carico dei sucessivi proprietari degli immobili quando tali atti risultino trascritti. Questa ed altre aperture verso l'ammissibilità di analoghi vincoli privatistici realizzano il fine della funzione sociale della proprietà, e diventano diritto effettivo quando gli orientamenti giurisprudenziali ne attestano l'operante recepimento da parte dell'ordinamento.[137]

---

[133] Que, por analogia sistemática, se entende como sendo aplicável aos ajustes a serem realizados pelos comproprietários quando da eventual disciplina da compropriedade.

[134] Ibidem p. 119, mencionando Orlando Gomes, coloca acerca da substância das obrigações *propter rem*: "constituem vínculo jurídico pelo qual uma pessoa, embora substituível, fica adstrita a satisfazer uma prestação no interesse de outra".

[135] No direito português, Vieira (2008), op. cit., p. 107, afirma acerca das obrigações *propter rem* que: "O fato de as obrigações *propter rem* pertencerem ao conteúdo do direito real não permite considerar aplicável, sem mais, o regime do Direito das Obrigações; e esta aplicabilidade não pode advir o mero facto de as obrigações *propter rem* se estruturarem sobre um dever de prestar do titular do direito real e um direito à prestação de outra pessoa. Diferentemente, o regime jurídico das obrigações terá aplicação às obrigações *propter rem* somente quando não houver no regime real uma regulação específica ou não for afastada por ele".

[136] Gondinho (2001), op. cit., p. 115 e, acerca ainda do tema ao mencionar regramento que estabelecia regra que vedava certa conduta coloca: "[...] dúvida não haverá acerca da validade deste tipo de disposição convencional, visto que a restrição imposta pela autonomia da vontade encontra um critério seguro de legitimidade no bem-estar da comunidade condominial".

[137] E, em nota de rodapé, número 54, coloca que: "il regolamento di condominio predisposto dal construttore venditore che contenga vincoli afferenti all'intero edifício – e, quindi a

Por sua vez, o tema também é objeto de debate no direito português, tanto assim que Vieira (2008, p. 112), ao abordar a possibilidade do estabelecimento de obrigações de natureza real afora os casos previstos expressamente na legislação portuguesa, e após detalhar os diversos dispositivos legais que facultavam aos interessados optar pela disciplina do direito real de uma ou de outra forma, a critério da autonomia das respectivas vontades, assim conclui:

> as obrigações *propter rem* de fonte negocial só podem ser validamente convencionadas se incidirem sobre os aspectos do exercício do direito real que a lei contemple, nomeadamente, para afastarem o regime supletivo legal, estabelecendo outra solução.[138]

Percebe-se, desta forma, e não obstante as discussões acerca do tema, que o direito não comporta uma interpretação hermética, fechada, não passível de crescimento e, em algumas situações, rejuvenescimento.

Portanto, observadas certas premissas, se entende como possível sustentar[139] que a disciplina de todo e qualquer assunto de substancial inte-

---

tutte le unità immobiliari comprese nel fabricato – quando sai stato da questi trascritto nei registri immobiliari, è opponibile non soltanto a coloro che acquistano le unità immobiliari da proprietari che abbiano accettao espicitamente o implicitamente il regolamento stesso, ma anche a coloro que,, in época sucessiva ala trascrizione, per la prima volta acquistino piani dell'edificio o loro porzioni diretamente dal construtore, anche in assenza di expressa previsione in tal senso nei singoli atti di acquisto, attesp che tutti costoro, non avendo partecipato all'approvazione del regolamento o ala stipulazione degi atti, devono ricomprendersi, prima dela conclusione di loro acquisto, come terzi rispetto ai quali opera, ai fini dell'opponibilità dei vincoli suddetti, siffatta forma di pubblicità".

[138] Para o esclarecimento da posição de Vieira, se entende como importante transcrever a seguinte passagem – op. cit., p. 111 – através da qual se esclarece alguns dos dispositivos legais por ele avaliados e que serviram de base para sua conclusão, a saber: "[...] a lei admite igualmente que no título constitutivo seja alterado o sujeito passivo da obrigação *propter rem*. No artigo 1.567, n. 1, prevê-se que as obras com a servidão ficam a cargo do proprietário do prédio dominante, "salvo se outro regime tiver sido convencionado", uma abertura clara à inversão de sentido do dever, que, assim, pode ficar a impender sobre o proprietário do prédio serviente".

[139] Importante mencionar que Vieira (2008), op. cit., p. 371 e, fazendo menção ao direito português, coloca que: "O regulamento de uso da coisa comum tem eficácia meramente obrigacional e vincula apenas os comunheiros que o hajam celebrado, mesmo que conste do registro predial. Com efeito, tal regulamento não pode envolver a perda definitiva do uso, sob pena de violação do princípio da tipicidade (art. 1.306, n. 1). Se o direito real contempla

resse para o bem-estar dos comproprietários poderá ser objeto de ajuste em instrumento próprio[140], com efeitos reais por conta da modulação de seus efeitos[141], desde que firmado[142] pela totalidade dos comproprietários e sob a premissa inafastável de que este ajuste venha ao encontro da função social[143] da propriedade e não descaracterize a essência do direito real a que se referir.

Na esfera da autonomia da vontade, Elias Filho (2012, p. 56-63)[144], fazendo menção a copiosa doutrina, defende a validade das cláusulas *Drag Along*[145] e *Tag Along*[146] pactuada por comproprietários.

---

o uso da coisa, a renúncia a este aspecto do conteúdo do direito arrasta necessariamente a criação de um direito real atípico".

[140] Não obstante a convicção acerca da afirmação que se realiza por tratar-se da disciplina da compropriedade consensual, Tepedino (1999), op. cit., p. 65, mencionando diversos autores, assim coloca acerca da revogabilidade, por ajuste, do direito de preferência: "Manifesta-se pela revogabilidade convencional do direito de preferência, Pontes de Miranda (In: Tratado de Direito Privado, 4. ed. São Paulo: Revista dos Tribunais, 1983, v. 12, p. 48), segundo o qual o artigo 1.139 (do CC de 1916) é *ius dispositivum*, e não *ius congens*, pois o seu fundamento é o interesse dos condôminos em que não entre na comunhão quem não lhes agrade, ou o de unidade e consolidação da propriedade." Nesta direção, atribui-se a matéria à autonomia privada, porque, sendo o condomínio precário, persiste sempre a tutela do consorte insatisfeito, no sentido de invocar a divisão material ou venda do bem comum, sem que para isso deva sequer apresentar justificativa. Diversamente, Mesquista, M. Henrique (In: Uma nova figura real: O direito de habitação periódica. Revista de Direito e Economia, Universidade de Coimbra 1:39-69, 1982), para o qual o direito de preferência constitui parte integrante de tipo, cuja alteração depende de lei".

[141] Lembrando, entretanto, a lição de Gondinho (2001), op. cit., p. 103, mencionando Oliveira Ascensão: "[...] deve-se assinalar que a modelação deste direito real não pode significar a criação de uma situação jurídica real atípica, isto é, que desfigure os limites do tipo legal [...] Tal circunstância impeditiva é existente por imposição do princípio da tipicidade".

[142] Diz-se firmado, no sentido de validamente aceito.

[143] Gondinho (2001), op. cit., p. 145, coloca: "A função social não surge do Texto Constitucional como mero limite ao exercício do direito de propriedade, mas como princípio básico que incide no conteúdo do direito, fazendo parte de sua estrutura". E à p. 147 continua dizendo: "[...] a função social também não representa um ônus para o proprietário, pois, na realidade, a mesma visa simplesmente fazer com que a propriedade seja utilizada de modo social, cumprindo o fim a que se destina".

[144] E, especificamente, nas p. 62-63, assim é colocado: "O preceito do artigo 1.322 é conciliável às regras convencionais (*tag along* e *drag along*) acima sugeridas, o que tornaria viável, por conseguinte, estabelecer tais regras, sem violar ou abalar a tipicidade dos direitos reais, mas sim, dentro da autonomia privada, discipliná-las de forma favorável aos condôminos e à própria finalidade do imóvel." [...] "Neste sentido, mesmo que se admita que a condição *tag along* não se compatibilize com os artigos 504 e 1.322 do Código Civil, estabelecida a condição que obrigará o alienante a informar ao adquirente que a aquisição deve ser feita sob a condição

Desta forma, para colaborar com esta linha de raciocínio e entendimento, se traz à colação as lições de Comparato (1978, p. 470), quando percorre o caminho tendente a responder à pergunta acerca do direito econômico ser ou um ramo autônomo do Direito: "a cultura jurídica tende a encaminhar-se no sentido de uma compreensão global do mundo do Direito: não só o estudo das relações jurídicas segundo o aspecto formal, mas também a análise de sua evolução histórica e de sua utilidade funcional"[147].

Portanto, esta lição filosófica acerca da finalidade do Direito deve permear as reflexões quando se depara com antigas disciplinas jurídicas em comparação com situações jurídicas contemporâneas, pois como ainda diz Comparato (1978)[148] "do jurista também se exige a capacidade de escolher e de aprimorar as instituições existentes, ou de criar outras novas, em função de objetivos que lhe são propostos pelas necessidades da vida quotidiana".

Certamente, de outro lado, que deverá haver controle acerca da validade das disposições consensualmente estabelecidas e regedoras das relações que se estabelecem no entorno e com relação essencialmente ao imóvel, como forma de coibir que abusos venham a ser praticados.

Mas, de qualquer forma, não se pode olvidar que a avaliação das disposições contratualmente estabelecidas pelos comproprietários demandam uma nova base de interpretação com relação à autonomia da vontade em conformidade com os direitos reais, ou seja, exigem uma ressignificação

---

de aquisição das partes cabentes aos demais condôminos, o descumprimento de tal dever de informação ou ainda o descumprimento da obrigação contratual de conhecimento do adquirente poderá gerar a obrigação específica de aquisição ou desfazimento do negócio, sem prejuízo do direito dos condôminos, se quiserem exercer a prelação sobre a parte vendida, como preceitua o citado artigo 504".

[145] Através da cláusula de *Drag Along*, é estabelecido que, caso um comproprietário majoritário decida vender sua participação na compropriedade, poderá ele obrigar os comproprietários minoritários a, também e, em iguais condições da oferta por ele aceita, a vender suas participações minoritárias.

[146] Por sua vez, a cláusula de *Tag Along*, favorece aos compropretários minoritários, na medida em que estabelece a possibilidade de, acaso o comproprietário majoritário decida por vender sua participação na compropriedade, poderá qualquer dos comproprietários minoritários, aderir às mesmas condições da oferta aceita pelo comproprietário majoritário.

[147] COMPARATO, Fabio Konder. *Ensaios e Pareceres de Direito Empresarial. O Indispensável Direito Econômico*. Rio de Janeiro: Forense.

[148] Loc. cit.

hermenêutica, "não sendo inválida uma cláusula pelo mero fato de interferir na propriedade privada", conforme afirma Tepedino (1993, p, 118).

Neste sentido, inclusive, já dizia Maximiliano (1944, p. 14) a respeito da compropriedade:

> A lei não limita os termos da convenção ou do título constitutivo da copropriedade ordinária; ao contrário, as normas concernentes ao domínio em comum atuam apenas em caráter dispositivo ou supletório: só prevalecem e são invocadas na hipótese de silêncio, deficiência ou falta [...] salvantes os postulados de ordem pública [...].

Portanto, apenas buscando reavaliar o sentido e o alcance de institutos jurídicos, de certa maneira considerados como Reais – na acepção da figura de uma intocável Majestade – e, à luz da realidade e necessidade contemporânea, se atingirá o estado de bem-estar social constitucionalmente desejado. E quando não se conseguir, por alguma razão relevante, ressignificar os institutos à realidade de uma determinada época social, se deve buscar, como dito alhures, seu aprimoramento através da aprovação de novas normas que venham ao encontro do Direito.

Assim, em apertada síntese, foram abordados os principais aspectos relacionados à compropriedade, desde o seu surgimento por conta de uma fatalidade ou, então, por via da vontade e, aquilo que a elas se refere, uma vez detectada sua existência, ou seja, a forma de administração, a destinação, o uso, o direito de preferência, a (in) divisibilidade e os seus elementos essenciais, a constituição de gravames e, por fim, a validade, enquanto direito real e, portanto, oponível a terceiros, dos ajustes estabelecidos pelos comproprietários no entorno de uma relação de compropriedade. Isto, sempre, com a distinção entre a definida e conceituada compropriedade casual e a compropriedade consensual.

No próximo capítulo, tendo em mente tais elementos e as discussões apresentadas, será realizado o estudo acerca da origem, conceituação e principais características de uma sociedade personificada, como forma de se identificar para, ao que importa à presente discussão acerca das assim denominadas estruturas estruturantes dos negócios jurídicos imobiliários, se verificar estabelecidas condições de comparação com o regime jurídico da compropriedade.

Tudo isto, para, então, enfrentar o debate acerca dos pontos de contato e, porventura, de diferenças entre uma e outra estrutura observadas sob a ótica de sua natureza jurídica. E, na sequência e por decorrência, a discussão acerca dos princípios norteadores dos limites jurídicos da autonomia privada – entendido estes de maneira ampla, de forma a capturar, em sua essência, aqueles comportamentos que de alguma forma não se subsumem àquilo que o Direito entenda como sendo um comportamento amparável em face dos valores socialmente aceitos e traduzidos em princípios ou normas de observância obrigatória. E objetivando ao seu final identificar e qualificar, na comparação entre os regimes jurídicos da compropriedade e o das sociedades, o grau de segurança jurídica em cada uma das estruturas.

Capítulo 2
Sociedade & Personalidade Jurídica: a correlação com a Compropriedade

2.1. Retrospectiva, conceito e nascimento

O capítulo anterior teve por finalidade estabelecer, e de alguma maneira discutir, os principais elementos que gravitam no entorno da Compropriedade, especialmente, a imobiliária destacando aqueles que, em princípio, merecem melhor e maior atenção quando da avaliação da estruturação de um negócio jurídico imobiliário.

De um lado, em face da existência de certas similaridades que os aproximam – mas, de outro lado, como se verá, os afastam substancialmente – se torna conveniente discorrer, mesmo que de maneira breve, porém, criticamente – e ao que interessa ao estudo das estruturas, da segurança e dos limites jurídicos – acerca daqueles temas abordados quando do estudo da compropriedade, em comparação com os correlacionados à Sociedade. Tudo de forma a demonstrar a capilaridade dos institutos, em funcionamento, quando de sua aplicação nas estruturas estruturantes do negócio jurídico imobiliário.

E, tendo por premissa, sempre, as lições de Grau (2015, p. 192)[149], no sentido de que o conteúdo será apreciado por partes, de maneira segregada, mas sem perder de vista a noção de seu conjunto, de forma que se possa buscar a definição de um sistema e de um comportamento refletido.

---

[149] E assim coloca quando define que o estudo dos princípios constitucionais e relacionados à ordem econômica deverá ser ponderado na sua globalidade, se se pretende discernir acerca da definição de um sistema e de um modelo econômico. E, tendo por base este ensinamento, esta norma de interpretação, é que se estudará o tema proposto.

Neste sentido, o presente capítulo versará acerca do conceito e funcionalidade das Sociedades; dos principais elementos normativos nela identificados em regime sinérgico com o gênero da comunhão, no qual figura como espécie; bem como daquelas especiais particularidades que de alguma forma se relacionam com o processo de definição da estrutura mais eficiente sob a ótica de sua segurança jurídica.

E, melhor especificando o recorte metodológico quando se afirma que o estudo percorrerá os caminhos de uma Sociedade, este se relacionará à sociedade limitada[150] e à Sociedade por ações[151], pois são aquelas que com maior frequência são utilizadas para o desenvolvimento de negócios jurídicos imobiliários estruturados. Importante vincar que se estabelecerá uma avaliação entre tais Sociedades e a Compropriedade e não entre as sociedades em si consideradas de forma a se perquirir qual delas seria a mais apropriada. Que assim sejam iniciados os estudos.

Segundo Dantas (1979, p. 205-206), "um homem só, com o seu trabalho e atividade, não consegue uma satisfação integral de seus interesses. [...] O grupo social sente que é uma coletividade; entre os seus membros há uma comunhão consciente de vida e de interesses"[152].

E, por conta deste sentimento de que viver isoladamente e sem o auxílio de outros que se encontram em situação análoga, não se conseguirá atingir os objetivos a que a vida se lhe apresenta, é que os homens, mais e mais, e mesmo tendo a convicção de que este agrupamento de pessoas poderá trazer consigo certas questões futuras e incertas a serem dirimidas, resolvem, voluntariamente, formar grupos e neles e através deles desenvolver atividades de maneira coletiva.

E neste contexto de grupo e à similitude da pessoa física, surge a pessoa jurídica, enquanto algo em quase tudo igual estruturalmente àquele em que se baseou mas, não deixando de se tratar de uma ficção, na medida em que busca personificar e tornar palpável aquilo que, salvo por criação da inteligência humana, não seria possível ganhar corpo "físico moral"[153].

---

[150] Disciplinada através dos artigos 1.052 a 1.087 do Código Civil e, portanto, se tratando de uma Sociedade Empresária e não a Sociedade Simples.

[151] Disciplinada através da Lei nº 6.404, de 15 de dezembro de 1976, e alterações posteriores.

[152] DANTAS, Santiago. *Clássicos da Literatura Jurídica. Programa de Direito Civil, Parte Geral*. 4. ed. Rio de Janeiro: Editora Rio.

[153] E acerca das diferenças entre o formalismo jurídico e o naturalismo jurídico, em que o primeiro encontra sua razão de ser, sobretudo, em um artifício humano; ao passo que o segundo

Valendo-se das pesquisas realizadas por Dantas (1979), a noção de pessoa jurídica não nasceu no e do direito romano, uma vez que este apenas reconheceu certos atributos da pessoa física para certos grupos sociais organizados de forma que os mesmos pudessem alcançar a finalidade com relação aos quais foi criado. De maneira diversa, Kaser (1999, p. 145) coloca que o conceito de sociedade surgiu no direito romano clássico, em que afirma que a sociedade também teve sua origem no *consortium* romano – e a este respeito coloca: "o direito antigo conhece a titularidade de vários proprietários sobre a mesma coisa [...], na comunhão hereditária e no consórcio fraterno, [...] um precedente das relações de sociedade [...]"

Dantas[154] pontifica que foi no direito canônico que pela primeira vez se teve noticia da afirmação de que um grupo social constituiria uma pessoa. E isto por uma questão bastante elementar: a definição da natureza jurídica da *ecclesia*; pois, afinal, o que seria a Igreja?

E ao percorrer os caminhos tendentes à obtenção da resposta, especialmente, por conta da regra através da qual um padre não poderia possuir patrimônio[155] e as constantes doações ou dízimos recebidos pela Igreja, e de que forma se tratar este fato, tornava-se imperativo o reconhecimento de algum expediente, através do qual, também conforme relatado por Dantas (1979, p. 207), algumas organizações coletivas poderiam se revestir de certa personalidade abstrata que não se confundisse com os membros que dela faziam parte e, com isso, fazendo surgir o conceito, mesmo que preliminar, de pessoa jurídica[156].

---

seria um direito incapaz de se distanciar dos fatos e, portanto, intrinsicamente relacionado à natureza e essência das próprias coisas, vale destacar as lições de GROSSI (2014), in: *A Ordem Jurídica Medieval*. Trad. Denise Rossato Agostinetti. São Paulo: Martins Fontes, 2014, p. 81, nos seguintes termos: "Todos sabemos que, seja qual for a linha doutrinal que se adote, a noção de pessoa jurídica – como tentativa bem sucedida de entificação de uma realidade metanatural que a natureza não entifica e até agora – representa o brilhante resultado de um procedimento de abstração obtido por teóricos ou por operadores do direito. De fato, dizer que um conjunto de pessoas físicas eleva-se a uma entidade – a associação – diferente de cada uma daquelas pessoas e das soma delas, ou que um conjunto de bens reunidos para um certo fim pode criar o ente jurídico "fundação", significa recorrer ao princípio de que o direito é criação humana, talvez além de e contra a natureza dos fenômenos, e que esse direito pode tranquilamente abstrair-se dela."

[154] Loc. cit.
[155] Por conta do voto de pobreza, característico da religião católica.
[156] E assim coloca: "Podem mudar todos os fiéis, podem mesmo desaparecer e nem por isso a Igreja deixa de ser uma pessoa que não sofreu na sua existência nenhuma mutilação, porque

Mas, e apenas para ratificar brevemente que existe certa controvérsia acerca do aparecimento do conceito de sociedade, Borba (2008, p. 2.)[157], fazendo menção ao estudo empreendido por Roscoe Pound (1950, p. 148)[158], afirma que este teve origem no direito romano, e assim coloca: "Este concepto fué modelado hace siglos por los juristas romanos cuando, para entenderlo, se fijaron en el consortium de los coherederos resultante a la muerte del cabeza de família".

Assim sendo, possuindo como origem o direito romano ou, então, o canônico, o que interessa ao desenvolvimento do presente estudo é, especialmente, o reconhecimento de que uma sociedade tem sua essência vinculada ao reconhecimento de uma necessidade; e por via de consequência resulta em um grupamento de pessoas de forma que a mesma seja resolvida e, inclusive através da escolha, consciente e desejada de sua formação por meio da observância daquilo que se exige legalmente.

Fazendo uso das palavras de Requião (1989, p. 278), caracterizada a sociedade pelo concurso de vontades individuais, ela "se transforma em novo ser, estranho à individualidade das pessoas que participam de sua constituição, dominando um patrimônio próprio, possuidor de órgãos de deliberação e de execução que ditam e fazem cumprir a sua vontade"[159]. E, assim, o fazem através de um acordo que recebe o nome de contrato ou estatuto social, sendo que, em qualquer deles possui, em regra, como elemento fundante a *"affectio societatis"*.

A *affectio societatis*, segundo Requião (1989, p. 294-295), se trata de uma antiga expressão latina, cunhada por Ulpiano, que tinha por finalidade estabelecer a intenção de uma pessoa constituir, formar, integrar, comungar sociedade com outra que, segundo o entendimento de Lagarde, também por ele retratada, seria "caracterizada por uma vontade de união e aceitação das áleas comuns".[160]

---

ela é uma organização ideal que se materializa naqueles objetos, naqueles bens móveis ou imóveis de que ela precisa para a realização de suas funções. Esta concepção dos canonistas, que no corpo místico viram uma entidade jurídica, permitiu que se insinuasse no direito a noção que um dia floresceria como noção de pessoa jurídica."
[157] BORBA. José Edwaldo Tavares. *Direito Societário*. 11. ed. ampl. e atual. Rio de Janeiro: Renovar.
[158] POUND, Roscoe. *Las Grandes Tendencias del Pensamiento Jurídico*. Barcelona.
[159] REQUIÃO, Rubens. *Curso de Direito Comercial*. 19ª. ed. atual. São Paulo: Saraiva.
[160] E, também, Fábio Ulhoa Coelho, in: Curso de Direito Comercial, v. 2, 5. ed. rev. atual. São Paulo: Saraiva, 2002, p. 389, assim a define: "é a disposição dos sócios em formar e manter a

Nas sociedades formadas tendo por base a *affectio societatis*, as posições individuais, personalíssimas, egoístas devem ceder lugar àquelas posições centradas e concentradas no bem comum da sociedade e dos demais sócios. Para tanto, se recomenda a utilização das lições de Comparato (2016, p. 500) que ao escrever sobre ética, direito, moral e religião e ao abordar as questões da sociedade contemporânea, coloca que "a posição egocêntrica é um fermento de desunião e de desconserto na vida social: é o caminho da morte."[161]

Ainda sobre a "*affectio societatis*" coloca Chappuis (2013, p. 3), ao discorrer acerca da mesma e no direito francês:

> "C'est la volante de collaborer ensemble sur um pied d'égalité au succés de l'entreprise commune. C'est um élement importante du contrat de societé, car lorsqu'il y a mésentente entre associes, l'affectio societatis n'existant plus, son absence justifie la dissolution de la société."[162]

E o entendimento acerca desta real intenção de constituir uma sociedade se torna útil e assumindo, portanto, relevância jurídica por conta de seus efeitos práticos e relacionados, de uma forma ou de outra, com a distinção do contrato de sociedade das demais espécies de contratos (ou, como queiram, ajustes) existentes que, mais uma vez mencionando Requião (1989, p, 295), "tendem a se confundir, aparentemente, com a sociedade de fato ou presumida"[163].

É o que basta ao entendimento desta premissa fundamental do direito das sociedades, uma vez que se discute na esfera deste tema aquele relacionado à possibilidade da compropriedade ser entendida como sendo uma sociedade de fato que na atual terminologia jurídica se denomina socie-

---

sociedade uns com os outros. Quando não existe ou desaparece esse ânimo, a sociedade não se constitui ou deve ser dissolvida."
[161] COMPARATO, Fábio Konder. *Ética: Direito, Moral e Religião no Mundo Moderno*. 3. ed. rev. São Paulo: Companhia das Letras.
[162] CHAPPUIS, De Clément. *Structure Jurídique des Enterprises*. In: Cours droit des sociétés structures juridique des entreprises. França: Chembaba, 2013, Tradução nossa: A vontade de colaborar constitui um importante elemento ao sucesso do empreendimento comum. É um elemento importante do contrato de sociedade, porque quando há discordância entre os associados e a *affectio societatis* não existir mais, sua ausência justifica a dissolução da sociedade.
[163] E mais à frente continua dizendo: "O conceito é subjetivo, o elemento é intencional, e se deve perquirir dos reflexos aparentes e exteriores, se a intenção do agente foi de unir esforços para obter resultados comuns, que isoladamente não seriam tão plenamente conseguidos."

dade comum. E este tema será abordado em capítulo próprio, em sequência a este, por conta de sua extensão e implicações que, nos dias atuais, se tem verificado como presentes. Mas, para que se possa chegar até ele, se faz necessário melhor compreender as correlações entre as mesmas e, portanto, há certo caminho a ser percorrido.

Neste sentido, e por conta de sua força histórica que ajudará no entendimento acerca das diferenças entre a sociedade e a compropriedade – se torna fundante transcrever o entendimento de Ferreira (1953, v. 48, p. 26-27) acerca da personalidade jurídica possível de atribuição a uma sociedade e o que, em sua essência, ela representa:

> personalização de patrimônios, que servissem de instrumento e meio pelo qual duas ou mais pessoas pudessem, em conjunto, exercitar atividade em busca de resultados comuns. [...] patrimônio autônomo formado pelas partículas trazidas pelos sócios ou associados, convertido em garantia específica e precípua, como em penhor comum, das dívidas por eles, ou qualquer deles, contraídas em benefício de todos.[164]

Assume relevância a menção ao entendimento daquele que, por conta de seu empreendedorismo doutrinário, incentivou a disciplina normativa da personalização de patrimônios, em período anterior àquele que, ainda na Europa, se discutia sua aplicabilidade. Trata-se de Teixeira de Freitas, mencionado por Ferreira (1959, p. 31-32) e que assim se manifesta acerca da sociedade e sua personalidade jurídica:

> a sociedade constituía pessoa distinta dos sócios, que a compõem" [...]: "Essa doutrina é sã. A união dos interesses faz da sociedade uma abstração, um ser jurídico distinto dos associados, que nasce, adquire, contrata, tem seu patrimônio, suas dívidas, suas ações, seus direitos, seu domicílio particular, comparece em juízo, aciona e defende-se; enfim, vive e se extingue, como uma pessoa física. Esta doutrina é de todos os jurisconsultos.[165]

---

[164] FERREIRA, Waldemar. *A Personalidade Jurídica das Sociedades Comerciais no Direito Brasileiro.* São Paulo: Revista da Faculdade de Direito da Universidade de São Paulo.

[165] E, importante anotar que, desde sempre, para ser reconhecida a personalidade jurídica (i.e. o nascimento de um sujeito de direitos e obrigações) de uma sociedade, se faz necessária a existência de um ato de constituição e seu respectivo registro no órgão apropriado. Isto, pois, para se deixar consignado o inequívoco interesse jurídico das partes signatárias do ajuste consubstanciado no instrumento de contrato social, no sentido de constituir uma sociedade e a

Some-se o que coloca Siné (2008, p. 6) acerca do conceito de sociedade para o direito francês: "une societé est um sujet de droit appelé personne morale et dotée dela personalité juridique à compter de son immatriculation au Registre du commerce."[166]

E, por conta desta criação jurídica que, especialmente, floresceu por conta da necessidade de se segregar, primeiramente patrimônios e, mais tardiamente, responsabilidades, na medida em que se estabelece, em regra, a irresponsabilidade pessoal de seus integrantes por conta dos atos praticados pela sociedade objeto de sua criação, é que se verificou o crescimento do sistema das sociedades. E, especialmente, após a chamada Segunda Revolução Industrial que, conforme relata Bagnoli (2009, p. 31)[167], foi um período de crescimento sem precedentes (1850-1873). A este respeito, e no que se refere às sociedades por ações, Chalhub (2000, p. 23), quando aborda os elementos conformadores da nova forma que a propriedade assume por conta dos efeitos da função social – a qual será abordada no Capítulo 4 – e mencionando George Ripert, afirma que "com a concepção dessa modalidade de sociedade, "o direito passa da posse ao crédito e muda, sem dizê-lo, o sentido da palavra propriedade"."[168]

---

ela passarem a ser aplicados os dispositivos legais normativamente previstos para esta situação de surgimento de um novo sujeito. Dito de outra forma, a sociedade regular, constituída, não se presumia, mas, sim, dependia para seu aparecimento do atendimento a certas premissas. E, neste sentido, as lições de Ferreira, op. cit., confirmam esta exegese, nos seguintes termos: "O primeiro grau destas abstrações é, sem dúvida, o da criação de uma pessoa nas sociedades de qualquer natureza, excetuadas, as anônimas e suas semelhantes que pertencem à espécie das pessoas jurídicas. Essa pessoa é distinta das pessoas dos associados; sua representação exterior consegue-se por um ou alguns desses mesmos associados. Sua capacidade de direito, na esfera da propriedade, é mais ampla que em qualquer das outras gradações da existência ideal de pessoas privadas. Seu princípio é no dia do contrato social, ou quando este o determina. Seu fim é também regulado por esse contrato ou determinado por causas marcadas na lei". Ajuntou, ademais, que, "nas sociedades aparecem-nos entes humanos, que não exercem atos da vida civil para si, que não adquirem propriedade para si, que não a possuem em seu nome, mas que representam uma pessoa ideal formada pelo complexo de entes humanos vivos que se associaram e que por tal meio supriram a impossibilidade de obrar todos em unidade."

[166] SINÉ, Laure. *Le Petit droit des Sociétés: SNC, SARL/EURL/AS/SAS/SE*. Paris: Dunod. Tradução nossa: Uma sociedade é um sujeito de direito, chamada de pessoa moral, dotada de personalidade jurídica a partir da data de sua inscrição no registro do comércio.

[167] BAGNOLI, Vicente. *Direito e Poder Econômico. Os Limites Jurídicos do Imperialismo frente aos Limites Econômicos da Soberania*, Rio de Janeiro: Elsevier.

[168] CHALHUB, Melhim Namem. *Propriedade Imobiliária. Função social e outros aspectos*. Rio de Janeiro: Renovar.

Portanto, a figura jurídica da sociedade constituiu um dos motores do crescimento da economia com base capitalista, tanto assim que Bulgarelli (2001, p. 18)[169], fazendo menção, dentre outros, a Georges Ripert[170], afirma, especificamente, naquilo que se refere às sociedades por ações (ou anônimas) que ela se trata de uma "máquina jurídica de coletar capitais" ou, nas palavras de Ernest Merger, "a maior descoberta dos tempos modernos".

E, Comparato (1990, p. 3) arremata ao assim frisar com relação às mesmas:

> Se quiser indicar uma instituição social que, pela sua influência, dinamismo e poder de transformação, sirva de elemento explicativo e definidor da civilização contemporânea, a escolha é indubitável: essa instituição é a empresa [...]. [...] dela depende diretamente a subsistência da maior parte da população [...] provém a grande maioria dos bens e serviços [...] é dela que o Estado retira a maior parcela de suas receitas fiscais [...] em torno [dela] que gravita, vários agentes econômicos [...] como os investidores de capital, os fornecedores, os prestadores de serviços.[171]

Realidade esta, também, advinda das transformações por que foram passando o mundo, com a necessidade do rompimento de fronteiras por conta, especialmente, da necessidade do crescimento da produção em escala para o concomitante e sempre necessário crescimento dos lucros. Culminando, assim, com a criação das grandes sociedades[172] e seus diversos tipos societários, de forma a promover uma transformação – por conta

---

[169] BULGARELLI, Waldirio. *Manual das Sociedades Anônimas*. 12. ed. São Paulo: Atlas.
[170] Jurista francês, especializado em Direito Civil e Comercial, especialmente.
[171] COMPARATO, Fábio Konder. *A reforma da empresa*. São Paulo: Saraiva.
[172] Segundo Arnold Wald, em *A Empresa no Novo Código Civil*, in: O Crédito Imobiliário em face do Novo Código Civil/Instituto de Registro Imobiliário do Brasil e Associação Brasileira das Entidades de Crédito e Poupança. São Paulo: IRIB/ABECIP, 2005, p. 321, fazendo menção ao entendimento de Alberto Asquini que admite que a empresa moderna é um fenômeno poliédrico abrangendo quatro facetas (I) a subjetiva, equiparando-a ao empresário; (II) a funcional, como atividade desenvolvida para alcançar determinadas finalidades; (III) a patrimonial, ou seja, a empresa concebida como universalidade de bens, constituindo a azienda e, finalmente, (IV) como instituição, ensejando uma espécie de parceria entre empresários e seuscolaboradores), assim se coloca: "as definições de Asquini foram complementadas para fazer da empresa um "ente complexo", constituído por um conjunto de bens e uma união de pessoas, tendo por finalidade própria a ser alcançada de modo dinâmico."

da concentração de capitais – no poder econômico[173] e, por conta deste fator, a necessidade do estudo de seus limites, como também será visitado ainda mais adiante.

Tendo por estabelecidas, portanto, as bases e as premissas com relação às quais pode-se verificar a elementar diferenciação entre uma sociedade (uma vez, consensual[174] e regular, i.e. com personalidade jurídica) e a compropriedade, qual seja, a possibilidade legalmente conferida à primeira à aquisição de personalidade jurídica; se acredita poder iniciar a abordagem dos demais temas relacionados às estruturas estruturantes. Lembrando, como afirma Calças (2013, p. 172)[175], que o Código Civil de 2002 adotou o sistema italiano da teoria da empresa, através da qual é estabelecido que celebram contrato de sociedade as pessoas que reciprocamente se obrigam a contribuir, com bens ou serviços, para o exercício de atividade econômica e a partilha, entre si, dos resultados.

2.2. O tipo societário: pessoas ou capital

Para a definição acerca do mais adequado tipo societário, se faz necessário ter presente alguns elementos considerados como fundamentais para a tomada de decisão. E acerca destes elementos é que brevemente, neste primeiro momento, serão consideradas algumas de suas premissas.

---

[173] Nas palavras de Bagnoli (2009), op. cit., p. 249: "O mundo se depara com a sociedade pós-industrial e com ela anuncia-se uma sociedade sem fronteiras, de mercados mundiais, de *business communittys* de dimensões planetárias. Nela, os agentes econômicos não se limitam ao poder de um único Estado, transcendem os particularismos de um direito político para um direito universal, que, com o advento da tecnodemocracia [...]"

[174] Colocam Erasmo Valladão Azevedo e Novaes França, in: A Sociedade em Comum, São Paulo: Malheiros, 2013. 1. ed., p. 109: "Afinal, não há que se esquecer que, desde o direito romano, a sociedade é um contrato consensual. Havia apenas quatro contratos consensuais no direito romano: a compra e a venda, o mandato, a locação e a sociedade, que os autores geralmente classificam, por sua vez, em quatro espécies: a) a *societas omnium bonorum*, em que os sócios colocavam em comunhão todos os seus bens, presentes e futuros; b) a *societas universorum quae ex questu veniunt*, aquela em que os sócios, mantendo o seu próprio patrimônio, colocavam em comum o produto dos seus serviços e os rendimentos de seus bens, excluídos os bens presentes e os futuros adquiridos a título gratuito; c) a *societas unius rei*, aquela em que os sócios contribuíam com bens ou serviços visando a realização de uma única operação; d) a *societas alicuius negotiationis*, em que os sócios contribuíam com bens ou serviços visando uma série de operações comerciais [...]."

[175] CALÇAS, Manoel de Queiroz Pereira. *Sociedade de Propósito Específico no Setor Imobiliário*. In: Direito Imobiliário Atual. Daniel Aureo de Castro (Coord.). Rio de Janeiro: Elsevier.

Um deles se refere àquele que se encontra presente – consciente ou inconscientemente – no momento em que a pessoa natural ou jurídica[176] deseja desenvolver uma estrutura associativa que possa servir de base para o desenvolvimento da atividade econômica, de forma organizada ou não. Qual seja ele: o conhecimento acerca das particularidades relacionadas em se tornar sócio de alguém especificamente considerado.

E a explicação acerca desta específica particularidade remete – principalmente para os fins objetivados com o presente estudo – à avaliação das chamadas sociedades de pessoas em comparação àquelas conhecidas como sendo sociedades de capital. Neste sentido e, como afirma Coelho (2002, p. 23), "evidentemente, não existe sociedade sem a presença desses dois elementos (sócios e capital) de forma que a classificação aqui examinada diz respeito à prevalência de um sobre o outro".

Nas primeiras, o que importa à realização de seu objeto social são as características pessoais e intrinsicamente relacionadas à pessoa ou pessoas daqueles que integram o quadro de sócios. Constitui elemento fundante da vontade de se associar a permanência ou, melhor dizendo, a existência daquela(s) pessoa(s) enquanto sócio(s) daquela sociedade especificamente nascida por conta desta afeição, desta identificação subjetiva entre seus sócios.

O elemento material e relacionado àquela pessoa, ou seja, a efetiva e real possibilidade de sua contribuição objetiva por conta de suas perceptíveis habilidades não constitui o principal e fundante elemento para o ajuste tendente à formação da sociedade. O que as aproxima são questões pessoais; intersubjetivas; possivelmente baseadas em relacionamentos passados ou, então, em um bem ouvir dizer acerca daquele com que deseja se relacionar. É exatamente esta a circunstância que lhes interessa fundamentalmente.

---

[176] Isto, pois, pode haver situações que uma pessoa jurídica, através de seus "presentantes", tenha o interesse em participar de outra atividade e através da constituição de uma sociedade diversa daquela que seria a sociedade participante (ou investidora). A expressão "presentante" era utilizada por Pontes de Miranda, pois afirmava que um diretor de uma sociedade não é seu "representante", ele é, pois, seu "presentante", a saber, é a própria sociedade atuando. Assim colocava ao estabelecer um paralelo entre os órgãos de uma sociedade e os órgãos do ser humano. Dizia que a mão, a boca, os braços, o cérebro, não representam o ser humano, mas são órgãos do ser humano e, portanto, indissociáveis. Portanto, os órgãos de uma sociedade, não a representam, mas são a própria sociedade, nos atos da vida. (Pontes de Miranda. *Tratado de Direito Privado*. Parte Geral, Tomo I, 4. ed. São Paulo: Revista dos Tribunais, 1974, p. 371-372).

Se o sócio escolhido é capacitado, habilidoso na gestão de pessoas, conhecedor da atividade econômica que se deseja empreender, capitalizado suficientemente, técnico reconhecido na área de atuação da futura empresa, enfim, eficiente em sentido amplo para a realização da atividade, não constitui a essência motivadora da escolha. Dito de outra forma, pouco há, no momento inicial, de objetivamente comprovado ou comprovável que possa ser afirmado de maneira, portanto, objetiva.

Como sintetiza Borba (2008, p.74), "a vinculação entre os sócios funda-se no *intuitu personae*, ou seja, na confiança que cada de seus sócios deposita nos demais"[177]. E Requião (1988, v.2, p. 29), ao se referir às sociedades por ações fechadas – como logo mais adiante será apresentado – afirma que nas sociedades de pessoas podem, também, preponderar os laços familiares a inclusive fundamentar esta confiança intrínseca às relações de proximidade.

De outro lado, nas chamadas sociedades de capital, estes elementos subjetivos não constituem a essência para a escolha de seus participantes. Podem até ser de alguma maneira considerados, uma vez que, em princípio, a ninguém poderia interessar legitimamente se relacionar com pessoa sabidamente pouco profissional ou que já tenha conduzido à ruína diversas atividades empresariais ou, até mesmo, tenha sido condenada por conta da prática de crime que, no passado, a impedia de exercer a atividade empresarial.

Mas nas sociedades de capital o que importa, fundamentalmente, é a capacidade contributiva financeira do sócio, ou seja, sua capitalização, sua poupança, seu interesse de investir, de participar dos investimentos, de aportar recursos – sejam eles financeiros ou de outra ordem materialmente mensurável[178] -, de maneira a contribuir, desta forma, para o cumprimento do objeto social. Isto, pois, os fatores de produção já podem estar devidamente organizados – ou em avançada organização – de forma que o relevante é o aporte de recursos para que a finalidade social seja alcançada o quanto mais eficientemente possível.

---

[177] E, em sentido semelhante, coloca Requião (1989), op. cit., p. 299: "Com efeito, as sociedades chamadas de pessoas são as que se constituem tendo em vista a pessoa dos sócios. Os sócios, cada um deles, escolhe os seus companheiros. A sociedade assim se forma em atenção às qualidades pessoais dos sócios."

[178] Neste sentido, compreendem-se os bens materiais ou imateriais, tais como: móveis, equipamentos, imóveis, marcas, patentes e transferência de tecnologias, dentre outros bens que possam contribuir para o alcance da finalidade a que se propôs a sociedade.

Enfim, nas sociedades de capital, como se pode perceber, diferentemente das sociedades de pessoas, como também é manifestado por Borba (2002, p. 74), "a cada um dos sócios é indiferente a pessoa dos demais. O que ganha relevância nessa categoria de sociedade é a aglutinação de capitais para um determinado empreendimento."[179]

2.3. Consequências do tipo societário: cessão, penhora, preferência

A finalidade de se discorrer acerca desta classificação [pessoas ou capital] guarda relação com a avaliação da possibilidade ou impossibilidade de os sócios, de uma determinada sociedade, poderem, livremente ou, desde que observadas certas circunstâncias ou, então, não poderem, em qualquer hipótese, realizar a transferência de suas participações sociais para terceiros, ou seja, para pessoas que não sejam, na data, sócios da sociedade. E serve, também, para se avaliar a possibilidade da penhorabilidade das participações sociais por conta de obrigações assumidas e não adimplidas por seus titulares e, por fim, ao ingresso, no quadro social, de herdeiros e/ou sucessores do sócio falecido ou dissolvido.[180][181]

Nas sociedades de pessoas, a transferência, a qualquer título ou sob qualquer pretexto, depende da não oposição de mais de um quarto dos sócios[182]. Desta forma, a mera transferência por vontade de um dos sócios – seja por venda, doação, troca, ou seja, por qualquer forma de alienação[183]

---

[179] E também coloca Requião (1989), op. cit., v. 1, p. 300: "Nas sociedades de capitais é indiferente a pessoa do sócio, prevalecendo o impessoalismo do capital [...]".
[180] Utiliza-se da expressão dissolvido, na medida em que um sócio pode ser uma pessoa jurídica que, quando de seu ingresso na sociedade participada, os demais sócios levaram em consideração seus atributos pessoais e de seus sócios para sua aceitação enquanto sócio.
[181] Em sentido semelhante, afirma Coelho (2002), op. cit., p. 24: "A natureza da sociedade importa diferenças no tocante à alienação da participação societária (quotas ou ações), à sua penhorabilidade por dívida particular do sócio e à questão da sucessão por morte".
[182] O artigo 1.057 do Código Civil diz: "Art. 1.057 – Na omissão do contrato social, o sócio pode ceder sua cota, total ou parcialmente, a quem seja sócio, independentemente de audiência dos outros, ou a estranho, se não houver oposição de mais de um quarto do capital social. Parágrafo único: A cessão terá eficácia quanto à sociedade e terceiros, inclusive para os fins do parágrafo único do art. 1.003, a partir da averbação do respectivo instrumento, subscrito pelos sócios anuentes.
[183] Acerca do conceito de alienação, diz De Plácido e Silva, in: Vocabulário Jurídico, 21. ed. atual. por Nagib Slaibi Filho e Gláucia Carvalho, Rio de Janeiro: Forense, 2003, p. 55: "[...] é o termo jurídico, de caráter genérico, pelo qual se designa todo e qualquer ato que tem o efeito de transferir o domínio de uma coisa para outra pessoa, seja por venda, por troca ou

– dependerá da não oposição de pelo menos uma minoria do capital social. A este respeito, Camillo et al. (2014, p. 1064) coloca que:

> "[...] se a cessão for feita a terceiros, pelos menos titulares de um quarto do capital social deverão anuir à operação, subscrevendo inclusive o instrumento de cessão [...] Caso o cedente seja titular de mais de um quarto do capital social da sociedade, não precisará da anuência dos demais para ceder suas quotas."

No mesmo sentido, e pelas mesmas razões, ocorre e decorre com a penhorabilidade de uma participação em uma sociedade. Uma vez penhorada uma participação societária, e não satisfeita a obrigação pelo sócio devedor, se buscará sua venda em hasta pública e, portanto, em havendo a arrematação, ocorrerá sua transferência para pessoa diversa daquelas até então integrantes do quadro social.

Por outro lado, e não obstante a possibilidade da impenhorabilidade de participação em sociedade de pessoas[184], justamente por conta da ausência da *affectio societatis* (do entrante e para com relação aos existentes) relacionado ao *intuitu personae* há entendimentos que, buscando identificar uma maneira de solucionar o impasse de forma a saldar a dívida do sócio faltoso para com terceiros estranhos à sociedade, entende que é possível a dissolução parcial da sociedade[185] e a consequente apuração de haveres do

---

por doação. Também indica o ato por que se cede ou transfere um direito pertencente ao cedente ou transferente. [...]"

[184] E da qual, portanto, não conste cláusula permissiva da cessão, independentemente, da concordância dos demais sócios. Neste sentido, inclusive, Requião (1989), op. cit., p. 349, ao assim dizer: "a cota somente será penhorável, em nosso entender, se houver, no contrato social, cláusula pela qual possa ser ela cessível a terceiro, sem a anuência dos demais companheiros".

[185] Acerca da dissolução parcial, as palavras de Samantha Lopes Alvares, in: Ação de Dissolução de Sociedades, São Paulo: Quartier Latin, 2008, p. 59-60, explicam e justificam a razão de pela qual ela surgiu, nos seguintes termos: "[para] manter viva a sociedade e afastar o sócio dissidente, logrou [a doutrina e a jurisprudência] equacionar os interesses tanto da sociedade quanto dos sócios retirantes e remanescentes. Logrou equacionar, ademais, dois princípios constitucionais: o da liberdade de associação e o da função social da propriedade. De fato, nos contratos de sociedade por período indeterminado, não se pode obrigar que o sócio fique a ele indefinidamente ligado. De outro lado, não seria lícito admitir que apenas um sócio levasse à dissolução uma sociedade profícua, que cumpre com sua função social de gerar empregos, desenvolvimento e riquezas." E, em complementação e ratificação deste entendimento, Priscila M. P. Correa da Fonseca, in: Dissolução Parcial e Retirada de Sócio, São Paulo: Atlas, 2002, p. 71, afirma que a dissolução parcial consistiu em criação do Supremo Tribunal Federal que, ao se deparar com a possibilidade prevista pelo inciso V, do artigo 335 do

sócio inadimplente para, sobre os valores assim encontrados, fazer incidir a penhora[186].

No que se refere ao ingresso de herdeiros e/ou sucessores do sócio falecido ou dissolvido, na hipótese de uma sociedade de pessoas, este somente poderá ocorrer desde que atendidas cumulativamente duas circunstâncias, quais sejam, os demais sócios assim os aceitar, um a um e desde que os herdeiros também aceitem o contrato de sociedade[187]. E, da mesma forma, quando aborda as questões relacionadas ao falecimento de sócio em sociedade limitada, já preconizava Mendonça (1933, p. 212)[188] afirmando que este consenso era fundamental como forma de se certificar a existência para os que passariam a integrar o quadro social, da continuidade da *affectio societatis*.

Na impossibilidade de ajuste favorável neste sentido, deverá ser processada a dissolução parcial da sociedade, na proporção da participação do sócio falecido ou dissolvido e cujo específico herdeiro não consensuou seu ingresso na sociedade, com a consequente apuração de haveres e, ato contínuo, seu pagamento aos respectivos sucessores[189].

E para que se possa, de maneira o tanto quanto mais objetiva possível, de forma a se conferir segurança para os negócios jurídicos das sociedades

Código Comercial, através do qual qualquer sócio poderia, a qualquer tempo, nas sociedades por prazo indeterminado, requerer a dissolução total da sociedade, passou a entender mais coerente com o sistema atual se admitir a dissolução parcial. Atualmente, o artigo 1.029 do Código Civil Brasileiro confere a qualquer sócio, em sociedade por prazo indeterminado, o direito de dela se retirar, especialmente, por conta da consagração do princípio da conservação da empresa.

[186] Neste sentido: Fábio Ulhoa Coelho, in: Penhorabilidade das Cotas Sociais, Rio de Janeiro: Revista dos Tribunais nº 82 e, Borba (2008), p. 79. Mas, este aprofundamento ou, melhor, a discussão a cerca deste entendimento, para os fins a que se propõe esta obra de comparar a compropriedade com a sociedade, não se torna convenientemente necessária àquilo que se busca encontrar ao fim e ao cabo deste trabalho.

[187] Neste sentido, o artigo 1.028 do Código Civil, aplicado às sociedades limitadas por força do quanto estabelecido pelo artigo 1.053, também do Código Civil, que assim estabelece: "Art. 1.028 – No caso de morte de sócio, liquidar-se-á sua quota, salvo: (I) se o contrato social dispuser diferentemente; (II) se os sócios remanescentes optarem pela dissolução da sociedade; (III) se, por acordo com os herdeiros, regular-se a substituição do sócio falecido."

[188] MENDONÇA, J.X. Carvalho de. Tratado de Direito Comercial Brasileiro. v. 3., 2. ed. Rio de Janeiro: Freitas Bastos.

[189] Neste sentido, Coelho (2002), op. cit., p. 25; Borba (2008), op. cit., p. 78 e o artigo 1.028 do Código Civil.

de maneira geral, porém, especificamente relacionada às sociedades limitadas e à sociedade por ações, de certa forma se consensuou que da avaliação de algumas disposições contidas no ato de constituição – e posteriores alterações – se poderá obter os elementos fundadores de uma sociedade de pessoas ou de capital. Quais sejam eles: (I) a permissão da livre cessão de participação societária a não sócios e (II) a permissão do ingresso de herdeiros ou sucessores de sócio falecido ou dissolvido na sociedade.

E, sob este ângulo, uma sociedade limitada poderá ser considerada de capital ou de pessoas a depender da existência ou inexistência de mencionadas permissibilidades[190]. Em existindo, será ela de capital; em inexistindo, será ela de pessoas. Inclusive, esta é a posição de Requião (1989, p. 349), que coloca: "silenciando o contrato, a cessão não se poderá efetivar", exatamente por entender da essência deste tipo de sociedade as características pessoais de seus sócios.

De outro lado, e de certa maneira defendendo posição ligeiramente diversa por entender ser necessária uma avaliação fática e não apenas formalista, afirma Pinto Junior (1990, p. 30) que, quando se verifica o silêncio do contrato social: "a conclusão deverá ser extraída a partir das peculiaridades de cada situação concreta, sobretudo, em função do maior ou menor grau de exigência de colaboração pessoal dos sócios."[191]

De certa maneira parafraseando as colocações de Borba (2008, p. 74), este tipo societário não se reveste de uma forma rígida, mas, sim, elástica, na medida em que admite as duas formas de classificação e com suas respectivas consequências e, ainda, coloca que esse entendimento se inspira na doutrina francesa e, para tanto, menciona E. Thaller in: *Traité Élementaire de Droit Commercial* e Paul Pic in: *Les Sociétés Commerciales*.

Nos Estados Unidos da América, a sociedade limitada possui sua equivalente à brasileira e se denomina Limited Liability Company – LLC que,

---

[190] Vale mencionar que Waldemar Ferreira, mencionado por Carvalhosa (2002), v. 1, op. cit., p. 333, coloca: "[...] sempre sustentou, desde suas primeiras lições, que a sociedade por cotas se constitui como sociedade de pessoas, e a lei das sociedades anônimas não lhe serve de suprimento."

[191] PINTO JUNIOR, Mário Engler. *A opção entre a forma LTDA. ou a S.A..* Revista de Direito Mercantil, Industrial, Econômico e Financeiro, v. 79. São Paulo: Revista dos Tribunais. E, à p. 31, arremata dizendo: "De modo geral, a transferência de posição contratual pela via do direito hereditário, só não é admissível nos negócios realizados com caráter estritamente *intuitu personae.*"

segundo Parentoni e Miranda (2016, p. 705-710), foi introduzida em 30 de junho de 1977, através da lei conhecida como Wyoming LLC Act de 1977, que ainda desperta questionamentos, tanto na doutrina quanto na jurisprudência, especialmente, mas não exclusivamente, com relação à sua classificação como sociedades de pessoas ou de capital.[192]

Por sua vez, na França, segundo Siné (2008, p. 12), a sociedade limitada se denomina SARL (Sociéte à Responsabilité Limitée) e, pelo que foi possível constatar e como será visitado mais adiante, com características bastante semelhantes à sociedade limitada brasileira.

Por sua vez, e no que se refere à sociedade por ações, em princípio, sempre será considerada como sendo uma sociedade de capital[193], de forma a preponderar o seu carácter *intuitu pecuniae*, ou seja, o capital. Neste sentido, Pinto Junior (1990, p. 29) assim coloca ao versar, de forma ampla, acerca do falecimento de sócio titular de participação em uma sociedade por ações: "as ações são consideradas como bens suscetíveis de transmissão pela via do direito sucessório, em consonância com o caráter capitalístico que se atribui a esta sociedade."

Diz-se em princípio, pois é facultada nas sociedades por ações fechadas[194] a inclusão em seu ato constitutivo – no caso o estatuto social – de

---

[192] PARENTONI, Leonardo Netto; MIRANDA, Jacqueline Delgado. *Cotas sem Direito de Voto na Sociedade Limitada: Panorama Brasileiro e Norte Americano*. In: Revista Eletrônica do Curso de Direito da UFSM, v. 11, n. 2. Entendendo como sendo de pessoas, conforme levantamento realizado por Parentoni e Miranda (2016): RIBSTEIN, Larry E. *An Analysis of the Revised Uniform Limited Liability Company Act*. Virginia Law & Business Review. Charlottesville: University of Virginia. v. 3, n. 1, p. 36-80, Spring. 2008, p. 54. "LLC statutes provide rules for admitting new members and for transferring membership interests. In both cases, the default rules reflect the traditional partnership approach of permitting members to choose their colleagues." E entendendo como sendo de capital: HANSMANN, Henry; KRAAKMAN, Reinier; SQUIRE, Richard. *The New Business Entities in Evolutionary Perspective*. University of Illinois Law Review. Urbana-Champaign: University of Illinois College of Law. v. 5, n. 1, p. 05-14, Feb. 2005, p. 6. "The new forms are thus better understood as part of the continuing development of the corporate form rather than as entities more akin to the traditional partnership which has, in fact, been evolving in a different direction.".

[193] Também neste sentido, Borba (2008), Loc. cit., e Carvalhosa (2002), v. 1, p. 136.

[194] Conhecidas por "companhias fechadas". Segundo Modesto Carvalhosa, in: Comentários à Lei de Sociedades Anônimas, 4. ed., v. 1. São Paulo: Saraiva, 2002, p. 47, o conceito de companhia fechada adotado pela lei é o de financiamento de sociedade. Ou seja, "se esta obtém recursos de capital mediante a subscrição de ações pelos próprios acionistas ou por um grupo restrito de pessoas, mediante o exercício do direito de preferência dos acionistas

restrições à circulação das ações titularizadas por seus sócios, desde que as mesmas sejam pormenorizadamente detalhadas e não impeça sua negociação, nem tampouco sujeite o seu titular ao arbítrio dos órgãos da administração ou da maioria dos acionistas.[195]

Tanto assim que Lgow (2013, p. 168-169), ao dissertar acerca do direito de preferência nas sociedades por ações, afirma: "a permissão legal a que as companhias fechadas estabeleçam, em seus estatutos, limitações à circulação das ações, vai ao encontro do caráter personalíssimo de certas sociedades anônimas fechadas [...]. E arremata afirmando em sintonia com o que até o momento foi colocado acerca das sociedades de pessoas: "as restrições estatutárias [...] têm por objetivo vedar o ingresso de terceiros indesejáveis na sociedade [...] "além disso, a restrição estatutária à circulação das ações indica o caráter personalíssimo da sociedade em questão."[196]

Porém, nada impede que os sócios da sociedade por ações ou limitada, através de acordos entre si, estabeleçam ajustes de direito de preferência através dos quais a transferência de participação, de um sócio para outro ou, então, para um estranho, seja disciplinada em conformidade com os interesses de seus signatários.

---

ou de contrato de participação acionária, celebrado com terceiros subscritores, previamente conhecidos", se tem uma companhia fechada. A própria Lei nº 6.404/76, em seu artigo 4., assim estabelece: "Art. 4. Para os efeitos desta lei, a companhia é aberta ou fechada conforme os valores mobiliários de sua emissão estejam ou não admitidos à negociação em bolsa ou no mercado de balcão".

[195] Esta possibilidade se encontra disciplinada no artigo 36 e seu parágrafo único, da Lei nº 6.404/76, que assim estabelece: "Art. 36. O estatuto da companhia fechada pode impor limitações à circulação das ações nominativas, contanto que regule minuciosamente tais limitações e não impeça a negociação, nem sujeite o acionista ao arbítrio dos órgãos da administração da companhia ou da maioria dos administradores. Parágrafo único. A limitação à circulação criada por alteração estatutária somente se aplicará às ações cujos titulares com ela expressamente concordarem, mediante pedido de averbação no livro de "Registro de Ações Nominativas".

[196] Lgow, Carla Wainer Chalréo. *Direito de Preferência*. São Paulo: Atlas. E no que se refere às sociedades por ações abertas coloca: "Já nas sociedades anônimas abertas, são absolutamente proibidas as restrições estatutárias à circulação das ações, razão pela qual, nessa espécie de companhia, o acordo de acionistas é o instrumento hábil para as partes estabelecerem limitações à circulabilidade de suas ações, a exemplo do direito de preferência recíproco, em que os convenentes se comprometem a não alienar a terceiros suas participações societárias sem propiciar aos demais a oportunidade de adquiri-las, preferencialmente."

E Carvalhosa (1984, p. 143)[197] versando acerca das sociedades por ações, especificamente sobre os chamados acordos de acionistas, assim coloca: "[n]as companhias abertas[198], os acordos de bloqueio constituem modalidade legítima de contornar a proibição legal de constar do estatuto limitação dessa ordem".

De maneira geral, e institucionalmente, nas sociedades por ações vige o princípio da livre transferibilidade das ações entre seus titulares. Ou seja, a transferência entre acionistas ou, então, entre um acionista e um terceiro estranho ao quadro de sócios da sociedade, é possível, salvo na hipótese relacionada às sociedades fechadas e desde que estabelecida a restrição em seu estatuto social. E esta última restrição se fundamenta nas sociedades fechadas, pois se presume a *affectio societatis* que, como coloca Carvalhosa (1997, p. 470), "se traduz pela fidelidade e confiança recíproca entre os sócios."

Por sua vez, nas sociedades limitadas, deverão ser avaliadas as disposições constantes de seus atos constitutivos[199] – e posteriores alterações – e, para outros, além disso, a realidade fática da condução de suas atividades sociais, para se definir se poderão ou não ser livremente transferidas para terceiros na hipótese de silêncio do contrato social.

Disciplinando o tema, a lei informa que na sociedade limitada empresarialmente organizada[200] a cessão para terceiros poderá ser realizada desde que não seja verificada a oposição, ou seja, a contrariedade à transferência, por parte de sócios que representem mais de ¼ (um quarto) do capi-

---

[197] CARVALHOSA, Modesto. Acordo de Acionista. São Paulo: Saraiva.
[198] Deve-se compreender por uma companhia aberta, também se utilizando das palavras de Carvalhosa (2002), op. cit., p. 47, aquela que "procura recursos de capital próprio (ações) ou de terceiros (debêntures) junto ao público, oferecendo a qualquer pessoa desconhecida ações e debêntures de sua emissão [...]". Acrescente-se à definição de Carvalhosa, a possibilidade da emissão e negociação, em mercado, de qualquer valor mobiliário de sua emissão, entendido este, em suas próprias palavras (p. 49), como "direitos negociados em massa no mercado de capitais, geralmente representados por títulos ou contratos. [...] O conceito [...] extrapola o de título de crédito, pertencendo a outra categoria jurídica, tendo função diversa. O que o caracteriza é a sua emissão e negociação com a finalidade de tornar-se objeto de investimento por parte dos seus tomadores, mediante os diversos mecanismos próprios do mercado de capitais." Recomendável, em sendo necessário profundar o estudo acerca da conceituação, da apreciação do artigo 2, da Lei nº 6.385/76, alterado pela Lei nº 10.303/2001.
[199] Neste sentido, também Pinto Junior (1990), op. cit., p. 32.
[200] Pois, nas sociedades simples, a transferência de quotas sociais depende da aprovação da totalidade dos sócios, conforme estabelece o artigo 1.003 do Código Civil.

tal social da sociedade.[201] Na hipótese de cessão, total ou parcial e, desde que para sócio, ela é permitida na hipótese de seu ato constitutivo restar silente a respeito, pois, em havendo regramento, e por tratar-se de sociedade contratual, será observado o ajuste pactuado entre seus sócios.

No direito francês, conforme Siné (2008, p. 14), na Sociedade de Responsabilidade Limitada, denominada de SARL, a cessão de cotas entre associados, cônjuges, ascendentes ou descendentes é livre, desde que o estatuto da sociedade não disponha de maneira diversa.[202] E, no que se refere à possibilidade de cessão para terceiros, Siné (2008) coloca: "Elle n'est possible que sous réserve d'um agrément de l'assemblée générale des associes statuant à la double condition de majorité suivante: plus de la moitié des parts sociales; représentant au moins la moité des parts sociales."[203]

Portanto, o direito francês[204], no que se refere à cessão entre sócios, em tudo se assemelha ao direito brasileiro; entretanto, no que refere à cessão para terceiros, estabelece que dependerá da aprovação, expressa, de mais da metade do capital social, bem como de mais da metade dos sócios que integram a sociedade[205]; reforçando, assim, as características relacionadas às sociedades de pessoas, porém, tornando a decisão mais democrática ao estabelecer um quórum autorizador da cessão.

A respeito da cessão de cotas nas sociedades limitadas e abordando a circunstância relacionada ao fato de que, por vezes, o emocional (i.e. imo-

---

[201] O artigo 1.057 do Código Civil diz: "Art. 1.057 – Na omissão do contrato social, o sócio pode ceder sua cota, total ou parcialmente, a quem seja sócio, independentemente de audiência dos outros, ou a estranho, se não houver oposição de mais de um quarto do capital social. Parágrafo único: A cessão terá eficácia quanto à sociedade e terceiros, inclusive para os fins do parágrafo único do art. 1.003, a partir da averbação do respectivo instrumento, subscrito pelos sócios anuentes."

[202] E assim coloca: "Le régime des cessions de parts. Cession entre associes, conjoints, ascendants ou descendants. Sauf disposition contraire des statuts, les parts sociales sont librement cessibles entre ces personnes."

[203] Tradução nossa: Só é possível sujeitar a uma aprovação da assembleia geral dos acionistas, deliberando por maioria simples e que observe uma dupla condição: aprovação por mais da metade das ações; e por mais da metade dos acionistas.

[204] O Código Comercial Frances, em seu artigo L223-14, assim estabelece: "Article L223-14: Les parts sociales ne peuvent être cédées à des tiers étrangers à la société qu'avec le consentement de la majorité des associés représentant au moins la moitié des parts sociales, à moins que les statuts prévoient une majorité plus forte.[...] Toute clause contraire aux dispositions du présent article est réputée non écrite."

[205] Voto por cabeça, independentemente, do porcentual do capital social por ele detido.

tivado, realisticamente) impedimento da cessão pode acarretar prejuízos para a sociedade, Abrão (2012, p. 119), fazendo alusão a Canizares & Aztiria[206], no direito argentino, coloca:

> Poderá dizer-se que as restrições impostas pela lei são uma medida de proteção contra o sócio que deseje introduzir um elemento indesejável e que o contrato pode fazer esta proteção mais eficaz, fazendo-a vigorosa. Porém, dizendo isto esquecer-se-ia de que a lei deve proteger não somente o aspecto negativo de impedir a entrada de um sócio indesejável, senão também o aspecto positivo de impedir com excesso de rigor – às vezes representando um interesse ínfimo – seja obrigada a continuar em más condições ou a dissolver-se.[207]

Ficam, assim, por ora, vincadas as disposições relacionadas às sociedades, especialmente, as limitadas e as por ações e, neste sentido, sendo possível perceber as relações de capilaridade com a compropriedade, notadamente, a consensual.

E esta afirmação se justifica pela natureza das relações que são estabelecidas – pessoal ou capital –; pela disciplina do direito de suceder na propriedade, tal como relatado na sucessão *causa mortis* ou na dissolução, na penhora ou impenhorabilidade do bem e, por fim, na disciplina, direta ou paralelamente, relacionada ao objeto da relação estabelecida através dos acordos que gravitam no entorno de qualquer das situações.

Recordando, apenas, no que se refere à compropriedade, a crítica acerca da possibilidade destes acordos serem intrínsecos à coisa objeto do direito real e, portanto, sua oponibilidade a quaisquer terceiros.[208]

Neste sentido, a propriedade imobiliária detalhadamente especializada através de sua matrícula e suscetível de proteção pelo direito real estaria para o contrato ou estatuto social, tal como a disciplina dos efeitos das relações de direito real através das convenções de condomínio civil (i.e. as convenções, os ajustes da Compropriedade) estariam para os acordos de

---

[206] CAÑIZARES, Felip de Solà; AZTIRIA, Enrique. *Tratado de sociedades de responsabilidade limitada em derecho argentino y comparado*. Buenos Aires, 1950 e 1954. t. 1 e 2.
[207] ABRÃO, Nelson. *Sociedades Limitadas*. 10. ed. rev. ampl. e atual. pelo Desembargador Carlos Henrique Abrão. São Paulo: Saraiva.
[208] Primeiro capítulo, item: *Direitos Reais e a Modulação de seus efeitos*.

quotistas ou acionistas, também chamados de parassociais, como relatado por Vergueiro (2010, p. 123-129).[209]

Estaria, assim, o conteúdo do direito real consubstanciado através da matrícula imobiliária, bem como o conjunto de regras estabelecido através do contrato ou estatuto social, oponíveis a todos (*erga omnes*), aderindo à própria essência da coisa (seja do imóvel, seja da sociedade).

De outro lado, comparativamente, obrigando apenas as partes signatárias e, em tese, pois passível de discussão, sem aderir ao objeto com relação ao qual se refere seu consensuado regramento, se encontram situadas as disposições estabelecidas através das convenções de condomínio civil e os acordos parassociais. Acerca destes últimos, serão os mesmos abordados pouco mais à frente, após o enfrentamento das questões relacionadas ao poder de controlar uma sociedade ou um negócio imobiliário.

E, comparando o direito de preferência num e noutro regime jurídico, se percebe que, na compropriedade o mesmo existe em todas as situações de venda[210] – sendo passível de discussão a validade de sua prévia renúncia através dos acordos em convenções de condomínio civil, no que se refere especificamente aos terceiros não signatários ou aderentes. Por outro lado, nas sociedades, se admite que as partes possam dispor acerca de sua aplicabilidade e, no silêncio de sua disciplina, no campo da autonomia privada, ele poderá ou não existir a depender da avaliação de cada tipo societário e do conjunto fático de cada sociedade.

Portanto, que se prossiga na avaliação, de forma que se possa averiguar outras particularidades e possibilidades de correlação entre a sociedade e a compropriedade.

---

[209] VERGUEIRO, Carlos Eduardo. *Acordos de Acionistas e a Governança das Companhias*. São Paulo: Quartier Latin. E, conforme relatado, o pioneiro a utilizar-se desta expressão foi Giorgio Oppo, na doutrina italiana, como forma de evidenciar um contrato acessório, em contraposição às chamadas cláusulas acessórias ao contrato social. E, ainda segundo Vergueiro, assim diz Oppo: "Traducendo una terminologia invalsa dela dottrina tedesca che contrappone Nebenvertrage a Nebenabreden, (1) si possono designare ele nostre ipotesi ccome, contratti acessori..contrapponendoli alle clausule acessorie: se ho proposto la terminologia di contratti parasociali, per i negozi acessori al rapporto sociale, non è per amore di novità nè per pretensa di costrutire una categoria dogmática, ma per mettere in evidenza immediata una categoria il nesso di tagli negozi col rapporto sociale senza pregiudicare de tale collegamento la definizione con l'uso di uma qualifica, quella di acessório, che nella terminologia giuridica nostrana há acquisito um significado particolare e ristretto."

[210] Reitere-se, aqui, o comentário realizado anteriormente, no sentido de que o instituto jurídico que confere o direito de preferência é o da venda.

2.4. Quota ou ação e sua correlação com o objeto social

Na compropriedade, reafirma-se, a pessoa participa da propriedade da coisa, de forma direta, exclusiva, sem intermediários. Por sua vez, em se tratando de uma sociedade, e para fins exemplificativos, em que se define que seu objeto social consistiria na exploração da propriedade de um determinado imóvel e acerca dele se verificaria o desenvolvimento de uma atividade econômica organizada, a pessoa participa de forma indireta. Melhor dizendo, sua participação é representada em um capital social e, por conta deste fato, decorrendo os direitos e obrigações, indiretamente, incidentes sobre o imóvel que dela constitui seu objeto.

E o estudo acerca das principais formas de como se realizam e se comportam[211] as participações no capital social de uma sociedade é que serão apreciadas. Isto, sempre, no limite necessário à compreensão de suas particularidades como forma de embasar um entendimento na exata medida a se poder conhecer as específicas formas de participação em um negócio jurídico imobiliário.

Nas sociedades em geral, a participação de seus sócios se realiza através da aquisição de parcelas representativas de seu capital social, que nas sociedades limitadas são comumente conhecidas e chamadas por quotas sociais (ou cotas sociais) e, nas sociedades por ações recebem o nome de ações.

Há quem realize distinção entre uma e outra, tal como Bulgarelli (2001, p. 122), ao afirmar que a ação difere da quota na medida em que a primeira permite sua aquisição livre de maiores formalidades que não àquelas relacionadas à sua própria aquisição, enquanto que a quota reserva, em si, um caráter subjetivo e que mantém relação personalíssima com seu titular.

Coelho (2002, p. 82), também, por sua vez, realiza certa distinção entre uma e outra informando que, na sociedade limitada, o comprador se relaciona não apenas com o alienante, mas, também, com os demais sócios da sociedade por conta de sua natureza contratual, ao passo que na sociedade por ações se relaciona apenas com o alienante e, por conta dessa aquisição, derivam os vínculos institucionais (não contratuais) com os outros sócios.

Em que pese mencionados posicionamentos, em sua essência, e ao que interessa ao presente estudo, se pode entender que ambas possuem seme-

---

[211] Diz-se "comportam", pois será objeto de apreciação os quóruns necessários à aprovação de determinados temas relacionados à atividade empresarialmente organizada, de forma a se estabelecer um caminho de comparação com a compropriedade.

lhantes características, na medida em que conferem aos seus titulares idênticos direitos no que se refere, especificamente, à unidade de capital, ou seja, o direito à participação societária e o direito de crédito contra a sociedade.[212] As questões relacionadas à forma e aos procedimentos relacionados à aquisição não interfere, smj, nos direitos subjacentes ao de sua titularidade, não significando dizer que os princípios contratuais sejam aplicáveis à uma sociedade de natureza institucional e vice-versa.[213] [214]

O que primeiro importa, parece, ao fim a que se destina este estudo[215], são as questões relacionadas a se a ação ou a quota possuem um valor nominal, socialmente estabelecido (i.e. nos atos constitutivos das sociedades), quando de sua emissão. Dito de outra maneira: ao serem emitidas, obrigatoriamente, e sob a ótica da sociedade emissora, teriam ou não um valor nominal como forma de alguma maneira, assegurar algum direito ao seu titular.[216] O valor nominal decorre da simples divisão matemática do valor total do capital social pelo número total de quotas ou ações em que se subdividir.

Nas sociedades limitadas, é mandatório que cada quota social possua seu valor nominal, uma vez que, por sua natureza contratual, é no instrumento social que será definido o montante com relação ao qual o sócio que subscrever o contrato se verá obrigado a realizar sua integralização, a qual

---

[212] Portanto e, por ora, ainda não se comenta ou discute acerca das diferenças entre quotas ou ações de classes diferentes, mas, apenas, a nomenclatura geral que as denomina.

[213] Acerca deste tema, observem-se as lições de Coelho (2002), op. cit., v. 2, p. 381 e ss. que, em breve síntese, coloca: "a diferença entre as espécies contratuais e institucionais diz respeito à possibilidade de se socorrer da teoria dos contratos para tratar as questões atinentes à constituição e dissolução da sociedade."

[214] Acerca da definição, especificamente, do que pode ser considerada uma sendo a "ação", informa Carvalhosa (2002), op. cit., v. 1, p. 134: "como a forma negociável em que se divide o capital social, representativa dos direitos e obrigações do acionista. "Por sua vez, Luiz Gastão Paes de Barros Leães, in: Revista de Direito Mercantil, Nova Série, fasc. 5, 2003, p. 72, define quota social da seguinte forma: "o complexo de direitos, poderes, obrigações ou faculdades, que compõe o status de sócio, por força da celebração do contrato social.

[215] Isto, pois, o estudo da atribuição de valor nominal a uma ação ou quota, mantém relação com a diluição da participação na sociedade e, por sua vez, comparativamente, com a de determinado proprietário na compropriedade naquelas hipóteses em que, chamado a suportar sua cota parte em determinadas despesas relacionadas à imóvel no qual é comproprietário, deixa de fazê-lo.

[216] Tal como o da diluição injustificada de sua participação no capital social da sociedade da qual participa.

poderá, desde que observadas certas particularidades, ser em dinheiro, bens ou créditos, não se admitindo a contribuição que consista em prestação de serviços.[217]

De outro lado, nas sociedades por ações, se admite que as ações tenham ou não valor nominal[218], a critério daquilo que se fizer constar de seu estatuto social. Portanto, e como coloca Carvalhosa (2002, v. 1, p. 139) ao comentar a situação relacionada à ausência da especificação do valor nominal, "a participação dos sócios passa a ser medida em razão do número de ações de que são titulares, em proporção com o número total das ações emitidas pela companhia."[219]

Importante o esclarecimento acerca da diferenciação entre valor nominal e preço de emissão de uma ação. Em existindo valor nominal, e na hipótese de deliberação do aumento de capital com valor de emissão superior ao valor nominal, a importância que superar o valor nominal será destinada à conta de reserva de capital[220], enquanto a exata medida do valor nominal será destinada à conta de capital social.[221]

Acerca, exatamente, dos aumentos de capital social, ocorram eles nas sociedades limitadas, ou nas sociedades por ações, há elemento que deve ser verificado previamente à sua ocorrência e que mantém relação com a diluição de participação de sócio que decida ou tenha a intenção de não participar. Trata-se da avaliação da fixação do preço de emissão das ações

---

[217] Isto, pois, o parágrafo segundo do artigo 1.055 do Código Civil assim estabelece: "Art. 1.055 – O capital social divide-se em quotas, iguais ou desiguais, cabendo uma ou diversas a cada sócio. Parágrafo Primeiro – *omissis*. Parágrafo Segundo – "É vedada contribuição que consista em prestação de serviços." E a este respeito, entende Coelho (2002), op. cit., p. 385, que esta vedação não mantém relação com a sociedade de capital e indústria a que se referia o Código Comercial de 1850, em que uma pessoa possui o dinheiro para o investimento, mas não o conhecimento e, a outra, possuía o conhecimento, mas não o capital.

[218] Neste sentido, o artigo 11 da Lei nº 6.404/76 coloca: "Art. 11, O estatuto fixará o número das ações em que se divide o capital social e estabelecerá se as ações terão, ou não, valor nominal."

[219] Alerte-se, apenas que, de acordo com o parágrafo único, do artigo 11 da Lei nº 6.404/76, é possível a emissão de ações ordinárias sem valor nominal e de ações preferenciais com valor nominal.

[220] A reserva de capital somente pode ser utilizada para finalidades específicas, e estas se encontram estabelecidas no artigo 200 da Lei nº 6.404/76, quais sejam: (I) absorção de prejuízos que ultrapassem os lucros acumulados e as reservas de lucros; (II) resgate, reembolso ou compra de ações; (III) resgate de partes beneficiárias; (IV) incorporação ao capital social; (V) pagamento de dividendo a ações preferenciais, quando essa vantagem lhes for assegurada.

[221] Neste sentido, Carvalhosa (2002), op. cit., v. 1, p. 139.

ou quotas sociais de forma a se evitar a ocorrência da chamada diluição injustificada na participação do sócio no capital social.

Neste sentido, o preço de emissão deve considerar parâmetros para sua formação de maneira a ser evitada lesiva diluição[222], dentre os quais: o interesse social na realização do aumento; a perspectiva de rentabilidade da sociedade; o valor do patrimônio líquido da quota ou ação[223] e, em sendo o caso, a cotação das ações em bolsa de valores ou mercado de balcão organizado[224]. Carvalhosa (1997, p. 414), a respeito da diluição injustificada, coloca: "a diluição será injustificada apenas quando o preço de emissão, resultante da adoção de um ou mais critérios, for inconsistente e falso, visando sua adoção diluir a participação dos [...] não controladores."

De outro lado, e ao estabelecer uma avaliação comparativa entre as sociedades por ações fechadas e as sociedades limitadas, concluiu Mammana (2016, p. 20) que "o Código Civil, diferentemente da LSA[225], não contém mecanismos que protejam os sócios de uma diluição injustificada".[226]

Dito de outra forma, não obstante a previsão de quórum elevado[227] para

---

[222] Assim também se manifesta Carvalhosa (2002), v.1, p. 153, ao abordar as sociedades por ações.

[223] O valor individual do patrimônio líquido da quota ou da ação se obtém mediante a divisão do valor do patrimônio líquido da sociedade pela quantidade de ações ou quotas em que se divide o capital social antes de seu aumento. Neste sentido, Coelho (2002), v. 2, p. 85.

[224] Tais parâmetros são definidos no parágrafo primeiro, do artigo 170, da Lei nº 6.404/76.

[225] A sigla LSA, utilizada pelo autor, se refere à Lei das Sociedades por Ações; a Lei nº 6.404/76.

[226] MAMMANA, Carlos Eduardo Martins. *Análise das condicionantes para a escolha do tipo societário: sociedades por ações de capital fechado e sociedades limitadas*. Dissertação (Mestrado em Direito dos Negócios). Escola de Direito de São Paulo da Fundação Getúlio Vargas, São Paulo.

[227] Ao final, e segundo Coelho (2002), v. 2, p. 437, e Borba (2008), op. cit., p. 143, seria aplicável o quórum previsto no inciso I, do artigo 1.076 do Código Civil, o qual exige a aprovação de ¾ do capital social, por envolver a alteração do capital social cláusula do contrato social; isso não obstante não ser esta alteração (a do capital social) objeto de direta menção e atribuição de quórum específico, nos incisos I e II de mencionado artigo e, portanto, aplicável seria o seu inciso III que estabelece como quórum a maioria simples dos presentes. Portanto, vale transcrever as lições de Norberto Bobbio, in: Teoria do Ordenamento Jurídico, Tradução: Maria Celeste C.J. Santos, 10. ed. Brasília: Universidade de Brasília, 1999, p. 133, como forma de conduzir e induzir à reflexão acerca de qual seria o quórum mais adequado: "A coerência não é condição de validade, mas sempre condição para a justiça do ordenamento, É evidente que quando duas normas contraditórias são ambas válidas, e pode haver indiferentemente a aplicação de uma ou de outra, conforme o livre arbítrio daqueles que são chamados a aplicá-las, são violadas suas exigências fundamentais em que se inspiram ou tendem a inspirar-se os ordenamentos jurídicos: a exigência da certeza (que corresponde ao valor da paz ou da

a modificação do contrato social – no qual, por via de consequência, se encontra inserido o capital social – não há previsão de mecanismos compulsórios e que devam ser observados pelos sócios quando da fixação do preço de emissão de uma quota social.

Na compropriedade e, relativamente à diluição, se pode estabelecer uma relação analógica com a disposição legal que afirma que, em havendo despesas com relação às quais o comproprietário não participe ou não participa por conta da renúncia a seu quinhão, aquele(s) condômino(s) que a fizer(em), lhe aproveitará a participação daquele que deixou de realizá-la no tempo e modo devidos e, sempre, na proporção dos pagamentos que fizer(em). Percebe-se que esta disposição disciplina o assunto pela forma negativa, ou seja, por conta de um não fazer, aquele que o fizer se tornará seu beneficiário.

Sob outro prisma, e exatamente por conta deste fator, é que a realização de "despesas" para com a compropriedade demanda cautelas que, em sua essência, são semelhantes àquelas relacionadas com o instituto da diluição nas sociedades. Isto, pois, um investimento ou uma despesa orçados de maneira não embasada, ou seja, injustificada, poderá, com relação àquele comproprietário que de quaisquer deles[228] não compartilhe, sujeitá-lo à diluição de sua participação na compropriedade.

De uma forma geral, e ao que importa abordar, as quotas ou ações de uma sociedade poderão ser de espécies diversas. Tratam-se, nas sociedades por ações, daquelas denominadas ordinárias ou preferenciais e, na sociedade limitada, a nomenclatura que se entenda oportuno imputar, desde que a cada espécie seja atribuído direitos diversos, exatamente de forma a se ter como fundamentada a diferenciação.

---

ordem), e a exigência da justiça (que corresponde ao valor da igualdade). Onde existem duas normas antinômicas, ambas válidas, e, portanto, ambas aplicáveis, o ordenamento jurídico não consegue garantir nem a certeza, entendida como possibilidade, por parte do cidadão, de prever com exatidão as consequências jurídicas da própria conduta, nem a justiça, entendida como o igual tratamento das pessoas que pertencem à mesma categoria."

[228] A este respeito, deve considerar os quóruns necessários para a aprovação das despesas ou investimentos na compropriedade, sejam aqueles estabelecidos legalmente ou, então, os consensuados através das convenções de condomínio civil e, quanto a esta última hipótese, as questões relacionadas à possibilidade de se transigir acerca dos efeitos relacionados ao direito real.

Com relação às ações ordinárias das sociedades por ações fechadas, assim como para as ações preferenciais da sociedade por ações aberta e fechada, qualquer uma delas poderá ser de uma ou mais classes.

Como regra geral, qualquer espécie de ação confere aos seus titulares o direito ao voto nas assembleias gerais de acionistas. Entretanto, esclareça-se que, para as sociedades por ações, se admite a emissão de ações sem o direito de voto e, quando isto ocorre, estas são denominadas de preferenciais; mas não que todas as ações preferenciais não tenham, em si, o direito de voto, pois a ausência deste direito deve estar prevista no estatuto social uma vez que, em seu silêncio, a regra é pelo direito de votar. E se denominam por preferenciais, pois, conferem aos seus detentores certas vantagens, cuja disciplina se encontra estabelecida legalmente[229].

Assim, valendo-se das palavras de Parentoni e Miranda (2016, p. 713), as participações societárias preferenciais "são aquelas que atribuem a seus titulares direitos e deveres diversos daqueles conferidos pelas participações ordinárias. Em troca de alguma vantagem, impõem também certas restrições."

E, da mesma forma ocorre no direito italiano, conforme estudado por mencionados autores, ao fazerem alusão a Angelici e Ferri (2006, p. 153-155), que assim escreveram:

> Cosí possono essere create accanto ad azioni ordinarie, attribuenti cioè i normali diritti, azioni privilegiate, e cioè attribuenti un diritto di priorità (...); così possono essere create azioni senza diritto di voto, con voto limitato a particolari argomenti, con voto subordinato al verificarsi di particolari condizioni non meramente potestative (...).[230]

Por sua vez, nas sociedades limitadas, também são admitidas quotas iguais ou desiguais[231] e, a este respeito, por analogia, foram criadas as deno-

---

[229] O artigo 17 da Lei nº 6.404/76 é aquele que disciplina as preferências ou vantagens das ações preferenciais.
[230] ANGELICI, Carlo; FERRI, Giovanni. *Manuale di Diritto Commerciale*. 12. ed. Torino: Utet Giuridica. No mesmo sentido, segundo Parentoni e Miranda (2016), op. cit., p. 713: AULETTA, Giuseppe; SALANITRO, Niccolò. Diritto Commerciale. Milano: Giuffrè, 2003.
[231] A previsão expressa acerca desta possibilidade se encontra no artigo 1.055 do Código Civil que estabelece: "Art. 1.055 – O capital social divide-se em quotas, iguais ou desiguais, cabendo uma diversa a cada sócio."

minadas "participações preferenciais" em sociedades limitadas e a estas, alguns, atribuindo a denominação de cotas preferenciais.[232] [233]

Para Lobo (2004, p. 143-144), acerca da ampla possibilidade de, nas sociedades limitadas, serem criadas quotas iguais ou desiguais e, especificamente, acerca do que se refere este universo de possibilidades, afirma que as mesmas poderão ser da seguinte ordem[234]:

> (I) da condição de fundador ou de pessoa de notável saber e reputação ou especialmente qualificada para implantar e desenvolver a sociedade; (II) de aumento de capital, quando deliberado em estado de crise econômico-financeira; (III) do montante dos lucros; (IV) de participação nos lucros sociais em percentual fixo ou mínimo, ou mínimo e cumulativo, ou fixo e cumulativo, etc.; (V) da garantia de direitos políticos (direito de eleger pessoas de confiança para cargos administrativos ou de fiscalização, direito de estipular o valor da remuneração dos administradores, direito sobre a abertura de filiais etc.) ou de direitos patrimoniais (direito a dividendos diferenciados para determinada classe de quotas; direito a subscrição prioritária nos aumentos de capital; direitos sobre determinados bens em caso de dissolução) ou de ambos.[235]

De outro lado, e complementando de certa forma o quanto estabelecido por Lobo, Borba (2008, p. 131) define um princípio norteador para a avaliação das possibilidades, qual seja, "atentar para o princípio da razoabilidade, a fim de que o privilégio conferido não ganhe conotação de exclusão, ou mesmo de lesão, em face dos interesses dos demais cotistas,

---

[232] Conforme Borba (2008), op. cit., p. 131; Parentoni e Miranda (2016), op. cit., p. 713.

[233] A este respeito, vale mencionar para fins da necessária reflexão acerca de sua legalidade, a Instrução Normativa nº 98/2003 (que aprova o Manual de Atos de Registro de Sociedade Limitada), emitida pelo DNRC – Departamento Nacional de Registro do Comércio, antiga denominação do DREI – Departamento de Registro Empresarial e Integração, que estabelece em seu item 1.2.16.3, que "não cabe para sociedade limitada a figura da quota preferencial"; fazendo alusão à ação preferencial que, em regra, consuetudinariamente, é emitida sem direito a voto nas sociedades por ações.

[234] Perceba-se que, desta relação, apenas constam direitos diferenciados e que poderiam ser conferidos aos titulares das quotas preferenciais e, não se aborda a exclusão do direito de voto dos titulares das quotas preferenciais. Mais à frente e, ainda neste capítulo, será abordada a posição de Lobo (2004) acerca da supressão do direito de voto aos titulares de quotas preferenciais.

[235] LOBO, Jorge. Sociedades limitadas, v. 1. Rio de Janeiro: Forense.

especialmente, dos minoritários."[236] A este respeito, será melhor apreciado este tema quando se tratar sobre os limites jurídicos da autonomia privada, no Capítulo 4.

Sob o aspecto do direito político, alguns autores entendem que não é possível a diferenciação que possui como lastro a supressão do direito ao voto atribuível a uma quota de sociedade limitada, pois sustentam a posição de que o Código Civil, ao se referir às sociedades, em nenhum momento, e tal qual realiza as sociedades por ações, se utiliza da expressão "capital votante" (i.e. como forma de diferenciação do não votante). Mas, pelo contrário, apenas se utiliza da palavra "capital" ou, quando muito "capital social". E, aliado a esta circunstância, afirmam que há dispositivo legal que reforça este entendimento na medida em que dispõe que, em cabendo aos sócios decidir sobre os negócios da sociedade, as deliberações a este respeito deverão ser tomadas por maioria de votos, sendo estes contados segundo o valor das quotas de cada um.[237] E, neste sentido, não privilegiando a diferenciação entre quotas votantes e não votantes mas, sim, reforçando a posição de que todas elas confeririam o direito ao voto na medida em que enfatiza "o voto" segundo o valor das cotas de cada sócio.

Para Wald (2010, p. 358-360) e, se referindo ao Código Civil, afirma que "as quotas podem ser iguais ou desiguais, também permite a criação de quotas preferenciais, embora, talvez, não seja essa a intenção do legislador. Mas a *mens legis* deve prevalecer sobre a *mens legislatoris*."[238] [239]

---

[236] Dentre outras, seria nula a disposição que excluísse os sócios de participar dos lucros e das perdas

[237] Nestes termos, o artigo 1.010 do Código Civil, que assim estabelece: "Art. 1.010. Quando, por lei ou pelo contrato social, competir aos sócios decidir sobre os negócios da sociedade, as deliberações serão tomadas por maioria de votos, contados segundo o valor das quotas de cada um."

[238] WALD, Arnold. *Do Direito de Empresa*. In: TEIXEIRA, Sálvio de Figueiredo (Coord.). *Comentários ao Novo Código Civil*. v. 14. Rio de Janeiro: Forense.

[239] No mesmo sentido, e segundo levantamento realizado por Parentoni e Miranda (2016), op. cit., p. 718, aceitando a existência de quotas sem direito a voto: MOTA, Fernando de Andrade. *Restrição do Direito de Voto na Sociedade Limitada*. Revista de Direito Mercantil, Industrial, Econômico e Financeiro. São Paulo: Malheiros, ano III, nº 164/165, p. 124-137, jan./ago. 2013, p. 132-136. "O CC, além de não afirmar a igualdade de direitos dos sócios, prevê, no art. 1.055, que o capital social se divide em quotas, iguais ou desiguais. (...) Conclui-se, dessa forma, não haver óbice legal à restrição do direito de voto nas sociedades limitadas desde que observados alguns limites mínimos. Sua adoção estará situada sempre na esfera de disposição privada, em que caberá às partes sopesar seus prós e contras para decidir a respeito de sua conveniência."

E não obstante Lobo (2004, p. 144) defender, como dito alhures, uma ampla possibilidade de vantagens ou diferenciações relacionadas às quotas, no que se refere especificamente à restrição quanto ao direito de voto, manifesta-se em sentido negativo, dizendo que "as quotas preferenciais terão sempre direito de voto, além dos benefícios, vantagens e privilégios especificados no contrato social (...)."[240]

No que se refere à possibilidade de restrição do direito de voto nas sociedades limitadas reguladas pelo direito americano, especificamente, na "lei uniforme" (Revised Uniform Limited Liability Company Act – RULLCA[241]) e na legislação estadual de Delaware (Delaware LLC Act), colocam Parentoni e Miranda (2016, p. 726) que "cabe ao próprio contrato social definir os aspectos referentes ao exercício do direito de voto (membership voting rights), inclusive para, se for o caso, restringi-lo ou suprimi-lo."[242]

E, mantendo relação com direitos atribuíveis às quotas sociais, é admitido que a participação nos lucros e nas perdas de um sócio em uma sociedade limitada não guarde relação de proporcionalidade com sua representação em seu capital social; isto é, a proporção societária pode ser diversa daquela em que se estabelece a participação nos lucros ou nas perdas, sendo apenas vedada disposição que exclua, totalmente, um sócio de participar daqueles.[243]

PATROCÍNIO, Daniel Moreira do. Sociedade Limitada: Comentários. São Paulo: Juarez de Oliveira, 2008, p. 26. "Cremos que será possível, mediante ajuste social, a existência de quotas sem direito de voto, (...) de forma semelhante àquela estabelecida no art. 17, da Lei nº 6.404, de 1976, que cuida das denominadas ações preferenciais."

[240] No mesmo sentido, Borba (2008), p. 131, assim coloca: "cotas preferenciais não poderão sofrer, por outro lado, a privação do direito de voto. [...] Qualquer exclusão ou restrição desse direito, por conseguinte, seria nula de pleno direito. A aplicação supletiva da legislação das sociedades anônimas em nada ajudaria, posto que a aplicação supletiva jamais poderá se fazer *contra legem*."

[241] UNITED STATES OF AMERICA. *Delaware Department of State. Delaware Limited Liability Company Act*. Disponível em: http://delcode.delaware.gov/title6/c018/. Acesso em: 16 jan. 2017.

[242] E recordam que: "a competência legislativa em Direito Societários, nos EUA, é de regra estadual, ao contrário do Brasil, em que sempre imperou a competência privativa da União. (ROMANO, Roberta. *The Genius of American Corporate Law*. Washington: AEI Press, 1993.)

[243] Neste sentido, Coelho (2002), op. cit., v.2, p. 419, bem como os artigos 1.007 e 1.008 do Código Civil, assim estabelecem: "Art. 1.007. Salvo estipulação em contrário, o sócio participa dos lucros e das perdas, na proporção das respectivas quotas, mas aquele cuja contribuição consiste em serviços, somente participa dos lucros na proporção da média do valor das quotas. Art. 1.008. É nula a estipulação contratual que exclua qualquer sócio de participar dos lucros e das perdas."

Esta possibilidade mantém, assim como outras relatadas alhures, relação com a liberdade de contratar no sentido, como leciona Grau (2005, p. 172), de ser "corolário da propriedade privada dos bens de produção, viabilizando a realização das virtualidades desta última". E quanto à viabilização afirma que "é função do regime adotado em relação aos contratos, entendido como regime a forma como os poderes econômicos se relacionam com a realidade econômica."

Por sua vez, nas sociedades por ações, às ações de um determinado tipo ou classe, sempre deverão ser assegurados os mesmos direitos sendo certo que, no silêncio do estatuto social, pelo menos metade do lucro líquido ajustado do exercício deve ser destinado aos sócios.[244]

Realizadas estas ponderações, percebe-se que a disciplina do regime jurídico nas sociedades e no que se refere à possibilidade da criação de diferentes classes de ações ou quotas ou, então, da atribuição de diversos direitos a uma determinada categoria de titulares de uma fração de capital, permite maior plasticidade de interesses quando comparada à compropriedade.

Isto, pois, na compropriedade inexiste a possibilidade prevista normativamente acerca da diferenciada disciplina de direitos, a ser conferida a titulares de uma identificada fração do imóvel. Melhor dizendo, não há a previsão da criação de diversas classes ou tipos de frações ideais (ou quinhões) e a cada uma delas a atribuição de determinados direitos ou, então, a supressão de um ou alguns deles e que seja, intrinsicamente, aderente ao imóvel objeto da compropriedade e oponível *erga omnes* enquanto direito real. O que existe disciplinado normativamente é a possibilidade do valor de um quinhão na propriedade ser maior do que o outro, a depender da realização de benfeitorias por um comproprietário. Portanto e, por conta dos obstáculos relacionados à modulação dos direitos e de sua efetividade perante terceiros, parece que a disciplina jurídica do regime da sociedade é o que confere, também sob este aspecto, uma melhor segurança jurídica.

Importa, também, abordar certas questões relacionadas aos quóruns de aprovação para matérias submetidas à deliberação dos sócios em cada um dos tipos de sociedades para, após, comparar no que for pertinente àqueles que são os estabelecidos normativamente para as relações de compropriedade imobiliária.

---

[244] Vide artigo 202, da Lei nº 6.404/76.

2.5. Os Quóruns de Aprovação

Nas sociedades limitadas, vige a regra geral no sentido de serem as decisões tomadas pela maioria dos votos dos presentes às reuniões, salvo a existência de maior quórum previsto no contrato social ou na lei. Enquanto regra geral, comporta exceções que serão tratadas a seguir.

Torna-se mandatória a aprovação de sócio(s) que represente(m):[245] (I) a totalidade do capital social e, enquanto o capital social não estiver integralizado, em se desejando nomear como administrador da sociedade um não sócio e, uma vez integralizado o capital social, esta aprovação se reduz ao mínimo de 2/3 do capital social; (II) ¾ do capital social os seguintes temas: (a) a modificação de qualquer disposição contida no contrato social[246]; (b) a incorporação, a fusão e a dissolução da sociedade, ou a cessão de seu estado de liquidação; (c) o aumento ou a redução do capital social[247]; (III) mais da ½ do capital social para: (a) designação dos administradores quando feita em ato separado; (b) a destituição dos administradores; (c) o modo da remuneração dos administradores, quando não estabelecido no contrato social; (d) a nomeação e destituição dos liquidantes e o julgamento de suas contas; (e) a exclusão de sócio, desde que prevista no contrato social a exclusão por justa causa; (IV) por pelo menos 2/3 do capital social, para a destituição de administrador nomeado no contrato social e (V) maioria do capital social, para deliberar acerca da oneração ou venda de bens imóveis, na hipótese de não constituir objeto social da sociedade o desenvolvimento desta atividade.

Percebe-se que, de forma um tanto quanto semelhante à quase a totalidade dos temas – mas não dos quóruns – transcritos no parágrafo anterior, os mesmos também se identificam de alguma forma com a compropriedade imobiliária, pois: (I) a designação de administrador, a fixação de sua remuneração e sua destituição se relacionaria com a contratação de gestor

---

[245] A este respeito, vide os artigos 1.015, 1.061, 1.063, 1.071 e 1.076, do Código Civil.

[246] Acerca do quórum exigido para a alteração do contrato social, afirma Borges (2008), op. cit., p. 140 "Trata-se de norma imperativa, que afeta substancialmente a posição do sócio majoritário. Com essa disciplina, qualquer alteração do contrato social condiciona-se ao quórum de deliberação de três quartos do capital social, criando-se assim, de forma compulsória, um poder de veto em favor da minoria representativa de mais de um quarto do capital." E, ainda, entende ele que a aprovação da cisão da sociedade, por envolver, tal quais os demais itens, alteração na estrutura da sociedade, deveria observar o quórum de ¾ do capital social de forma a ser considerada aprovada.

[247] Pois a alteração do capital social implica na alteração do contrato social.

para a propriedade imobiliária; (II) o aumento de capital social, equivaleria a realização de aporte de recursos para investimentos ou, então, para pagamento de despesas de manutenção; (III) a modificação do contrato social manteria relação com a alteração de qualquer disposição eventualmente pactuada em convenção de condomínio civil; (IV) a incorporação e a fusão poderiam ser interpretadas como sendo aquelas situações em que se deseja anexar um outro imóvel àquele então integrante da compropriedade e, (V) a dissolução e a exclusão de sócio, sempre mantidas as devidas proporções, manteria relação com o pedido de divisão da propriedade.

Nas sociedades por ações, também, a regra geral é a da deliberação por maioria absoluta de votos, não sendo computados os votos em branco[248], sendo conveniente lembrar o que coloca Carvalhosa (1997, v. 2, p. 513): "o interesse coletivo ou comum dos sócios deve prevalecer sobre os seus interesses individuais, ainda que eles representem a maioria".[249] E Bulgarelli (2000, p. 170) acrescenta: "as decisões nas sociedades anônimas são tomadas pela assembleia geral com base no princípio majoritário[250]; portanto, quem possui a maioria na assembleia geral detém o controle [...]".[251]

---

[248] Neste sentido, o artigo 129 da Lei nº 6.404/76 estabelece: "Art. 129. As deliberações da assembleia geral, ressalvadas as exceções previstas em lei, serão tomadas por maioria absoluta de votos, não se computando os votos em branco. Parágrafo Primeiro – O estatuto da companhia fechada pode aumentar o quórum exigido para certas deliberações, desde que especifique as matérias. Parágrafo Segundo – No caso de empate, se o estatuto não estabelecer procedimento de arbitragem e não contiver norma diversa, a assembleia geral será convocada, com intervalo mínimo de 02 (dois) meses, para votar a deliberação; se permanecer o empate e os acionistas não concordarem em cometer a decisão a um terceiro, caberá ao Poder Judiciário decidir, no interesse da companhia."

[249] E continua ele: "A minoria esta, portanto, submetida à decisão tomada pelos controladores, enquanto estes exercem sua vontade no interesse social. Essa submissão não representa um princípio absoluto e indiscutível, mas, sim, relativo e anulável, na medida em que não pode o voto dos controladores prevalecer contrariamente ao interesse social, mediante abuso e desvio de poder (art. 117)."

[250] No mesmo sentido, Comparato (1983), op. cit., p. 43-44, que assim coloca: "Em todas as legislações, estabeleceu-se o princípio majoritário, notadamente em matéria de sociedade por ações. [...] A ideia que esta na base do princípio majoritário, observou Kelsen, é a de que o ordenamento social deve estar de acordo com o maior número possível de sujeitos, e em desacordo com o menor número possível. [...] O princípio majoritário, afinal, pressupõe necessariamente a unanimidade, pelo menos uma vez, no momento de constituição da sociedade, como postulado da razão social."

[251] No que se refere ao poder de controlar, mais adiante serão abordadas de maneira objetiva e detalhada as questões a ele relacionadas e os requisitos que uma pessoa deve possuir para ser considerado controlador.

Entretanto, vale registrar a existência de quórum mais elevado para determinadas matérias que, tendo por base a denominada *teoria das bases essenciais* que, segundo Carvalhosa (2007, loc. cit.) "explica que o acionista, ao ingressar na sociedade, está motivado pela existência de determinados fundamentos jurídicos, os quais constituem o pressuposto do seu consentimento para integrar a coletividade dos seus sócios", e tem por finalidade resguardar o interesse dos acionistas contra mudanças arbitrárias.[252]

De outro lado, identificados os quóruns de deliberação em cada uma das sociedades, é importante conhecer os denominados quóruns de instalação e os diferenciar dos quóruns de deliberação.

Os primeiros se referem à presença mínima exigida para que uma reunião ou assembleia possa acontecer de forma a conferir aos sócios o direito de participar da deliberação e, portanto, conhecer e discutir as matérias e, em sendo a hipótese, exercer seu voto, em sendo possuidor deste direito. Carvalhosa (1997, p. 567), fazendo menção à Ascarelli, coloca que "o direito de voto é distinto daquele de participar da assembleia geral e tomar parte na discussão. O direito de participar é prerrogativa de todos os acionistas [...]"[253]; entendimento este também ratificado por Amendolara (1988, p. 27)[254]; isto pois, com o direito de participar – mesmo daqueles que não possuem o direito ao voto – todo e qualquer acionista pode, de alguma maneira, contribuir positivamente com as discussões e influenciar a formação da vontade social. Neste sentido, Schmidt (1970, p. 77)[255], mencio-

---

[252] E as matérias, com relação às quais se estabelece este diferenciado e essencial quórum para sua aprovação, são as seguintes: (a) criação de ações preferenciais ou aumento de classe de ações preferenciais existentes, sem guardar proporção com as demais classes de ações preferenciais, salvo se já previstos ou autorizados pelo estatuto; (b) alteração nas preferências, vantagens e condições de resgate ou amortização de uma ou mais classes de ações preferenciais, ou criação de nova classe mais favorecida; (c) redução do dividendo obrigatório; (d) fusão da companhia, ou sua incorporação em outra; (e) participação em grupo de sociedade; (f) mudança do objeto da companhia; (g) cessação do estado de liquidação; (h) criação de partes beneficiárias; (i) cisão da companhia e, (j) dissolução da companhia.

[253] E bem assim estabelece o parágrafo único, do artigo 125 da Lei nº 6.404/76, nos seguintes termos: "Art. 125 – Ressalvadas as exceções previstas em lei, a assembleia geral instalar-se-à em primeira convocação, com a presença de acionistas que representem, no mínimo, ¼ (um quarto) do capital social com direito a voto; em segunda convocação, instalar-se-á com qualquer número. Parágrafo Único – Os acionistas sem direito a voto podem comparecer à assembleia geral e discutir a matéria submetida à deliberação."

[254] AMENDOLARA, Leslie. *Os Direitos dos Acionistas Minoritários.* São Paulo: STS.

[255] SCHMIDT, Dominique. *Les Droits de la minorité dans la société anonyme.* Sirey.

nado por Carvalhosa (1997, p. 567), coloca que a vontade social emana da coletividade dos associados que, participando das assembleias, confronta interesses, discute as matérias e, assim, define o interesse da sociedade.

De outro lado, e tão ou mais importante que os primeiros, os segundos se relacionam aos quóruns necessários para se possa ter como aprovada determinada matéria submetida à apreciação dos sócios em uma determinada sociedade limitada ou por ações.

Percebe-se, portanto, que a depender do tipo de sociedade adotada será aplicado um determinado regime jurídico que estabelece quóruns substancialmente distintos para matérias idênticas, como seria o caso, por exemplo, do aumento de capital em uma sociedade limitada cujo quórum de aprovação é de ¾ do capital social, ao passo que na sociedade por ações o quórum é o da maioria simples do capital com direito a voto presente em uma assembleia.

Paralelamente, na compropriedade, também se constata de certa maneira a mesma regra geral aplicada nas sociedades, qual seja, a aprovação pela maioria dos comproprietários.[256] Mas, na compropriedade, registre-se, aplicável o quórum da maioria, apenas e tão somente àqueles temas que mantenham relação com a gestão ordinária, ou seja, cotidiana, rotineira e de mera manutenção do imóvel objeto da compropriedade, uma vez que para toda e qualquer outra matéria o quórum a ser observado será o da unanimidade[257], salvo a existência de acordo entre os comproprietários e que discipline de maneira diversa com, mais uma vez, a ressalva acerca das discussões acerca de sua aplicabilidade para terceiros adquirentes.

Conveniente também abordar que, em um ou em outro tipo de sociedade é assegurado, observadas determinadas premissas, o direito de o sócio retirar-se da sociedade na hipótese de não concordar com a decisão tomada pela maioria necessária e que consolida a decisão. Trata-se do chamado direito de retirada ou direito de recesso atribuído, utilizando-se das palavras de Borges (2008, p. 147), aos "sócios divergentes", entendidos como sendo aqueles que não contribuíram, positivamente, para a efetiva-

---

[256] A este respeito vale ressalvar as questões relacionadas à destinação do imóvel e debatidas no item 1.6., do Capítulo 1. Se inexistente destinação cabe aos comproprietários e, por maioria, decidir a respeito. Mas, uma vez decidida e implementada, somente poderá ser modificada pela aprovação da totalidade dos comproprietários.

[257] Neste sentido e, mais uma vez, se tem como aqui transcritas as colocações e fundamentos descritos no item 1.6., do Capítulo 1.

ção da aprovação. Dito de outra forma, aqueles que não aprovaram a decisão tomada, seja por ausência de comparecimento, por negativa expressa ou por abstenção.

A este respeito, coloca De Lucca (1999, p. 110):

> "o direito de recesso [...] representa o mais importante mecanismo de contrapeso ao poder incontrastável do [...] controlador, sendo, de certo modo, o reverso da medalha, na qual um de seus lados estampa a garantia constitucional de cada um poder associar-se livremente."[258]

Importa mencionar que, ainda antes da atual legislação civil[259], o direito de recesso para as sociedades limitadas e, antigamente, denominadas sociedades por quotas de responsabilidade limitada, já assegurava este direito para aquelas situações em que um sócio discordasse das alterações processadas no contrato social por deliberação da maioria[260].

Por sua vez, na sociedade por ações, mencionado direito de recesso possui um elenco um pouco maior de matérias que, uma vez aprovadas, poderão conferir o direito, desde que observadas certas condições[261], do sócio dissidente retirar-se da sociedade com o reembolso do valor de suas ações.[262]

---

[258] DE LUCCA, Newton. *O Direito de Recesso no Direito Brasileiro e na Legislação Comparada.* Revista da Faculdade de Direito da Universidade de São Paulo, v. 94.

[259] O artigo 1.077 do Código Civil assim estabelece: "Art. 1.077. Quando houver modificação do contrato, fusão da sociedade, incorporação de outra, ou dela por outra, terá o sócio que dissentiu, o direito de retirar-se da sociedade, nos trinta dias subsequentes à reunião, aplicando-se, no silêncio do contrato social antes vigente, o disposto no artigo 1.031."

[260] O artigo 15, do Decreto nº 3.708, de 10 de janeiro de 1919, assim estabelecia: "Art. 15. Assiste aos sócios que divergirem da alteração do contracto social a faculdade de se retirarem da sociedade, obtendo o reembolso da quantia correspondente ao seu capital, na proporção do ultimo balanço approvado. Ficam, porém, obrigados às prestações correspondentes às quotas respectivas, na parte em que essas prestações forem necessárias para pagamento das obrigações contraídas, até a data do registro definitivo da modificação do estatuto social." Disponível em: http://www.planalto.gov.br/CCIVIL_03/decreto/Historicos/DPL/DPL3708.htm. Acesso em: 17 jan. 2017.

[261] E tais condições se encontram elencadas no extenso artigo 137 da Lei nº 6.404/76; entretanto, ao que importa à presente discussão, não se entende como sendo necessária sua avaliação.

[262] As hipóteses são as seguintes: (a) criação de ações preferenciais ou aumento de classe de ações preferenciais existentes, sem guardar proporção com as demais classes de ações preferenciais, salvo se já previstos ou autorizados pelo estatuto; (b) alteração nas preferências, vantagens e condições de resgate ou amortização de uma ou mais classes de ações preferenciais,

E o direito de recesso também se encontra disciplinado no Código Civil Italiano, que assim, resumidamente o estabelece: "Hanno diritto di recedere, per tutte o parte delle loro azioni, i soci che non hanno concorso alle deliberazioni riguardanti [...]".[263]

Por sua vez, na compropriedade, o tema que melhor poderia ser entendido como sendo de alguma forma relacionado ao direito de recesso aplicável às sociedades, seria aquele conferido ao comproprietário de denunciar a indivisão, inclusive, naquela hipótese em que estabelecida sua impossibilidade pelo prazo de 05 (cinco) anos. Mas, nestas situações, a causa do pedido é diversa daquela aplicável ao recesso, uma vez que no direito de recesso há decisão anterior da qual emerge o direito e, na denúncia da indivisão, não há esta necessidade, isto é, pode ser imotivada.

Retornando às sociedades e abordando, especificamente, o tema do objeto social, importa acrescer que poderá haver sociedade cuja atividade se limite à realização de um negócio determinado.[264] Trata-se de sociedade que recebeu, pela doutrina, a nomenclatura de sociedade de propósito específico que, segundo Wald (2010, p. 76) e mencionado por Calças (2013, p. 173), alguns autores afirmam que ela possui como inspiração as *joint ventures* do direito americano e que possuem como escopo a concentração em uma única "entidade", com personalidade jurídica, da atividade comum de dois ou mais grupos econômicos.[265]

---

ou criação de nova classe mais favorecida; (c) redução do dividendo obrigatório; (d) fusão da companhia, ou sua incorporação em outra; (e) participação em grupo de sociedade; (f) mudança do objeto da companhia e, (i) cisão da companhia.

[263] Artigo 2.437 do Código Civil Italiano, que em continuação ao quanto transcrito no texto, assim estabelece como matérias que conferem este direito, observadas certas condições, àqueles sócios que não concordarem com as seguintes aprovações: a) la modifica della clausola dell'oggetto sociale, quando consente un cambiamento significativo dell'attivita' della societa'; b) la trasformazione della societa'; c) il trasferimento della sede sociale all'estero; d) la revoca dello stato di liquidazione; e) l'eliminazione di una o piu' cause di recesso previste dal successivo comma ovvero dallo statuto; f) la modifica dei criteri di determinazione del valore dell'azione in caso di recesso; g) le modificazioni dello statuto concernenti i diritti di voto o di partecipazione.

[264] A este respeito, versa o parágrafo único, do artigo 981 do Código Civil, que assim estabelece: "Artigo 981. Celebram contrato de sociedade, as pessoas que reciprocamente se obrigam a contribuir, com bens ou serviços, para o exercício de atividade econômica e a partilha, entre si, dos resultados. Parágrafo único: A atividade pode restringir-se à realização de um ou mais negócios determinados."

[265] WALD, Arnold. TEIXEIRA, Sálvio de Fiqueiredo (Coord.). *Comentários ao Novo Código Civil*. 2. ed. v. 14. Rio de Janeiro: Forense.

As Sociedades de Propósito Específico ("SPE") não constituem um tipo societário autônomo dos demais, uma vez que definido seu objeto social, poderá ela adotar qualquer das formas previstas na legislação para sua constituição e, realizada a opção, a esta "SPE" serão aplicáveis as disposições que regulamentam seu funcionamento e, dentre elas, aquelas até então apresentadas.

Importa, agora, avaliar as relações da sociedade e de suas atividades com seus sócios e vice-versa, compreendendo os aspectos relacionados à sua administração e as operações com as partes relacionadas sob o enfoque de suas características, possibilidades e premissas a serem observadas.

2.6. Administração e relacionamento entre sócios e Sociedade

Mais uma vez parafraseando Pontes de Miranda (1974, p. 371-372), uma sociedade se faz presentar[266] por pessoas que atuam como organismos indissociáveis da sociedade. Elas são e formam, em seu conjunto, a figura da própria sociedade, na medida em que lhes confere existência material e exteriorizam a própria vontade daquela que presentam. E, como tal, no desempenho deste importante papel, devem exercê-lo considerando os interesses individuais, personalíssimos e o bem-estar social caracterizado pelo dever de cumprimento daquela finalidade inscrita como sendo a razão da existência daquele ser intelectualmente constituído por vontade e interesse do humano.

Neste sentido e, para qualquer dos tipos de sociedade objeto deste estudo, vigora a seguinte premissa inafastável, qual seja, que deverá aquele que presentar a sociedade, assim como aquele que for por qualquer destes últimos nomeados, atuar com o cuidado e a diligência que todo homem ativo e probo costuma empregar na administração de seus próprios negócios.[267] Dito de outra forma: na condução dos negócios sociais, deve ser

---

[266] A expressão "presentante" era utilizada por Pontes de Miranda, pois afirmava que um diretor de uma sociedade não é seu "representante", ele é, pois, seu "presentante", a saber, é a própria sociedade atuando. Assim colocava ao estabelecer um paralelo entre os órgãos de uma sociedade e os órgãos do ser humano. Dizia que a mão, a boca, os braços, o cérebro, não representam o ser humano, mas são órgãos do ser humano e, portanto, indissociáveis. Portanto, os órgãos de uma sociedade, não a representam, mas são a própria sociedade, nos atos da vida. No mesmo sentido, Coelho (2002), op. cit., v. 2, p. 445.

[267] O Art. 1.011 do Código Civil assim estabelece: "Art. 1.011. O Administrador da sociedade deverá ter, no exercício de suas funções, o cuidado e a diligência que todo homem ativo e probo costuma empregar na administração de seus próprios negócios. Parágrafo Primeiro

aplicada a mesma atenção, prudência e cuidado que se costuma adotar quando se conduz um negócio que poderá lhe causar, pessoalmente, dissabores, insatisfações ou prejuízos de qualquer ordem, tal quais os morais ou materiais.[268]

Alie-se a esta relevante premissa que caracteriza e estabelece um preceito, uma regra, um *standard of care* – como assim lembra Carvalhosa (1997, v.3, p. 228) ao comentar mencionado artigo e estabelecer sua correlação com o direito norte-americano – que aquele que for investido deste papel deve possuir as habilidades necessárias ao desempenho da atividade. Dentre elas, experiência na função; conhecimentos técnicos relacionados à área em que for desenvolvê-la; reputação e reconhecimento acerca de suas habilidades, dentre outras que, com maior ou menor grau, se relacionem com o desenvolvimento do campo específico do saber que notadamente lhe couber na particular gestão da sociedade.[269]

Da conjugação destes preceitos emerge que a regra geral é o estabelecimento de uma conduta baseada em um comportamento que se lastreia pelo imperativo da boa-fé. De forma que equívocos de julgamento a que toda e qualquer pessoa, revestida daquelas características necessárias ao desenvolvimento da função, porventura cometesse, desde que também demonstrada a conduta zelosa e com diligência[270], não lhe seriam imputados como sendo de sua responsabilidade. Isto, pois, se parte do pressu-

---

– *omissis*. Parágrafo Segundo – *omissis*." E, o art. 153 da Lei nº 6.404/76, em idêntico sentido dispõe: "Art. 153. O administrador da companhia deve empregar, no exercício de suas funções, o cuidado e a diligência que todo homem ativo e probo costuma empregar na administração de seus próprios negócios."

[268] Em sentido bastante semelhante, Borba (2008), op. cit., p. 413, assim leciona: "[...] deve o administrador agir com a competência, eficiência e honestidade que seriam de se esperar de um homem "ativo e probo" que estivesse a cuidar de seu próprio negócio."

[269] Diz Coelho (2002), op. cit., v. 2, p. 440, acerca do assunto: Para cumprir o dever de diligência, o administrador deve observar, na condução dos negócios sociais, os preceitos da tecnologia da administração de empresas, fazendo o que esse conhecimento recomenda, e deixando de fazer o que ele desaconselha. O pararadigma do gerente diligente é o administrador com competência profissional. Note-se que "para exercer a gerência da limitada não é necessário ter concluído o curso superior de Administração de Empresas [...] Mas o mesmo gerente, sem tal formação, deve manter-se informado sobre os conceitos gerais e os mais importantes princípios da administração empresarial [...]"

[270] Acerca do dever de diligência, coloca Carvalhosa (1997), op. cit., v. 3, p. 230, fazendo menção a Brunetti, Tratado, v.2, p. 487: "O princípio é originário da tradicional figura romana do *vir probus*, do *bônus pater famílias*. Trata-se, evidentemente, de paradigma que não pode

posto, como coloca Amendolara (1998, p. 134), que o administrador irá dedicar-se com afinco aos objetivos da sociedade[271], nunca esmorecendo e sendo uma pessoa honrada, justa e reta.

Vincando, como afirma Requião (1988, v. 2, p. 175): "o preparo e a competência constituem os instrumentos do sucesso dos novos profissionais" e, complementando com o que coloca Bulgarelli (2001, p. 183): "se o administrador cuidar mal dos seus negócios não se quer que da mesma forma aja com a companhia" [leia-se, com a sociedade, no presente texto].

Estabelecidas, portanto, as premissas essenciais e relacionadas à conduta daquele que presentar a sociedade, se torna conveniente avaliar, de forma breve, os órgãos sociais, a forma através da qual são eleitos ou indicados aqueles que o compõe e, na sequência, avaliar o conceito de poder de controle e com ele correlacionar as operações com as denominadas partes relacionadas.

Tanto nas sociedades limitadas, quanto nas sociedades por ações, a formatação dos órgãos sociais em muito dependerá daquilo que se fizer por constar e aprovar em seu contrato ou estatuto social. Isto, pois, se pode perceber da avaliação das disposições que disciplinam a matéria que estas dependem dos interesses daqueles que a amalgamaram em sinergia com os negócios que serão desenvolvidos. Nada há de contundentemente fixo, podendo se entender que há notória plasticidade, desde que observadas certas premissas estabelecidas como cogentes.

Nas sociedades limitadas, poderão elas ser administradas por uma ou mais pessoas físicas, designadas no contrato social ou eleitas em ato em

---

ser fixo e rígido, transformando-se com o passar dos tempos, dos costumes e as relações econômicas e políticas."

[271] Acerca do objetivo da sociedade, mas utilizando-se da expressão interesse social e, ao estudar o tema do conflito de interesses e a maneira acerca do qual a atual legislação trata do tema (de maneira mal implementada, segundo afirma), coloca Calixto Salomão Filho, in: O Novo Direito Societário, São Paulo: Mallheiros, 2011, p. 108: "Para a teoria contratualista, o interesse social é traduzido como o interesse comum dos sócios (Francesco Galgano, *Diritto commerciale – Le società*. op. cit., p. 155). No sistema italiano, embora a realização do interesse social possa ser identificada com o exercício de uma atividade econômica (interesse social preliminar), ou como a maximização da eficiência da empresa com vistas à maximização dos lucros (interesse social intermediário), estes não passam de interesses secundários à causa do contrato de sociedade. O fim maior que norteia a disciplina do interesse nesse sistema é a satisfação do interesse dos sócios através da distribuição de dividendos (interesse social final). Neste sentido, v. F. Galgano, *Diritto commerciale – Le società*. op. cit., p. 19)"

separado (através de assembleias ou reuniões de sócios, a depender da nomenclatura que se queira adotar), sendo elas sócias ou não sócias.[272] De outro lado, não poderão ser administradores de sociedade, além das pessoas impedidas por lei especial, os condenados a pena que vede, ainda que temporariamente, o acesso a cargos públicos; ou por crime falimentar, de prevaricação, peita ou suborno, concussão, peculato; ou contra a economia popular, contra o sistema financeiro nacional, contra as normas de defesa da concorrência, contra as relações de consumo, a fé pública ou a propriedade, enquanto perdurarem os efeitos da condenação.[273]

Também e, na sociedade limitada, inexiste número mínimo de administradores a serem nomeados pelos sócios para a finalidade de presentar a sociedade, ou seja, há ampla liberdade de disposição a este respeito. Entretanto, no silêncio do contrato social, a administração da sociedade caberá, separadamente, a cada um dos sócios. Na hipótese de divergência acerca de uma determinada decisão a ser implementada nesta administração coletiva, a decisão caberá à maioria dos sócios; respondendo por perdas e danos aquele administrador que sabia ou devia saber que estava atuando em desacordo com a maioria.[274]

Poderá haver, sem prejuízo de outros organismos sociais, a criação de um Conselho Fiscal, composto por três ou mais membros, cuja competên-

---

[272] No mesmo sentido, Coelho (2002), v. 2, op. cit., p. 438 e ss. E, para os fins a que se destina este trabalho, não serão abordadas as diferenciações quanto aos aspectos procedimentais quando da existência de sócios e não-sócios, capital integralizado e não integralizado, quando da eleição de um administrador para uma sociedade limitada.

[273] Assim estabelece o parágrafo primeiro do artigo 1.011 do Código Civil: Artigo 1011. O administrador da sociedade deverá ter, no exercício de suas funções, o cuidado e a diligência que todo homem ativo e probo costuma empregar na administração de seus próprios negócios. § 1º Não podem ser administradores, além das pessoas impedidas por lei especial, os condenados a pena que vede, ainda que temporariamente, o acesso a cargos públicos; ou por crime falimentar, de prevaricação, peita ou suborno, concussão, peculato; ou contra a economia popular, contra o sistema financeiro nacional, contra as normas de defesa da concorrência, contra as relações de consumo, a fé pública ou a propriedade, enquanto perdurarem os efeitos da condenação. § 2º Omissis.

[274] Neste sentido, o artigo 1.013 do Código Civil que assim disciplina: "Artigo 1.013. A administração da sociedade, nada dispondo o contrato social, compete separadamente a cada um dos sócios. § 1º Se a administração competir separadamente a vários administradores, cada um pode impugnar operação pretendida por outro, cabendo a decisão aos sócios, por maioria de votos. § 2º Responde por perdas e danos perante a sociedade o administrador que realizar operações, sabendo ou devendo saber que estava agindo em desacordo com a maioria."

cia é aquela definida pelo artigo 1.069 do Código Civil.[275] Se afirma que poderá haver a criação de outros órgãos sociais na medida em que, como afirmado alhures, por ser uma sociedade contratual se rege pelos princípios da autonomia da vontade e da liberdade de contratar e, portanto, cabendo aos sócios deliberarem, observados os limites da lei, acerca da criação de quaisquer outros órgãos sociais.

Neste sentido, verificada uma determinada realidade de interesse social, os integrantes de uma sociedade podem deliberar pela criação de órgãos sociais que possam, de alguma forma, melhor traduzir os controles a serem implementados. A título ilustrativo, se poderia constituir um Conselho Consultivo cuja atribuição seria a avaliação e aprovação, prévia e sob critérios técnicos, da participação social em determinados negócios.[276]

Por sua vez, nas sociedades por ações, a administração da sociedade será exercida pelos seguintes órgãos da administração: a diretoria e, desde que o estatuto social assim estabeleça, o Conselho de Administração. De outro lado, e como órgão de fiscalização, o Conselho Fiscal, este último como órgão de funcionamento não obrigatório.[277]

Como coloca Borba (2008, p. 395-396), "o conselho de administração tem funções deliberativas e de ordenação interna, enquanto a diretoria exerce atribuições efetivamente executivas, as quais, aliás, são de compe-

---

[275] Estabelece o Art. 1.069 do Código Civil: "Art. 1.069. Além de outras atribuições determinadas na lei ou no contrato social, aos membros do conselho fiscal incumbem, individual ou conjuntamente, os deveres seguintes: (I) – examinar, pelo menos trimestralmente, os livros e papéis da sociedade e o estado da caixa e da carteira, devendo os administradores ou liquidantes prestar-lhes as informações solicitadas; (II) – lavrar no livro de atas e pareceres do conselho fiscal o resultado dos exames referidos no inciso I deste artigo; (III) – exarar no mesmo livro e apresentar à assembleia anual dos sócios parecer sobre os negócios e as operações sociais do exercício em que servirem, tomando por base o balanço patrimonial e o de resultado econômico; (IV) – denunciar os erros, fraudes ou crimes que descobrirem, sugerindo providências úteis à sociedade; (V) – convocar a assembleia dos sócios se a diretoria retardar por mais de trinta dias a sua convocação anual, ou sempre que ocorram motivos graves e urgentes; (VI) – praticar, durante o período da liquidação da sociedade, os atos a que se refere este artigo, tendo em vista as disposições especiais reguladoras da liquidação."

[276] Não se discute, neste ponto, acerca da possibilidade do contrato social extrair da assembleia a competência para deliberar acerca de determinado assunto, mas apenas, se deseja demonstrar que é possível a criação de órgãos sociais variados como forma de atender os anseios dos sócios em atendimento aos princípios do direito dos contratos.

[277] Neste sentido, os artigos 138 e 161 da Lei nº 6.404/76.

tência exclusiva e indelegável."[278] E se utilizando das observações de Carvalhosa (1997, v.3, p. 7), que mantém correlação com o quanto afirmado acerca das sociedades limitadas no que se refere à maleabilidade da criação de órgãos da administração como forma de propiciar um melhor aproveitamento e controle dos interesses sociais, informa o autor, ao versar acerca das origens e finalidade do conselho de administração que seria ele "o órgão de execução dos acordos de acionistas, o qual posiciona, em termos de privilégio, ou paridade, ou de veto, determinados grupos influentes de acionistas minoritários [...]"

De maneira correlata àquilo que se pode atribuir ao conselho de administração, é possível conferir a cada cargo integrante da diretoria da sociedade uma determinada competência ou, melhor dizendo, uma determinada e específica função e com relação à qual aquele ocupante da posição será o responsável. Portanto, por questões variadas, se poderiam criar atribuições correlacionadas àqueles temas de maior interesse dos integrantes de uma determinada sociedade por ações, tais como o financeiro, a controladoria, a engenharia, o jurídico, dentre outros.

E esta discriminação estatutária, além destes efeitos relacionados a um maior controle sobre determinados temas de interesse social, busca identificar alguma forma de restringir ou, então, exonerar de responsabilidade aqueles que não desempenham, diretamente, tais atribuições, ressalvados as hipóteses de conivência ou negligência.[279]

---

[278] E acerca da impossibilidade do direito norte-americano ser utilizado como premissa interpretativa para aplicação do direito brasileiro, uma vez que nos Estados Unidos da América os diretores (executive officers) se encontram subordinados às decisões do Conselho de Administração (directors), transcreve as observações de Klein e Ramseyer, nos seguintes termos: "In the legal model, the CEO and the other offices of a Corporation are supposed to be subservient to the will of the board of directors. It is the board that has the legal power and the responsability to manage, or at least supervise the management of the Corporation. While the CEO and other members of the management team must and do have authority to make routine operating decisions, and devolop corporate plans and strategies, major decisions require board approval. For the board to be effective in its supervisory role, it must be well informed and, to a considerable extent, must participate in formulation of plans and strategies. One good rule of thumb to the boards is "no faits acomplis and no suprises"."

[279] Ibidem p. 137 e o parágrafo primeiro do artigo 158 da Lei nº 6.404/76, que assim estabelece: "Artigo 158. O administrador não é pessoalmente responsável pelas obrigações que contrair em nome da sociedade e em virtude de ato regular de gestão; responde, porém, civilmente, pelos prejuízos que causar, quando proceder: I – dentro de suas atribuições ou poderes, com culpa ou dolo; II – com violação da lei ou do estatuto. § 1º O administrador não é responsável

No que se refere, ainda, ao Conselho de Administração, ele é de existência obrigatória para as sociedades por ações que possuam seu capital aberto ou, então, aquelas que possuam previsão em seu estatuto social do chamado capital autorizado, entendido este como sendo o regime jurídico que estabelece a possibilidade da ocorrência de aumento de capital social sem a necessidade da realização de uma assembleia de sócios, uma vez observados os limites e as condições estabelecidas, estatutária ou legalmente.[280] Em apertada síntese, trata-se de um mecanismo que possibilita uma tomada de decisão mais célere para a administração da sociedade isto, pois, em sendo verificada a necessidade de maior capital social, é delegado ao Conselho de Administração, pela assembleia geral, poderes para determinar sua elevação observados os limites estabelecidos.

E o Conselho de Administração nas sociedades por ações deve ser composto por, no mínimo, 03 (três) integrantes, todos eleitos pela assembleia geral e por ela destituíveis a qualquer tempo; havendo a previsão, observadas certas condições, da adoção do processo de voto múltiplo para a eleição de seus membros, ou seja, de que cada ação passe a ser atribuído tantos votos quantos forem os membros do conselho.[281]

Portanto, se percebe que também os órgãos de uma sociedade podem ser utilizados como forma de se manter, controlar e se privilegiar determinados interesses em contraposição a outros por conta daquilo que se ajusta quando da elaboração dos atos constitutivos – e posteriores alterações –,

---

por atos ilícitos de outros administradores, salvo se com eles for conivente, se negligenciar em descobri-los ou se, deles tendo conhecimento, deixar de agir para impedir a sua prática. Exime-se de responsabilidade o administrador dissidente que faça consignar sua divergência em ata de reunião do órgão de administração ou, não sendo possível, dela dê ciência imediata e por escrito ao órgão da administração, no conselho fiscal, se em funcionamento, ou à assembleia geral. § 2º – Omissis. § 3º Omissis. § 4º Omissis. § 5º Omissis." E Coelho (2002), op. cit., v. 2, p. 267, assim complementa: "A solidariedade entre os administradores existe apenas se a irregularidade diz respeito a dever legal imposto para assegurar o normal funcionamento da empresa. Na sociedade fechada, respondem todos os administradores que não consignaram em ata a sua divergência. Na aberta, respondem os administradores com competência relacionada com a irregularidade, a menos que tenham consignado em ata sua divergência e comunicado o assunto à assembleia geral."

[280] No mesmo sentido, coloca Carvalhosa (1997), op. cit., v. 3, p. 440: "O regime do capital autorizado é o que permite a ocorrência de sucessivos aumentos de capital, independentemente de reforma do estatuto, observado o limite nele estabelecido.

[281] Neste sentido os artigos 140 e 141 da Lei nº 6.404/76.

bem como dos acordos parassociais, o que demostra sua efetividade em termos de assegurar determinados direitos.

Mas estes direitos individuais de cada sócio, como inclusive informado alhures e agora se repete, devem estar em consonância com os direitos sociais da sociedade da qual participam e, especialmente, com aqueles outros dos demais sócios que dela fazem parte. Isto quer dizer que os desejos de cada um de seus integrantes devem se amalgamar aos objetivos a serem alcançados pela sociedade da qual fazem parte, uma vez que o interesse social desta deve se traduzir no interesse de todos, de cada um e da propriedade sociedade.

2.7. Interesses em Conflito

Exatamente quanto a este aspecto, podem ser verificados, especialmente, nas sociedades os assim chamados conflitos de interesse que segundo Cunha (2009, p. 255):

> há conflito de interesses entre sócio e sociedade quando o primeiro se encontra na condição de portador, frente a uma deliberação, de um interesse dúplice: do seu interesse de sócio e, também, de um interesse externo à sociedade [...] e essa duplicidade de interesses é tal que ele não pode realizar um deles sem sacrificar o outro interesse.[282]

O conflito de interesses, segundo Salomão Filho (2011, p. 110), demanda circunstância que envolva apenas aqueles que possuem o poder de gerir – administrador ou controlador – e não, portanto, àqueles que não têm este poder, classificado como sendo formal ou material, para fins de avaliação da possibilidade do exercício do direito de voto por determinado sócio.

Caracterizaria o Conflito Formal aquele que bastaria o envolvimento do voto de um sócio em situação que, mesmo em tese, pudesse lhe trazer benefício. Ou seja, restaria caracterizada a situação de conflito pela simples circunstância de exercer o seu direito (o de votar) aprovando a contratação, exemplificativamente, de sociedade por ele controlada para a prestação de determinado serviço para a sociedade com relação a qual exerce seu voto.

---

[282] CUNHA, Rodrigo Ferraz Pimenta da. *O exercício de voto na sociedade anônima*. In: Direito Societário – Desafios Atuais. CASTRO, Rodrigo R. Monteiro de & Aragão, Leandro Santos de (Coord.). São Paulo: Quartier Latin.

Nas palavras de Salomão Filho (2011, loc. cit.), "haverá conflito formal toda vez que *a priori* o agente tiver interesse direto no negócio ou ato. Como interesse direto, deve-se entender toda aquela hipótese em que o gestor for direta contraparte ou de qualquer forma tiver interesse maior na contraparte da sociedade."

No Conflito Formal, as circunstâncias da contratação, se favoráveis ou desfavoráveis ao contratante não são avaliadas, mas apenas o fato em si e relacionado à única circunstância fática e comprovável no momento do voto. Ou seja, de que aquele que o exerce possui interesse também na aprovação por estar sendo, de alguma forma, por ela beneficiado[283].

De outro lado, no Conflito Material, as circunstâncias com relação às quais o voto foi exercido, e sempre posteriormente a seu exercício, são avaliadas como forma de se buscar identificar qualquer espécie de prejuízo para a sociedade com a aprovação daquela matéria. E neste sentido, mais uma vez, se utiliza de Salomão Filho (2011, p. 111-112) que assim se manifesta:

> É a regra geral de conflito que na verdade se reduz a um critério de culpa. É interessante notar que o critério não é mais o de culpa *in concreto* do antigo administrador de negócios romano. O critério agora é o de culpa *in abstrato* identificada com uma razoabilidade de mercado. Entende-se que as transações de mercado (desde que esse mercado seja competitivo e não monopolizado) fornecem critério muito mais seguro para apuração da responsabilidade da transação (até porque não é frequente a hipótese em que há comportamentos anteriores do administrador obrando em seu próprio negócio). Assim, como critérios de apuração são geralmente mencionadas operações anteriores da própria sociedade ou operações semelhantes no mercado [...]

A consequência da adoção de uma ou de outra forma de classificação do conflito de interesse, Formal ou Material, acarreta a impossibilidade ime-

---

[283] E acerca do conflito formal ou potencial de interesse, coloca Marcelo Lamy Rego, In: Direito das Companhias, de Alfredo Lamy Filho e José Luiz Bulhões Pedreira, Rio de Janeiro: Forense, 2009, p. 413: "Ao contrário das demais hipóteses de nulidade objetiva do voto, esta, na prática é a mais difícil de ser verificada no momento da deliberação. É, por vezes, confundida doutrinariamente com o conflito de interesses ou com o abuso, mas a distinção, a nosso ver, está justamente na sua característica principal: vantagem que beneficia o acionista de modo particular, que quebra a unidade e o princípio da igualdade entre os acionistas – não é requisito o interesse conflitante ou o exercício abusivo porque a lei não pressupõe vantagem ilícita."

diata ou com consequências mediatas relacionadas ao exercício do direito de voto pelo sócio em assembleia na sociedade por ações[284]. Na sociedade limitada, de maneira muito incisiva, estabelece a norma que o sócio não poderá votar matéria que lhe diga respeito diretamente.[285]

Desta forma, em sendo adotada interpretação, no sentido de classificar como Formal o conflito, não poderá o sócio com interesse direto exercer seu voto com relação àquele tema objeto de deliberação na assembleia. De outro lado, mesmo sendo parte interessada direta, em sendo adotada a posição que entende que o conflito, cujo voto se veda é o Material, o sócio o poderia exercer em assembleia e, futuramente, uma vez constatado o prejuízo para a sociedade, poderiam ser adotadas medidas no sentido da anulação do voto, com o consequente pagamento das perdas e danos pelo sócio à sociedade.[286]

E segundo Novaes França (2011) que, inclusive, dedicou seu mestrado ao estudo do assunto, "o acionista só esta impedido de votar quando pretende fazer prevalecer o seu interesse em prejuízo do interesse da companhia. O conflito é, pois, de natureza substancial [leia-se e entenda-se Material] – e não formal"[287].

Assim o sendo, é possível afirmar que o direito não presume a má-fé, como querem fazer crer aqueles que adotam a teoria do Conflito Formal. Pelo contrário, privilegia a boa-fé dos contratantes e, inclusive, em proteção da boa-fé objetiva, não se podendo fazer deduzir um conflito pre-

---

[284] E neste sentido, o parágrafo primeiro do artigo 115, da Lei nº 6.404/76, assim estabelece: "Art. 115. O acionista deve exercer o direito a voto no interesse da companhia; considerar-se-á abusivo o voto exercido com o fim de causar dano à companhia ou a outros acionistas, ou de obter, para si ou para outrem, vantagem a que não faz jus e de que resulte, ou possa resultar, prejuízo para a companhia ou para outros acionistas. § 1º o acionista não poderá votar nas deliberações da assembleia-geral, relativas ao laudo de avaliação de bens com que concorrer para a formação do capital social e à aprovação de suas contas como administrador, nem em quaisquer outras que puderem beneficiá-lo de modo particular, ou em que tiver interesse conflitante com o da companhia. § 2º Omissis. § 3º Omissis. § 4º A deliberação tomada em decorrência do voto de acionista que tem interesse conflitante com o da companhia é anulável; o acionista responderá pelos danos causados e será obrigado a transferir para a companhia as vantagens que tiver auferido."

[285] Neste sentido, o parágrafo segundo do artigo 1.074 do Código Civil.

[286] Em linha com Requião (1988), op. cit., v. 2, p. 135.

[287] NOVAES FRANÇA, Erasmo Valladão Azevedo. Parecer não publicado, datado de 17 de dezembro de 2011, disponível nos autos da Medida Cautelar, Processo nº 583.00.2011.227666-7/10, nº de Ordem 2.549, às fls. 98-117 (TJ/SP, 26ª Vara Cível da Capital de São Paulo).

judicial, de maneira a impedir o exercício lícito de um voto que, em sua essência normativa, pode beneficiar a sociedade contratante. Neste sentido, o benefício considerado como ilícito deve ser apurado e comprovado, previamente, como única maneira lícita de impedir o exercício de um dos maiores direitos sociais no âmbito do direito societário, qual seja, o do voto.

Presumir o dano e por conta desta presunçosa hipótese ferir a base do sistema societário, não encontra amparo no sistema normativo. A limitação ou extirpação de um direito não se pode realizar tendo por base presunções mas, sim, comprovações e, neste sentido, o que se entende e se defende como sendo aplicável a tais situações é a adoção da base teórica do Conflito Material.

No que se refere à aplicação da restrição ao exercício do direito de voto das sociedades para as relações de compropriedade para as hipóteses em que se verificar uma situação de conflito de interesses, pode-se afirmar não ser aplicável. Isto, pois, a perda ou impedimento acerca de um direito deve ser interpretado de maneira restritiva e, no caso, apenas há norma expressa e neste sentido dirigida às sociedades. Ademais, por conta da "teoria da lesão" todo aquele que, por ação ou omissão, causar dano a outrem fica obrigado a repará-lo. Portanto, na hipótese de ser comprovado que aquele comproprietário que o causou, por conta, no caso, do exercício de seu direito de votar, deverá ressarcir aos demais os prejuízos havidos e comprovados.

E na sequência do conflito de interesses, importa apreciar brevemente o que se entende e como se caracteriza o poder de controle em uma sociedade e, por via de consequência, as características daquele que encampa a figura do sócio controlador (denominado de acionista controlador nas sociedades por ações), seja através de um acordo tácito ou de um acordo escrito. Tudo de maneira que se possa ter como cumpridas as condições do estudo comparativo e crítico dos elementos relacionados à conclusão que se espera obter entre a compropriedade e a sociedade.

2.8. Poder de controlar

Entende-se por sócio controlador, se utilizando do conceito normativo existente na norma que disciplina as sociedades por ações[288], aquela pes-

---

[288] Neste sentido, o artigo 116 da Lei nº 6.404/76, que assim estabelece: "Art. 116. Entende-se por acionista controlador a pessoa, natural ou jurídica, ou o grupo de pessoas vinculadas

soa, natural ou jurídica, ou grupo de pessoas vinculadas por acordos de voto ou sob controle comum que (I) é titular de direitos de sócio que lhe assegurem, de modo permanente, a maioria dos votos nas deliberações da assembleia geral; (II) que se utiliza de tais direitos para eleger a maioria dos administradores e, (III) que se utiliza de seu poder para dirigir as atividades sociais, bem como orientar o funcionamento dos órgãos da sociedade.

O conceito, portanto, de controlador não mantém relação direta com a proporção de capital social titularizada por um determinado sócio, mas, pelo contrário, se relaciona ao exercício de um poder, de fato e, por via de consequência, fazendo surgir um direito e correlacionadas obrigações, de efetivamente conduzir, em sentido amplo e de maneira permanente, o cumprimento de seu objeto e sua função social. Carvalhosa (1997, p. 421-422), ao se referir a estas circunstâncias, coloca que a lei "abandona [...] o critério quantitativo do capital investido na sociedade [...]. O grupo controlador independe da proporção entre o capital por ele possuído e o capital da sociedade [...]."[289]

E Comparato (1983, p. 25-26), referindo-se à Tulio Ascarelli, define o poder "de comando" como sendo "a possibilidade de uma ou mais pessoas imporem a sua decisão à assembleia da sociedade." E, mais adiante, afirma que "o controle pode provir da participação no capital, mas não se confunde com ela [...]".

Em face deste cenário, se pode concluir que inexiste relação direta e exclusiva entre a proporção do capital investido, o risco a ele relacionado e o poder de conduzir os negócios sociais. Isto se relaciona, também, à circunstância através da qual é permitida a criação, como observado anteriormente, de quotas[290] ou ações com e sem direito a voto. Portanto, a

---

por acordo de voto, ou sob controle comum, que: a) é titular de direitos de sócio que lhe assegurem, de modo permanente, a maioria dos votos nas deliberações da assembleia-geral e o poder de eleger a maioria dos administradores da companhia; e b) usa efetivamente seu poder para dirigir as atividades sociais e orientar o funcionamento dos órgãos da companhia."

[289] E ainda coloca ao explicar a estrutura estabelecida pela Lei nº 6.404/76: "Dividem-se os acionistas [...] em controladores, em rendeiros e especuladores [...]. Aos controladores cabe exercer a estratégia de poder, sem necessidade de *apport* substancial de investimento na sociedade. Aos acionistas rendeiros (preferencialistas) têm como encargo suprir a companhia de capital próprio [...]. E aos especuladores atribui-se o papel de proporcionar aos rendeiros a necessária liquidez negocial às ações, nas companhias abertas."

[290] Acerca da emissão de quotas sem poder de voto, observar as discussões a este respeito no item 2.4. deste capítulo.

depender das estruturas estruturantes[291] adotadas quando da elaboração do contrato ou estatuto social da sociedade, poderá haver situações em que diminuta participação societária venha a ser considerada como sendo a detentora do poder de controlar da sociedade, na exata medida em que o voto for por ela exercido.[292]

Vincando o conceito, o poder de controlar, portanto, se relaciona muito além da avaliação da quantidade de ações ou quotas de propriedade de um determinado sócio e o que esta titulação lhe confere em termos de poder societário. Mantém relação, também, e dentre outras particularidades, com o exercício, de fato, do voto; isto é, com a circunstância de que o voto daquele(s) acionista(s), efetivamente está sendo o condutor, o dirigente das atividades sociais. E Carvalhosa (1997, p. 429), fazendo menção à Pailusseau[293], coloca: "Não se trata de um poder potencial, eventual, simbólico ou diferido". É controlador aquele que exerce, na realidade, o poder".[294]

Portanto, aquele que possui a maioria do capital social – no caso, votante – e não exerce seu voto é considerado sócio majoritário, e não controlador, conforme Borba (2008, p. 348).

E Michel Vanhaecke, mencionado por Comparato (1983, p. 32-33) afirma que a situação da existência ou inexistência do controle deve ser avaliada caso a caso, especialmente, pelos juízes; sendo que, segundo Claude Champaud[295], também mencionado pelo autor, abordando o direito francês, compactuando com Vanhaecke, coloca que "o fenômeno pertence, realmente,

---

[291] Onde a estrutura, por hipótese e neste caso, seria um determinado tipo societário e as condições estruturantes seriam as disposições negociadas por seus integrantes, seja através de sua inclusão no contrato ou estatuto social ou, então, através de acordos parassociais.

[292] Seria o caso, hipoteticamente, de uma sociedade com 50% de suas ações com direito de voto e 50% sem o direito de voto, sendo que mais da metade das ações com direito a voto, estariam sob a titularidade de um acionista ou grupo de acionistas. E esta proporção representa, sob o capital social total, mais de 25% por cento e, portanto, conferindo, em tese, o poder de, querendo, controlar a sociedade.

[293] Pailusseau, *La Société Anonyme*, op. cit., p. 247, que acrescenta, baseando-se em Champaud: "[...] sem prestar contas a ninguém."

[294] E mencionando Champaud, tendo por base as noções de direito civil, informa Carvalhosa que ele define como poder de controlar: "controlar uma sociedade é deter os controles dos bens sociais (direito de dispor como um proprietário) de tal maneira que seja o patrão da atividade econômica da empresa social."

[295] *Le Pouvoir de Concentration de la Société par Actions*, op. cit., p. 154-155: "Quand, après um long effort, la réflexion juridique ne peut aboutir qu'em se reniant, on peut affirmer que son cheminement n'a éte qu'un continuel fourvoiement."

àquilo que os juristas franceses sempre denominaram de *domaine du fait*. E adverte que o seu reconhecimento só pode provir de indícios e presunções, e não de regras fixas e imutáveis".

No direito italiano, o poder de controle é conceituado a partir da caracterização do que se considera como uma sociedade controlada. Para tanto, o Código Civil Italiano estabelece como uma sociedade controlada:

> 1) le societa' in cui un'altra societa' dispone della maggioranza dei voti esercitabili nell'assemblea ordinaria; 2) le societa' in cui un'altra societa' dispone di voti sufficienti per esercitare un'influenza dominante nell'assemblea ordinaria; 3) le societa' che sono sotto influenza dominante di un'altra societa' in virtu' di particolari vincoli contrattuali com essa.[296]

O controle se caracteriza, portanto, e em qualquer das legislações avaliadas, como uma situação de fato, sobretudo. Isto, pois, pode haver situações em que sócios titulares da maioria do capital social votante não compareçam às assembleias ou reuniões e, nesta circunstância, aqueles que comparecerem e aprovarem, mesmo que por maioria, os assuntos constantes da ordem do dia, é que estarão, na prática, estabelecendo as linhas básicas de sua atuação e, com base neste fato, o início do poder.

Como lembra Borba (2008, p. 346-347)[297], esta situação pode estar relacionada ao grande absenteísmo dos acionistas nas assembleias das sociedades por ações de capital aberto e, por conta desta situação apenas uma pequena parcela comparece às assembleias e, com relação a esta parcela, se computam os votos de uma maioria que acaba por definir os rumos da sociedade.

Mas não basta o eventual ou, então, pontual e episódico comparecimento a uma assembleia. Esta situação fática deve ser permanente, entendida esta como sendo aquela, efetivamente, verificada nas três últimas assembleias gerais da sociedade[298] ou, ainda, como acrescenta Carvalhosa

---

[296] Artigo 2.359 do Código Civil Italiano, cuja tradução nossa é a seguinte: (a) a sociedade em que outra sociedade dispõe da maioria dos votos na assembleia ordinária; (b) a sociedade em que outra sociedade dispõe de votos suficientes para exercer uma influência dominante na assembleia ordinária e, (c) as sociedades que estão sob influência dominante de outra sociedade em decorrência de um particular vínculo contratual entre elas.
[297] Mas também é por ele colocada a situação, através da qual um pequeno grupo de pessoas articuladas e com interesses convergentes combinam entre si o voto a ser proferido.
[298] Conforme Coelho (2002), op. cit., v. 2, p. 280, que assim leciona: "[...] quem não dispõe de ações correspondentes a mais da metade do capital com direito a voto deve ser considerado controlador se nas três últimas assembleias, fez a maioria nas deliberações sociais."

(1997, v.2. p. 432)[299], nos três últimos exercícios sociais consecutivos e, para Borba (2008, p. 349), nas "duas últimas assembleias, posto que essa sequência fática de poder já seria um indicador de permanência."

A conjugação destas e de quaisquer outras formas e possibilidades de exercício do poder através da titularidade de ações de emissão de uma sociedade, notadamente, em uma assembleia, é denominada de controle interno[300].

Há, ainda, duas outras formas de poder de controle, quais sejam: aquelas relacionadas ao controle gerencial ou ao controle externo. O primeiro exercido pelos administradores da sociedade que através da obtenção de procuração dos acionistas se perpetua no exercício do poder[301] e, o segundo, por entidades estranhas ao capital social e, como coloca Borba (2008, p. 347) "basicamente por credores da sociedade ou dos acionistas controladores, aos quais, por força de cláusula contratual, se asseguraria o poder de influir em certas deliberações da sociedade. [...] um processo de influenciação sobre o controle".[302]

Para as sociedades limitadas, não há disposição legal especificamente a elas aplicáveis.

São costumeiramente aplicáveis, por analogia, os preceitos relacionados ao poder de controle relacionado às sociedades por ações. E como coloca Retto (2007, p. 160) "perdeu-se grande oportunidade de situar e regrar o poder de controle em local propício [código civil], pois, por se tratar de uma lei geral, aplicável, *a priori*, a todos os tipos societários, mereceria tratamento adequado."[303]

---

[299] Assim coloca informando que não há critério definindo o que se entende por de "modo permanente" e, fazendo menção à decisão do Conselho Monetário Nacional através da Resolução nº 401, do Banco Central, de 23 de dezembro de 1976.

[300] Neste sentido: Comparato (1983), op. cit., p. 34, Borba (2008) op. cit., p. 346, Carvalhosa (1997), op. cit., v. 2, p. 435.

[301] Caracterização esta assim definida por Coelho (2002), op. cit., v. 2, p. 278: "[...] o poder de controle gerencial, em que a dispersão das ações é tão grande que os próprios administradores devem ser considerados os controladores da sociedade anônima, na medida em que acabam por se perpetuar na direção da companhia."

[302] E arremata Comparato (1983), op. cit., p. 34, ao versar sobre o controle externo: "[...] pertence a uma ou mais pessoas, físicas ou jurídicas, que não compõem qualquer órgão da sociedade, mas agem de fora (*ab extra*)."

[303] RETTO, Marcel Gomes Bragança. *Sociedades Limitadas*. Barueri, SP: Manole.

Para a finalidade a que se destina este capítulo, se demonstra como sendo o suficiente o que foi apresentado, uma vez presentes os elementos fundamentais e possíveis de caracterização do poder de controlar, como forma possível de se estabelecer uma observação com relação à compropriedade.

Na compropriedade é possível afirmar que também há o poder de controlar, na exata medida ou em medida similar àquela que se verifica com as sociedades. Poderá haver situações em que os comproprietários não se manifestam; não participam ou, então, formem grupos de comproprietários, formalizados ou não, de maneira que determinado quórum seja alcançado como forma de fazer prevalecer o entendimento havido entre eles.

De outro lado, poderá também existir especiais ajustes entre comproprietários e terceiros estranhos aos quadros da compropriedade, como ocorre no chamado controle externo, como forma de se buscar a proteção de determinados interesses. A título de exemplo, se poderia mencionar as instituições financeiras que alocam recursos sob a forma de empréstimo para determinada obra de construção em um empreendimento imobiliário e, por conta deste fator, nascer o interesse em congregar interessados de forma a controlar os negócios jurídicos empreendidos ou a serem empreendidos no imóvel detido sob o regime de compropriedade.

Enfim, sob a ótica do poder de controlar, se pode concluir existir verossimilhança entre a normatividade das sociedades para com a prática da compropriedade; sem que se possa afirmar pela aplicação analógica das disposições das sociedades às relações de compropriedade, exatamente por cada qual constituir um regime jurídico distinto.

2.9. Acordos Sociais (parassociais)

Mantendo relação com o poder de controle e o de controlar uma sociedade, pode ser constatada a existência de certos ajustes que, estabelecidos em paralelo às regras socialmente oponíveis a todos aqueles que, com a relação à sociedade ou à compropriedade se relacionarem, obrigam seus signatários a observar um determinado comportamento desde que, também, verificadas certas condições.

Trata-se, como nomeado pelo italiano Giorgio Oppo, e pela primeira vez mencionado na doutrina italiana, dos acordos parassociais, isto como forma de evidenciar um contrato acessório, em contraposição às chamadas cláusulas acessórias ao contrato social, como assim colocado por Vergueiro (2010, p. 123-129).

Nomeados de outra forma, seriam acordos parassociais (I) os acordos de acionistas ou quotistas, quando se estiver na presença de uma sociedade por ações ou limitada, respectivamente ou, então, (II) a Convenção de Condomínio Civil, ou Convenção de Compropriedade, ou Convenção de Condomínio Pró-indiviso (doravante denominadas, simplesmente, por convenções) ou, então, qualquer outra nomenclatura que se entenda como conveniente atribuir ao ajuste entre comproprietários no entorno da regulação de uma propriedade imobiliária.

No que se refere aos acordos de acionistas e de quotistas, algumas questões devem ser primeiramente enfrentadas, como forma de se avaliar critérios de pertinência e aplicação às denominadas convenções.

Para as sociedades por ações[304], o objeto do ajuste se encontra relacionado aos seguintes temas, quais sejam (a) compra e venda de ações; (b) preferência para adquiri-las e (c) exercício do direito de voto[305]. Serve ele, o acordo[306], se valendo de Coelho (2002, v.2. p. 315) que, por sua vez, se refere à Carvalhosa e à Barbi Filho, como um "instrumento que o direito societário brasileiro reservou para a estabilização de posições acionárias" ou, também, como diz Borba (2008, p. 354), "de um instrumento de composição de grupos".

Poderá, portanto, ser objeto de acordo todo e qualquer assunto que seja do legítimo interesse de seus signatários, como forma de se estabelecer

---

[304] Acerca da delimitação do tema e, neste item, quando se referir às sociedades por ações estarão sendo abordadas as de capital aberto, pois há entendimento e, dentre eles o de Carvalhosa (1997), op. cit., v. 2. p. 470 e ss. que para as sociedades fechadas poderiam ser admitidas, por força da *affetio societatis* e da não participação das mesmas no mercado de capitais, uma maior autonomia da vontade. A este respeito, Carvalhosa (1997), op. cit., v. 2 p. 471, sintetiza: "Ao contrário do que ocorre nas sociedades abertas, dotadas de estrutura mais rígida, submetidas a controle estatal e disciplinadas por normas de ordem pública, os acordos de acionistas nas sociedades fechadas possibilitam, de forma ampla, o equacionamento dos interesses e relações dos sócios, posto que não estão limitados pelos princípios de tutela do público investidor."

[305] O caput do artigo 118 da Lei nº 6.404/76, assim estabelece: "Art. 118. Os acordos de acionistas, sobre a compra e venda de suas ações, preferência para adquiri-las, exercício do direito a voto, ou do poder de controle deverão ser observados pela companhia quando arquivados na sua sede." No mesmo sentido, concorda Borba (2008), op. cit., p. 354, afirmando que a inclusão pela Lei nº 10.303/01 da expressão "poder de controle" em nada acrescenta às hipóteses relacionadas ao objeto de um acordo de acionistas, pois como já se debateu anteriormente, o poder de controlar se trata de um "dado de fato".

[306] E como acordo que é a ele se aplicam as disposições relacionadas aos contratos em geral, com a disciplina específica que lhe foi conferida pelo retro mencionado artigo 118 da Lei nº 6.404/76. (também neste sentido, Borba (2008), op. cit., p. 354).

um ambiente previamente ajustado no que se refere a determinado comportamento esperado em face de específicas situações. Se insere o adjetivo "legítimo", na medida em que o voto proferido por determinado sócio deve privilegiar não apenas os seus pessoais e, eventualmente, egoísticos interesses, mas, sim, e como se discutiu alhures, o interesse social da sociedade do qual participa. Enfatizando: "a vinculação do acionista ao acordo de voto não o libera, porém, do dever superior de exercer o direito de voto no interesse da sociedade", como colocado por Borba (2008, p. 355).[307]

A este respeito e, se referindo ao direito norte-americano, coloca Carvalhosa (1997, v.2, p. 457), aludindo aos *pooling agreements* e aos *shareholders agreements* que as convenções são aceitas "desde que tenham por fim prover o *best interest* de todos os acionistas." Sendo, portanto, recusadas, "quando visam ou delas resulta opressão sobre a minoria (*fraud of minority*) ou, então, tenham fim ilícito".

Como lembra Coelho (2002, p. 316), referenciando apontamentos de Lamy Pereira, não se teria como válida disposição em acordo de sócios que tenha por finalidade impor um determinado comportamento positivo em face de determinadas circunstâncias, dentre elas: a aprovação das contas da administração, das demonstrações financeiras, do laudo de avaliações de bens ofertados à integralização do capital social e do acompanhamento do voto de um determinado acionista.

E complementa Celso de Albuquerque Barreto (1982, p. 66)[308], mencionado por Borges (2008, p. 480) e aludindo quase que praticamente às mesmas situações que não podem constituir objeto de acordo, os por ele denominados de "atos de vontade, ou seja, aqueles que dependem do exame de determinadas situações concretas, insuscetíveis de negociação"[309] que, Carvalhosa (1997), por sua vez, os denomina de "ato de verdade".[310]

---

[307] E, em sentido semelhante Carvalhosa (1997), op. cit., v. 2, p. 476, ao assim colocar: "O primeiro critério para se estabelecer a licitude ou não da avença é verificar se é útil ou danosa ao interesse social."
[308] Barreto, Celso de Albuquerque. *Acordo de Acionistas*. Rio de Janeiro.
[309] E Carvalhosa (1997), op. cit, v. 2, p. 478, acrescenta como modalidades de ilicitude, as seguintes: comércio de voto; voto conforme a vontade dos administradores ou dos controladores ou de sociedade estranha a ela própria. Arremata ao dizer: "[...] será ilícito o acordo que viole normas de lei, do estatuto social, os bons costumes e os princípios gerais de direito."
[310] E ainda coloca: "Jamais o acordo de voto poderá ter por objeto *ato de verdade* [em contraposição a uma declaração de vontade], como, v.g. aprovação de relatório e contas da admi-

No direito português, as questões relacionadas ao assim denominado "ato de verdade" se encontram disciplinadas no Código das Sociedades Comerciais, que imputa a nulidade aos acordos pelos quais um sócio se obriga a votar: "(a) seguindo sempre as instruções da sociedade ou de um dos seus órgãos; (b) aprovando sempre as propostas feitas por estes; (c) exercendo o direito de voto ou abstendo-se de o exercer, em contrapartida de vantagens especiais."[311]

Acrescente-se a tais circunstâncias aquela em que não se admite a adoção de qualquer expediente que tenha como finalidade, direta ou indiretamente e, em troca do voto, conferir àquele que assim o exerce qualquer vantagem. Tanto assim, que este comportamento é tipificado, nas sociedades por ações, como sendo crime.[312]

E este acordo, como contrato que é, pode ser celebrado por prazo determinado ou indeterminado, sendo certo que, se por prazo indeterminado poderá ser denunciado a qualquer tempo por qualquer das partes. Mas, se por prazo determinado[313], voluntariamente, apenas em sendo verificada a situação de consentimento de cada uma[314] das partes dele signatárias.

Entretanto, defende Carvalhosa (1997, p. 465-466) a possibilidade da dissolução judicial, total ou parcial, do acordo baseada na quebra da *affectio*

nistração ou balanço e demonstrações de contas ou mesmo a ratificação de atos de natureza legal, dividendo obrigatório declarado pelos órgãos da administração etc."

[311] PORTUGAL. Decreto Lei nº. 262/86 de 2 de setembro de 1986. Código das Sociedades Comerciais. Disponível em: http://www.dgpj.mj.pt/sections/citius/livro-v-leis-sobre/pdf2215/dl-262-1986/downloadFile/file/DL_262_1986.pdf?nocache=1182251871.74. Acesso em: 31 jan. 2017.

[312] Neste sentido, o artigo 177 do Código Penal assim estabelece: "Art. 177 – Promover a fundação de sociedade por ações, fazendo, em prospecto ou em comunicação ao público ou à assembleia, afirmação falsa sobre a constituição da sociedade, ou ocultando fraudulentamente fato a ela relativo: § 1º – *Omissis*. § 2º – Incorre na pena de detenção, de seis meses a dois anos, e multa, o acionista que, a fim de obter vantagem para si ou para outrem, negocia o voto nas deliberações de assembleia geral."

[313] E a este respeito, lembra Borges (2008), op. cit, p. 356, que a vinculação da duração do prazo do acordo ao de duração da sociedade sem prazo, equivaleria dizer que o prazo seria indeterminado e, não, determinado, pois para aquilo que não se pode desde o nascimento conhecer, equivaleria afirmar o infinito de sua duração. E acerca da perpetuidade dos acordos, quando o compara com a situação dos sócios em uma sociedade por ações (que podem se desligar da sociedade mediante a alienação de suas ações) coloca: "O acordo de acionistas, diferentemente, envolve uma vinculação pessoal, pois que estabelece para as partes um determinado comportamento. Essa vinculação pessoal é incompatível com a perpetuidade."

[314] Neste sentido, Carvalhosa (1997), op. cit., v. 2, p. 467.

societatis entre os signatários do acordo, esclarecendo que não se trata de rescisão, pois se trata de contrato parassocial de natureza plurissocial.[315]

Quanto à sua oponibilidade para a sociedade, ou seja, para a própria sociedade ser obrigada a observar e fazer observar seu conteúdo, deve o mesmo ser arquivado em sua sede e suas disposições, para também valerem perante terceiros, serem inscritas nos livros de registro de ações, se nominativas e, se escriturais, nos controles da instituição financeira responsável pela custódia das ações escriturais.[316]

E, uma vez arquivado na sede social, poderá a assembleia geral, atendendo a solicitação de qualquer pessoa, integrante ou não do acordo, "declarar nulo o voto dado em desconformidade com o acordo de acionistas", como lecionam Carvalhosa (1997, v.2, p. 483) e Borges (2008, p. 358).[317]

Estes, enfim, os elementos fundamentais e relacionados aos acordos sociais em sociedades por ações e, por via analógica, aplicáveis naquilo que se refere aos acordos das sociedades limitadas, desde que assim estabeleça o seu contrato social.[318]

No que se refere às convenções, aos ajustes entre comproprietários e na compropriedade, inexiste regra específica e, portanto, são a elas aplicáveis as disposições dos contratos em geral e, sob as condições relacionadas e que até aqui bastante se discutiu acerca da modulação dos efeitos dos direitos reais.

Percebe-se, portanto e, a este respeito, que naquilo que se refere aos acordos nas sociedades, se identifica um maior regramento que, a pretexto de conferir maior segurança jurídica por conta de sua disciplina, de certa forma limita o atuar de seus participantes nas sociedades por ações

---

[315] A este respeito, prossegue e justifica Carvalhosa: "Nos acordos de voto não existe a ideia, própria dos negócios bilaterais, de que a prestação devida por um convenente tem como causa a contraprestação que lhe foi prometida. Insista-se que somente como meio existem obrigações receptivas de uma para outro convenente, pois, têm fim de exercício de voto. O não cumprimento dessas obrigações de consecução do fim comum enseja, portanto, dissolução e não rescisão; esta típica dos contratos bilaterais, e por isso incompatível com os acordos de voto. Nos acordos de voto não há preço, requisito indispensável aos de natureza bilateral. [...] Todos confluem para a mesma prestação, qual seja, o exercício harmonioso e de boa-fé do voto e os efeitos que daí decorrem para o exercício do controle ou de defesa e para a consecução do interesse social."

[316] Neste sentido: Borges (2008), op. cit., p. 357-358; Carvalhosa (1997), op. cit., v. 2, p. 482.

[317] No mesmo sentido, vide o parágrafo 8º., do artigo 118, da Lei nº 6.404/76.

[318] Vide o parágrafo único do artigo 1.053 do Código Civil, que assim estabelece.

abertas e, um quanto menos, nas sociedades por ações fechadas. Isto, pois, na medida em que para estas últimas existe um campo maior destinado à autonomia da vontade, pois para as sociedades abertas são aplicáveis norma que objetivam resguardar os interesses daqueles que nela simplesmente investem [o acionista investidor].

De outro lado, nas convenções relacionadas à compropriedade, se pode de certa maneira concluir haver maior autonomia das partes contratantes, comparativamente, aos limites aplicáveis às sociedades, mas, sempre forçoso enfrentar e refletir acerca das questões relacionadas aos direitos reais e à segurança jurídica das relações estabelecidas no entorno de um negócio jurídico imobiliário, o que se buscará enfrentar quando da conclusão deste estudo.

Para arrematar o tema acerca das sociedades e se enfrentar, no capitulo seguinte, sob a ótica de sua essência normativa e de regime jurídico, o que diferencia ou aproxima uma sociedade personificada e a compropriedade, se transcreve as palavras de Philomeno J. da Costa (1977, p. 85), em artigo dedicado a Pontes de Miranda, que assim lecionou:

> A estrutura jurídica da companhia [se referindo à sociedade por ações] serve de invólucro para qualquer empresa de responsabilidade limitada dos seus participantes, desde aquela artesanal até a macroempresa; deveria ser, no entanto, adequada para esta e para a grande.[319]

Um convite à reflexão daquele que, ao ter apreciado este texto, desejar prosseguir nos estudos do direito societário comparado ao imobiliário. Que se siga adiante na investigação.

[319] COSTA, Philomeno J. da Costa. *Aspectos da Sociedade por Ações*. Disponível em: http://www.revistas.usp.br/rfdusp/article/viewFile/66821/69431. Acesso em: 31 jan. 2017.

Capítulo 3
Compropriedade e Sociedade: um cenário comparativo

3.1. Retrospectiva e consolidação

O caminho foi longo; mas proveitoso. Se poderia optar por um atalho, mas, se assim fosse, poderiam algumas importantes curvas, despenhadeiros e visão em finitude terem passado despercebidamente.

Através da estrada percorrida, realizaram-se diversas paradas e, nestas, participando ou coparticipando de inúmeros desvios e alternativas possíveis de caminho, de maneira a se atingir o objetivo da viagem: a criação de condições de comparação entre experiências que podem ser semelhantes, verossímeis e diferentes.

E é exatamente este ponto, doravante, que se buscará enfrentar, especificamente, no que se refere à essência que aproxima e ao mesmo tempo e com idêntica força distancia, a Compropriedade Consensual e as Sociedades Personificadas.

Certamente que o estudo acerca das diferenças não contribuirá de maneira significativa para a identificação daquele regime jurídico aplicável às situações que, por conta da autonomia da vontade, foram emolduradas de uma determinada forma. Mas servirão, sim, para ao vincar as diferenças entre os regimes, não se desejar aplicar a uma determinada realidade insculpida pela autonomia da vontade, regramentos inaplicáveis por conta, exatamente, de suas substanciais diferenças e consequências.

E a respeito destas diferenças, importante colacionar – pelo menos em parte – o que se colocou alhures a respeito do surgimento da compropriedade no direito romano, ou seja, que o *consortium inter frates* se trata de uma figura surgida entre os *filii famílias*[320] no exato momento em que o pai de uma determinada família era levado a óbito. Acrescentando-se a isso o que Kaser (1999, p. 145) coloca a respeito do surgimento do conceito de sociedade no direito romano clássico, em que afirma que a sociedade também teve sua origem no *consortium* romano[321]: "o direito antigo conhece a titularidade de vários proprietários sobre a mesma coisa [...], na comunhão hereditária e no consórcio fraterno, [...] um precedente das relações de sociedade [...]" – mas, também, na sociedade de fim lucrativo capitalista.[322]

E, pouco mais à frente, Kaser (1999, p. 258), ao abordar uma das espécies de sociedade em que se admitia a constituição de um patrimônio social a ela destacado – a *societas omnium bonorum* – informa que a ela eram aplicáveis as normas da comunidade, entendida esta como "a relação jurídica que existe entre os comproprietários por quotas, como a *communio pro indiviso*. Esta comunidade por quotas nasce quando se constitui um patrimônio social na *societas consensual* [...], na comunhão de herdeiros no direito clássico [...]".

Desta conjugação de elementos é possível perceber que tanto a compropriedade quanto a sociedade possuem a mesma raiz, ou seja, ambas surgiram tendo por elemento de existência o *consortium*, ou seja, a relação havida entre pessoas de uma mesma família, inicialmente, não planejada e, posteriormente e em algumas circunstâncias, meticulosamente articulada

---

[320] Comunhão universal de bens; filhos da família, item 1.1. Conceito e gênese histórica, do Capítulo 1.

[321] Mas, a este respeito, discorda Dantas (1979), uma vez que, como relatado anteriormente, esclarece Dantas que a origem da sociedade é eclesiástica, e não romana. Neste sentido, retornar ao item 2.1. do Capítulo 2.

[322] E, assim, coloca: a) Em direito romano antigo, a relação jurídica que existe após a morte do *paterfamilias* entre os vários herdeiros (*sui heredes*) como continuação da comunidade doméstica, também podia ser criada artificialmente por meio de um acto jurídico. A associação cooperativa dos co-herdeiros (*consortium*) [...]. O acto jurídico criador desta relação, uma *legis actio* formal, produzia não apenas a comunicação de todo o patrimônio dos sócios – como ela existia entre os *sui heredes* enquanto co-herdeiros -, mas também uma irmandade familiar, que atribuía aos sócios a mesma condição jurídico-pessoal que teriam se tivessem sucedido como irmãos (*agnados*) a um *paterfamilias* comum após sua morte; cfr. G.3,154 a/b. b.) Nos inícios da República desenvolve-se, ao lado do *consortium*, uma sociedade de fim lucrativo, uma associação não formal de capitalistas para empresas comerciais comuns. Baseia-se na *fides* e não esta limitada a cidadãos romanos. A já mencionada societas *omnium bonorum* segue também o seu regime. Existem ainda sociedades ocasionais para fins singulares (G.3, 148:Ulp., Paul. D. 17,2,7 s.: Bruns 171)."

e dirigida para o cumprimento de uma determinada atividade. Recordando que Dantas (1979, p. 206-207) defende posição um tanto mais limitativa com relação ao aparecimento das sociedades no direito romano, uma vez afirmar que o direito romano apenas reconheceu certos atributos da pessoa física para certos grupos sociais organizados, de forma que os mesmos pudessem alcançar a finalidade com relação aos quais foi criado. E conclui que foi no direito canônico que pela primeira vez se teve notícia da afirmação de que um grupo social constituiria uma pessoa.[323]

Diante desses fatos, assume relevância a conceituação do que vem a ser verossímil, pois entre uma sociedade e uma compropriedade haverá elementos muito parecidos, mas, ao mesmo tempo, distantes o suficiente para demonstrar se tratarem de realidades substancialmente diversas? Na visão de Ferreira (1977, p. 494), verossímel se define como "semelhante à verdade; que parece verdadeiro."[324] Portanto, a pergunta para a qual se deseja encontrar uma resposta é a seguinte: em toda comunhão há sociedade e vice-versa?

E lembrando Saramago (2005, p. 72), como que realizando um convite à reflexão acerca da existência das coisas, seus conceitos e sentidos: "[...] parece que não vês que as palavras são títulos que se pegam às cousas, não são as cousas, nunca saberás como são as cousas, nem sequer que nomes são na realidade os seus, por que os nomes que lhes deste não são mais do que isso, o nome que lhes deste [...]".[325] Seria esta a realidade? Que sejam abordados seus elementos de forma que se possa concluir a respeito.

3.2. Pluralidade de pessoas e interesses

Sob uma determinada ótica, o elemento central e caracterizador da comunhão[326] é a pluralidade de pessoas; isto é, e melhor delimitando o objeto

---

[323] E assim coloca: "O Direito Romano não teve uma noção perfeita da pessoa jurídica. Esta construção a que chegamos não era patente aos romanistas. O que não quer dizer que, na vida jurídica daquele tempo, não existissem os grupos sociais, cuja atividade precisava ser devidamente consolidada pelo direito. Mas os romanos apenas reconheceram a esse serviço certos atributos de pessoa, sem jamais afirmar que eles fossem uma pessoa."

[324] FERREIRA, Aurélio Buarque de Holanda. *Minidicionário da Lingua Portuguesa*. Rio de Janeiro: Nova Fronteira.

[325] SARAMAGO, José. *As Intermitências da Morte*. São Paulo: Companhia das Letras.

[326] Acerca dos elementos formadores da "comunhão", se transcreve o quanto colocado no Capítulo 1, item 1.1.: "[...] do equilíbrio de direitos e de interesses jurídicos com relação aos quais cada um dos integrantes da compropriedade, simultaneamente e, sem preferência de

do estudo, de pelo menos duas pessoas e a avaliação de suas relações com determinada coisa, ou seja, com o bem suscetível de proteção e regulação jurídica. Como coloca Monteiro (1991, p. 208): "é condição essencial para sua existência a pluralidade de sujeitos."

Para tanto e, fazendo menção ao quanto se observou nos capítulos anteriores, o primeiro elemento que deve ser avaliado é o elemento vontade e especificamente relacionado à formação de uma determinada comunhão de interesses. Este pode existir desde o início enquanto manifestação positiva no sentido da formação do interesse coproprietário ou, então, pode se fazer surgir apenas após a relação de comunhão ser estabelecida por conta de fatores alheios à própria vontade dos participantes.

Melhor explicando: pode ser verificada aquela situação que, por conta de questões hereditárias, a propriedade de um determinado bem passe a ser titularizada por variados proprietários em regime de compropriedade e, passado algum tempo, estes decidam, consensualmente, estabelecer certos regramentos relacionados à sua exploração. Neste sentido, não obstante em seu nascedouro a relação decorrer de um ato involuntário – e como coloca Maximiliano (1944, p. 12): "[...] até contra a vontade dos interessados [...]"-, em um segundo momento, seus condôminos, aceitam a situação regulada pelo sistema normativo e decidem, por vezes, melhor disciplinar seus interesses no entorno da compropriedade.

Naquelas situações em que os integrantes da comunhão e, diante de diversas possibilidades normativas, assim a consensuaram desde o seu início ou, então, a aceitaram e resolveram estabelecer a disciplina de seus direitos, se estaria diante da assim definida compropriedade consensual. E esta é aquela que constitui objeto central deste estudo e deste capítulo, na medida em que se aproxima dos elementos constituintes e formadores de uma sociedade.

De outro lado, e em uma sociedade[327], há comunhão? E a resposta é positiva, a depender do entendimento acerca dos elementos conformadores desta relação jurídica.

um determinado coproprietário sobre qualquer outro, são exercidos sobre a coisa de forma harmoniosa no que se refere ao conteúdo objetivo dos direitos titularizados, observados, sempre, os direitos subjetivos de cada condômino."

[327] Parte-se do pressuposto de uma sociedade que possui como elemento necessário para sua formação a existência de pelo menos dois sócios e, portanto, afastando a aplicação dos princípios e regramento daquele tipo societário que permite sua constituição por uma só

Como em uma sociedade também se verifica a pluralidade de pessoas vinculadas entre si tendo por finalidade um determinado interesse, se torna fundante avaliar que espécie de interesse seria, ou seja, igual, diferente ou semelhante ao da compropriedade. Ao abordar o tema correlacionando a sociedade à determinada comunhão coproprietária e havida sob terras tendente à exploração de uma fazenda, Ferreira (1928, p. 27-32) conclui que:

> seja, porém, a comunhão convencional ou contratual, seja incidente ou eventual, difere da sociedade, apesar de haver numa e noutra bens comuns. Falta na comunhão a *affectio societatis*, que se traduz pela cooperação, pelo sentimento, que tem o sócio de que, trabalhando para a sociedade, trabalha no seu próprio interesse, e, promovendo o seu interesse dentro da sociedade, influem o desenvolvimento das vantagens que os outros sócios visaram, associando-se.[328][329]

Partilhando entendimento semelhante ao de Ferreira, Lessa (1902, p. 138-139) assim coloca com relação à *affectio societatis*: "a diferença fundamental entre sociedade e comunhão consiste na *affectio societatis*, de que nos fala Ulpiano, isto é, na intenção manifestada pelos sócios de obter lucro das coisas, ou prestações, postas em comum, fato que não se observa na comunhão."[330][331]

---

pessoa (i.e. EIRELI – Empresa Individual de Responsabilidade Limitada, criada pela Lei nº 12.441, de 11/07/2011).

[328] FERREIRA, Waldemar. Consultas e Pareceres. Condomínio e Sociedade. Revista dos Tribunais, nº. 72, 1928.

[329] E Monteiro (1991), op. cit., v. 3, p. 208 coloca: "Além disso, a sociedade só pode existir em virtude do acordo de vontade, ou da *affectio societatis*, ao passo que o condomínio resulta não só desse acordo como de outros acontecimentos estranhos à vontade dos condôminos, como a herança e o testamento, bem como da própria lei.

[330] LESSA, Pedro Augusto Carneiro. *Sociedade Regular e Sociedade de Fato em Direito Civil e em Direito Comercial*. Revista da Faculdade de Direito de São Paulo (atual Revista da Faculdade de Direito da Universidade de São Paulo), v. 10. Ministro Aposentado do Supremo Tribunal Federal e membro da Academia Brasileira de Letras.

[331] E, no mesmo sentido, Maluf (1989), op. cit., p. 52-53, coloca: "para que exista sociedade é necessário aquilo que Ulpiano [...] chama *affectio societatis*, a intenção de reunir em um só feixe diversos capitais, diversas forças individuais, para obter desta soma de capitais e de forças as vantagens que aos sócios, isoladamente, não seria possível obter."

De fato e, na compropriedade, em havendo a intenção *stricto sensu* de constituir uma sociedade enquanto regime jurídico e não sendo constituída, a relação assim surgida poderia restar compreendida no universo das sociedades de fato [legalmente denominadas de sociedade em comum]. Mas, de outro lado, pode e deve existir uma relação advinda de um acordo de vontades e através do qual cada coproprietário e, com relação ao imóvel objeto da compropriedade, desempenha uma função ou atividade objetivando uma finalidade relacionada ao comum. Em sua essência, seja no regime das sociedades ou no da compropriedade consensual, há elemento unificador dos interesses.

Ainda no que se refere ao interesse das partes, há entendimento e, como já adiantado por Lessa (1902, p. 138), de que este é de natureza diversa quando se compara a comunhão coproprietária e a sociedade, especificamente por conta da finalidade do lucro existente nesta última.

Neste sentido, Maluf (1989, p. 45), referenciando Francesco Carnelutti[332], coloca que:

> a finalidade do lucro que modifica naturalmente o conteúdo do direito do condômino. O patrimônio da comunhão é, assim, um patrimônio em conservação; o patrimônio da sociedade é um patrimônio em transformação. [...] o comunheiro tem o direito à quota da coisa comum, e o sócio tem o direito à quota de benefício por efeito do capital social. A comunhão é uma sociedade "in quiete"; a sociedade é uma comunhão "in movimento.[333]

E acerca desta destinação e organização dos bens de forma estruturada, de maneira a desenvolver uma atividade econômica e, portanto, com finalidade lucrativa, Bianca (1999, p. 455-456), ao abordar a diferenças entre os dois regimes jurídicos, assim coloca tendo por base de avaliação o direito italiano:

---

[332] CARNELUTTI, Francesco. *Personalità giuridica e autonomia patrimoniale nella società e nella comunione*. Itália: Separata da Rivista di Diritto Commerciale, 2:86/97. Parte I, anno XI.

[333] A este respeito, Lessa (1902), op. cit., p. 140, coloca: "Há sociedade, quando a comunhão é animada do desígnio preciso de obter um lucro, ou benefício. Não há, quando falta esse intuito, e a intenção das partes se reduz ao uso e gozo inerte das coisas indivisas. Já Troplong havia bem caracterizado a comunhão, dizendo-a um estado meramente passivo, em antítese com a sociedade, que se serve da comunhão como meio de conseguir lucros, e dividi-los entre os sócios.

Sotto il profilo soggetivo la comunione e la società si presentano entrambe come gruppi organizzati. La loro fondamentale differenza è però data da ciò, che i soci svolgono un'attività economica comune mentre i compartecipi della comunione si limitano ad esercitare il diritto di proprietà su un determinato bene.[334]

Sob outro olhar, e em sentido semelhante, porém, de maneira mais transigente e, portanto, flexível, Maximiliano (1944, p. 13), ao abordar o tema relacionado à diferenciação entre a compropriedade e a sociedade, coloca que "[...] a sociedade pressupõe o intuito de lucro, não essencial à comunhão [...]".

Versando acerca do direito português, e segundo Vieira (2008, p. 362), o entendimento é o mesmo de Carnelutti, tanto assim que coloca:

> As duas figuras não se encontram no mesmo plano. A comunhão constitui simplesmente um concurso de direitos da mesma espécie sobre uma coisa comum: a sociedade representa a prossecução de uma atividade econômica lucrativa por várias pessoas que acordaram fazê-lo pondo bens em comum.

E Bianca (1999, p. 455-456) – ao abordar o tema sob o prisma do direito italiano – e fazendo menção ao posicionamento de G. Ferri[335], ao estudar o elemento interesse em conjugação com os bens em si considerados, conclui que a finalidade última de uma sociedade é a realização de um ganho através dos seus meios de produção, ao passo que na comunhão comproprietária o interesse de seus integrantes é a preservação e a fruição do bem em conformidade com sua destinação econômica; portanto, e sob certo aspecto, em consonância com o entendimento de Maluf, Vieira e Carnelutti.

De outro lado, e a respeito da inexistência da finalidade de lucro na compropriedade, a posição de Maximiliano é aquela que melhor se conforma à atual compropriedade consensual nos empreendimentos imobili-

---

[334] Tradução nossa do texto mencionado: "Em termos subjetivos a comunhão e a sociedade são apresentados como grupos organizados. Sua diferença fundamental, no entanto, se faz demonstrar pelo fato de que os sócios realizam uma atividade econômica conjunta e os coproprietários apenas estão em comunhão para exercer um direito de propriedade sobre um determinado bem."

[335] In: Delle società, in Comm. Scialoja e Branca (Arts. 2.247-2.324), 1981, p. 81.

ários estruturados. Isto, pois, coloca que esta pode perfeitamente existir, na medida em que não se constitui em elemento essencial à comunhão.

E assim se afirma, uma vez que nestas situações a finalidade lucrativa permeia o interesse e, portanto, a vontade daqueles que se dedicam a tal finalidade empresarialmente organizada desde o seu nascedouro. Portanto, não constituindo o elemento central e capaz, por si só, de diferenciar uma compropriedade de uma sociedade; na medida em que toda sociedade visa o lucro, mas nem toda a compropriedade tem esta finalidade, mas pode o ter.

Esta é a melhor conclusão, pois não há norma que vede a persecução do lucro nas relações jurídicas desenvolvidas através da compropriedade e, tampouco, existe norma que estabeleça a obrigatoriedade da observância do regime jurídico aplicável às sociedades, acaso se tenha por intenção auferir lucro, ou melhor, desenvolver uma atividade organizada e lucrativa através da compropriedade. Tanto assim é que a norma material estabelece que cada condômino pode se utilizar da coisa conforme sua destinação e sobre ela exercer todos os direitos compatíveis com a indivisão. E, portanto, estabelecendo que a esta compropriedade se encontra relacionada, também, uma função econômica, na medida em que o uso poderá ser próprio, visando o desenvolvimento de uma determinada finalidade ou, então, atribuído a um terceiro, estranho à relação, a título gratuito ou oneroso.[336]

E a respeito da liberdade de fins e de meios como princípio informador da livre iniciativa e corolário da autonomia privada, se vale mais uma vez dos ensinamentos de Grau (2015, p. 179-180) que assim coloca:

> [...] não é senão a projeção da liberdade individual no plano da produção, circulação e distribuição das riquezas, assegurando não apenas a livre escolha das profissões e das atividades econômicas, mas também a autônoma eleição dos processos ou meios julgados mais adequados à consecução dos fins visados. Liberdade de fins e de meios informa o princípio da livre iniciativa [...].

Desta forma, não se entende possível a distinção dos interesses como sendo o elemento central e com a capacidade de, por si só, diferenciar

---

[336] A este respeito, o artigo 1.314 do Código Civil que coloca: "Artigo 1.314 – Cada condômino pode usar da coisa conforme sua destinação, sobre ela exercer todos os direitos compatíveis com a indivisão, reivindicá-la de terceiro, defender sua posse e alhear a respectiva parte ideal ou gravá-la. Parágrafo único – *omissis*."

uma sociedade de uma relação comproprietária, na exata medida em que eles podem ser os mesmos e, inclusive e em qualquer das hipóteses, visar a obtenção de resultados positivos e passíveis de distribuição [i.e. o lucro] na exploração da coisa mediante a forma e os meios que melhor atender aos interesses daquela coletividade.

3.3. Relação com o objeto
Ultrapassada, portanto, a avaliação do elemento relacionado à formação da vontade [do interesse] do vínculo associativo que se estabelece, comparativamente, entre a compropriedade consensual e a sociedade, se torna necessário ponderar acerca da coisa e da relação que seus integrantes desejam com ela manter enquanto elemento estrutural das relações jurídicas. Dito de outra forma e de maneira resumida: se pretendem possuir sua propriedade de forma direta ou não.

Neste sentido, se percebe substancial diferença entre a disciplina jurídica das relações quando da opção por uma ou outra estrutura, pois, na primeira delas haverá uma relação de direito real sobre a coisa [i.e. sobre o imóvel], enquanto na segunda uma relação intermediada entre a coisa de um lado, a sociedade entre eles e, as pessoas que integram a sociedade.

Nas palavras de Monteiro (1991, p. 208): "Tanto numa quanto noutra, torna-se míster que exista *res comum*, que, no condomínio, é a coisa e na sociedade o acervo social."

Portanto, na compropriedade, o domínio da coisa pertence a cada um de seus comproprietários, podendo cada qual exercer os seus respectivos direitos – conforme longamente abordado no capítulo 1 – podendo, inclusive, e uma vez observadas as restrições, legais ou consensuais, vender, gravar, usar ou, então, de qualquer forma alienar o bem que lhe pertence. Possui, neste sentido, um direito sobre a coisa e, como tal, as garantias que a propriedade lhe confere, não obstante as propaladas inseguranças decorrentes da propriedade em regime de compropriedade tais como: a possibilidade de venda forçada; a divisão da coisa; a gestão por unanimidade, as limitações do uso, dentre outras.

De outro lado, na sociedade e, se valendo das palavras de Maximiliano (1994, p. 13):

> os bens pertencem ao fundo social; só a coletividade dispõe dos mesmos, ao todo ou em parte; ainda mesmo que alguém entre com um imóvel para o ativo social, não mais o possui na qualidade de proprietário; [...] o dono é

a sociedade; a fração a que o antigo senhor pode vir a ter direito individual, será a determinada pela liquidação ou partilha; antes de efetuarem estas, ele tem só ações, ou fração do capital; não determinado bem, móvel ou imóvel [...].

Assim sendo, como a participação de um determinado sócio na sociedade se opera através do percentual que possui no capital social e, através deste é que participa de maneira indireta de seu acervo social, este somente passará a ser de sua direta titularidade na hipótese da dissolução, liquidação e partilha deste acervo. Neste sentido, a garantia de deter a propriedade do bem imóvel e, portanto, estando sua participação na propriedade indene de riscos relacionados a situações específicas de um determinado comproprietário inexiste. Isto, pois, como se sabe, não é possível dividir e, por sócio, o destino de uma sociedade, notadamente, quando já em situação de notória incapacidade de saldar com seus compromissos.

E, Tepedino (1993, p. 12), ao abordar o tema dos empreendimentos imobiliários em regime de multipropriedade e discorrer acerca das consequências advindas da exploração da multipropriedade através de uma sociedade, comparativamente, a uma compropriedade, assim conclui:

> O seu direito, em última análise, torna-se vulnerável à eventual alteração da destinação do complexo imobiliário ou das regras ordinárias, por força de decisão administrativa, contra a qual só restaria aos acionistas multiproprietários o direito de recesso. Observou-se, ainda, em doutrina, a possibilidade de dissolução social, a qualquer momento, por decisão da assembleia, ou anteriormente ao período previsto originariamente para o funcionamento da sociedade, quando o contrato estipula prazo determinado. Aduz-se a tais objeções o perigo de falência da sociedade, com o colapso do investimento efetuado.

De maneira a arrematar esta distinção, coloca Espinola (1956, p. 326), ao abordar a diferença entre a compropriedade e a sociedade, que os sócios "obedecem os dispositivos especiais da lei" e, portanto, "não se lhes aplicam as regras que regulam os condomínios."[337]

De forma a elucidar ainda mais o tema relacionado ao objeto da compropriedade, de forma a avaliar seu comportamento em uma relação de

---

[337] Leia-se, a compropriedade.

sociedade, se transcreve o exemplo alhures mencionado por Maluf (1989, p. 58) que faz menção a Virgílio de Sá Pereira, qual seja: um terreno suscetível de diversas destinações, podendo ser plantado, destinado a pastagem ou então a sementeira.

Uma vez estruturado o negócio jurídico através da compropriedade, serão a ela aplicáveis as disposições relacionadas a este regime jurídico, isto é, especificamente no que se refere à sua exploração ter-se-ia a seguinte situação: sob o pressuposto da anterior inexistência do desenvolvimento de qualquer atividade sob o imóvel, bem como de qualquer acordo parassocial, a maioria dos quinhões da compropriedade, i.e., os titulares de quinhões de forma a representar mais da metade da propriedade, decidiriam o destino primeiro a ser conferido à sua exploração, ou seja, à plantação, à pastagem ou à sementeira.

Da mesma forma e, por maioria, realizariam a gestão ordinária do bem. Mas, para a alteração da destinação aprovada ou, então, para gestão extraordinária da coisa, seria necessária a aprovação da unanimidade dos comproprietários[338], salvo a existência de acordo parassocial firmado pela totalidade comproprietária e que disciplinasse a exigência de quórum diverso. A este respeito, importante apenas relembrar as ponderações realizadas no item 1.8., do Capítulo 1, e vinculadas às discussões no entorno da modulação dos efeitos dos direitos reais.

De outro lado, se tome como exemplo o mesmo imóvel, de propriedade de uma determinada sociedade, na qual figuram como seus sócios aquelas mesmas pessoas que, no exemplo anterior, eram as detentoras de sua propriedade e cujo objeto social consiste "na exploração de imóveis rurais".

Nesta hipótese, e também sob a premissa da inexistência de qualquer acordo parassocial de forma a disciplinar de forma especial sua convivência na sociedade, sequer os sócios serão chamados a opinar acerca da destinação de sua exploração, uma vez que a prática dos atos de gestão caberá ao(s) administrador(es) da sociedade que, apenas deverá(ão) e, como abordado no item 2.4., do Capítulo 2, prestar contas de sua gestão, bem como a responder pelos atos praticados e que de alguma maneira, comprovadamente, venham a causar dano à sociedade. E, alterando um pouco o exemplo, na

---

[338] Reitera-se o que estabelece o parágrafo único do artigo 1.314 do Código Civil e o posicionamento de Maximiliano (1944), op. cit., p. 48, bem como de Luiz Edson Fachin, no item 1.6., do Capítulo 1.

hipótese de constar em um dispositivo do contrato ou estatuto social, "que a aprovação da destinação dos imóveis caberia aos sócios", o quórum exigido seria, em qualquer dos tipos societários avaliados [sociedade limitada ou sociedade por ações], o da maioria simples dos presentes com direito a voto; podendo ser alterada a destinação anteriormente aprovada, também, por esta mesma maioria de votos.

Importante enfatizar que através deste último exemplo não se está a abordar qualquer alteração de objeto social que, como dito alhures, além de exigir um quórum elevado para a aprovação de sua alteração na sociedade limitada, na sociedade anônima também pode levar a conferir o chamado direito de recesso.

Realizadas estas considerações e, inclusive, mediante a abordagem acerca do comportamento de uma situação fática, em um e em outro regime jurídico, é possível constatar a substancial diferenciação entre a forma de regulação dos direitos e dos deveres quando se compara uma relação de sociedade e uma de compropriedade. Por mais este motivo, se deve vincar que a disciplina das relações entre os regimes, apesar de semelhantes não são idênticas, por conta, até então, das distinções contidas no interior de cada regime jurídico ao qual pertencem, bem como de seus efeitos.

3.4. Efeito da (In) formal constituição

Prosseguindo com a avaliação dos elementos fundantes e relacionados à compropriedade e à sociedade, assume significância outro, também constituinte e conformador da estrutura, qual seja, a (im) possibilidade de a uma delas atribuir-se uma personalidade jurídica distinta daquela de seus integrantes.

E este fato constitutivo de um direito decorre do atendimento aos preceitos normativos estabelecidos pelo ordenamento jurídico, ao qual pertence um dos regimes jurídicos objeto do estudo comparativo. Ou seja, observadas certas condições, é conferida a possibilidade de àquele conjunto de bens e de interesses se atribuir um atributo de personalidade à semelhança daquele que o mesmo sistema normativo confere às pessoas naturais.

Neste sentido e, mais uma vez, se remete ao conceito cunhado por Requião (1989, p. 278), em que atesta que este conjunto de vontades individuais "se transforma em novo ser, estranho à individualidade das pessoas que participam de sua constituição, dominando um patrimônio próprio, possuidor de órgãos de deliberação e de execução que ditam e fazem cumprir a sua vontade". E, através desta transformação, tem nascimento a personalidade jurídica desta coletividade de bens e de interesses comuns, especialmente, em vista da peculiar amálgama de interesses consubstanciados em um novo ser constituinte de direitos e de obrigações.

E este novo ser de direito e de obrigações somente adquire a personalidade que o ordenamento lhe confere a possibilidade de possuir uma vez atendidos certos requisitos formais e relacionados ao seu surgimento com "vida própria", ou seja, independent das respectivas personalidades daqueles que o compõe. E isto se materializa através do estabelecimento de um conjunto de regras que constitui seu corpo, sua estrutura, sua espinha dorsal e, ao mesmo tempo, sua alma, consubstanciado pelo nome de contrato ou estatuto social. E, como passo final para sua formação, se exige que ele seja publicizado, isto é, tornado público, através do processamento de sua inscrição em registro apropriado, quando, então e a partir de então, adquire sua personalidade.[339]

Paralelamente, no que se refere à compropriedade consensual e os acordos que são firmados no entorno da compropriedade e que recebem a nomenclatura, como se disse alhures, de Convenção de Condomínio Civil (ou Convenção de Condomínio Civil Pro Indiviso, dentre outras denominações) são em grande parte similares ao contrato ou estatuto social; isto sob a ótica de disciplinarem a convivência de seus comproprietários no entorno de uma propriedade que, como se verá pouco mais à frente, exercem uma empresa.

E este acordo que disciplina e regulamenta o exercício de direitos entre os comproprietários, tal como ocorre com as sociedades, também é passível de registro de maneira a ocorrer a publicização de seu conteúdo; registro esse que se realiza perante o cartório de registro de imóveis em que se encontrar matriculado o imóvel objeto da compropriedade, de maneira em tudo muito semelhante ao condomínio edilício[340]. Mas este registro,

---

[339] Neste sentido, estabelece o artigo 45 do Código Civil: "Artigo 45 – Começa a existência legal das pessoas jurídicas de direito privado com a inscrição do ato constitutivo no respectivo registro, precedida, quando necessário, de autorização ou aprovação do Poder Executivo, averbando-se no registro todas as alterações por que passar o ato constitutivo. Parágrafo único – *omissis*."

[340] O registro é efetuado no Livro 3 – Registro Auxiliar, tendo por base e fundamento para seu registro o artigo 178, inciso III, da Lei 6.015/73, que não estabelece distinção entre as

por ausência de disposição legal, não confere à compropriedade a personalidade jurídica que à sociedade e, através do registro, a ela se atribui.

Portanto, ao se realizar a comparação entre a compropriedade consensual e a sociedade [no caso a de fato, isto é, a comum] se pode afirmar que, ambas, possuem substancialmente os elementos mínimos necessários para a obtenção da personalidade conferida pelo ordenamento jurídico, mas que, por uma questão de opção da autonomia da vontade, seus integrantes escolhem associar-se através de um regime jurídico ou de outro e, por conta deste fato, se sujeitando à disciplina e aos efeitos que dele decorrem.

Dito de outra forma, nada impediria que cada um dos proprietários de um imóvel em regime de compropriedade conferisse a propriedade titularizada sobre o bem a uma sociedade e através dessa, de maneira indireta, exercessem seu poder sobre a coisa, como alhures foi dito.

Importante novamente vincar que a compropriedade – no caso a não consensual – pode surgir de um ato involuntário e, portanto, sem qualquer interesse exteriorizado precedentemente à sua formação e, assim, mais uma vez se distanciando dos elementos que a fazem se identificar com a sociedade.

É perceptível, portanto, que se trata de mera opção pelo regramento de determinado regime jurídico quando em comparação com o outro, uma vez que seja na compropriedade consensual ou, então, na sociedade os elementos intrínsecos e constituintes são os mesmos, apenas recebendo qualificações jurídicas distintas por conta do regime a que se submetem. Tanto assim o é que Maximiliano (1944, p. 13), após estudar detalhadamente as diferenças entre a comunhão comproprietária e a sociedade, conclui: "entretanto, a vontade dos cointeressados pode converter uma comunhão em sociedade."

Por conta desta funcional distinção, ou seja, de o ordenamento jurídico conferir a possibilidade da atribuição de personalidade jurídica para a sociedade e não para a compropriedade, e tampouco estabelecer como condição para a existência da compropriedade de instrumento que disci-

convenções de condomínio edilício e as convenções de condomínio na qual se encontram localizadas as regras consensualmente estabelecidas no entorno de uma determinada relação jurídica de compropriedade. Artigo esclarecedor acerca desta possibilidade pode ser encontrado em http://www.irib.org.br/boletins/detalhes/3337, o qual faz menção a sentença prolatada pelo então MM. Juiz Corregedor do Estado de São Paulo, Sr. Venício Antonio de Paula Salles, nos autos do Processo nº: 000.01.026636-4.

pline a convivência entre os seus integrantes, tal qual o faz com relação ao regime das sociedades (i.e. para as personificadas), firma posição acerca de suas diferenças.

E assim o faz Ferreira (1953, p. 46) que coloca que "[...] começa a existência legal das pessoas jurídicas de direito privado com a inscrição dos seus contratos, atos constitutivos, estatutos ou compromissos no seu registro peculiar [...]".[341]

Da mesma forma, entende Bessone (1988, p. 54-55) que, ao abordar a diferença entre a compropriedade e a sociedade, assim se manifesta:

> esse tipo de condomínio distingue-se da sociedade pela ausência da personificação, pois, se esta constitui uma pessoa jurídica, o condomínio, ao contrário, não é dotado de personalidade jurídica. Falta, em suma, o espírito societário, a intenção de constituir uma sociedade, um novo ente, pelo que os titulares dos direitos continuam a ser os condôminos, e não uma pessoa jurídica, distinta deles, como ocorreria na sociedade.[342]

---

[341] O texto acerca do qual foi extraída a passagem transcrita é o seguinte: "O Código Civil Brasileiro, promulgado pela Lei nº 3.071, de 1º de janeiro de 1916, dispondo sobre as pessoas jurídicas, dividiu-as em pessoas jurídicas de direito público, interno ou externo, e pessoas jurídicas de direito privado. As de direito público interno são: a União, cada um dos seus Estados e o Distrito Federal, bem assim cada um dos Municípios legalmente constituídos; e as de direito privado são: (I) as sociedades civis, religiosas, pias, morais, científicas ou literárias, as associações de Utilidade pública e as fundações e (II) as sociedades mercantis. Qual se vê, e esse é o texto do art. 16, personalizaram-se, indiscriminadamente, "as sociedades mercantis", com o acréscimo de que elas continuariam a reger-se pelo estatuído nas leis comerciais. Todas as sociedades mercantis têm personalidade jurídica, sejam de pessoas, sejam de capitais, afora as sociedades de fato ou as irregulares. É que começa a existência legal das pessoas jurídicas de direito privado com a inscrição dos seus contratos, atos constitutivos, estatutos ou compromissos no seu registro peculiar, regulado por lei especial, ou com a autorização ou aprovação do governo, quando precisa. [...]"

[342] E, no mesmo sentido, Maximiliano (1944), op. cit., p. 12, que assim coloca: "Não se confunde a comunhão com a sociedade; acha-se fixada a diferença desde o tempo da antiga Roma. Ulpiano doutrinou: "Para ser caso de ação *por sócio*, cumpre existir sociedade; portanto, não basta ser comum a coisa, se não se constitui sociedade; comumente, porém, um assunto pode ventilar-se, também, sem haver sociedade: assim, por exemplo, incidimos em comunhão sem o intuito de constituir sociedade (*non affectione societatis*), conforme acontece em relação à coisa legada a duas pessoas; igualmente, se ao mesmo tempo, um bem é comprado por dois indivíduos, ou se herança ou doação nos advém em comum, ou se nós, sem pretendermos ser futuros sócios, compramos, em separado, a dois coproprietários as partes respectivas."

Por sua vez, Espinola (1956, p. 338) coloca que "[...] como bem observam Ruggiero e Maroi, o tipo mais frequente de uma comunhão voluntária é a sociedade (a qual, tendo, como entre nós, personalidade jurídica, não se confunde com o condomínio [...]) [...]".

Percebe-se do quanto até então exposto que a compropriedade e a sociedade constituem-se em institutos que de certa forma se tangenciam, não obstante cada qual possuir um regime jurídico que lhe é específico. E, por esta razão, se distanciam e se distinguem por constituírem regimes com suas respectivas disciplinas e, inclusive, com consequências jurídicas diversas.

3.5. Comunhão de empresa

Realizadas as avaliações precedentes resta abordar aquele elemento que, talvez, caracteriza e define, de certa maneira, as atividades denominadas empresariais para, então, e novamente, se buscar estabelecer uma correlação entre a compropriedade e a sociedade.

Não se pode negar que o desenvolvimento de qualquer atividade pressupõe certa organização de meios, de forma que resultados sejam alçados; meios estes que se caracterizam pela reunião e organização de elementos de ordem pessoal, material e imaterial – ou seja, patrimoniais –, como maneira esperada de se atingir objetivos. E, exatamente neste sentido, surge como ponto central da empresa, entendida esta como uma "atividade econômica organizada para a produção ou a circulação de bens ou de serviços"[343], o elemento qualificado como "organização" como sendo de sua essência e do qual resulta a figura do empresário[344]; responsável por esta profissional conjugação ordenada e coordenada de elementos de empresa[345].

---

[343] O conceito de empresa decorre do conceito de empresário definido pelo artigo 966 do Código Civil, que assim estatui: "Artigo 966 – Considera-se empresário quem exerce profissionalmente atividade econômica organizada para a produção ou a circulação de bens ou de serviços."

[344] Mas o parágrafo único do artigo 966 do Código Civil afasta a qualificação de empresário àquele que "exerce profissão intelectual, de natureza científica, literária ou artística, ainda com o concurso de auxiliares ou colaboradores, salvo se o exercício da profissão constituir elemento de empresa."

[345] Dentre os quais, o aviamento, a clientela, o ponto comercial, conforme Requião (1989), op. cit., v. 1.

Neste sentido, cabe ao empresário, ou seja, àquele que desenvolve profissionalmente a atividade de maneira organizada, buscar identificar dentre as alternativas possíveis aquela que melhor venha resguardar seus interesses empresariais. Como coloca Requião (1989, v.1, p. 58), "a empresa não pressupõe, como se vê, necessariamente uma sociedade [...]" isto, pois, poderá uma empresa ser exercida de maneira individual, por pessoa natural, na medida em que nada obriga a constituição de uma pessoa jurídica.

Dito de outra forma, a escolha do regime jurídico aplicável à organização dos meios de produção dependerá da avaliação pessoal de circunstâncias a ele relacionadas; cabendo ao empresário decidir pela adoção daquele que, sob sua visão, de alguma forma lhe assegure certas garantias, vantagens ou prerrogativas quando da comparativa avaliação entre as possibilidades disponíveis.

Importa vincar que os conceitos de empresa e de sociedade não se encontram umbilicalmente ligados de maneira que um não exista sem o outro. Isto, pois, como elemento necessário para a constituição de uma sociedade não se estabelece como obrigatória a organização dos meios de produção, tal como exigido para a caracterização de empresa e de empresário.

E esta constatação decorre das disposições normativas e relacionadas à constituição de uma sociedade, para a qual basta o exercício de uma atividade econômica, profissional ou não, para que esta possa ser constituída. Tanto assim que para aquelas em que o elemento "organização" constituir elemento de empresa, serão consideradas como empresárias e, simples, as demais.[346] Portanto, a conclusão a que se chega é que pode existir empresa, sem sociedade e, de outro lado, poderão existir sociedades que também são empresas e sociedades que não o são.

Este tema, qual seja, a existência de um exercício coletivo, não constituinte de uma sociedade e realizado através da comunhão de interesses

---

[346] E este o preceito contido no artigo 982 do Código Civil que assim estabelece: "Artigo 982 – Salvo as exceções expressas, considera-se empresária a sociedade que tem por objeto o exercício de atividade própria de empresário sujeito a registro (art. 967); e, simples, as demais." Importa acrescentar e a este respeito, que há substancial alteração no regime jurídico aplicável quando se compara as sociedades empresárias com as sociedades simples e, dentre estas alterações, a impossibilidade da sociedade simples requerer sua recuperação judicial e, portanto, não estando sujeita aos efeitos da falência mas, sim e somente, aos da insolvência civil. Neste sentido Coelho (2006), op. cit., v. 3, p. 247.

no entorno de uma atividade empresarial, é abordado por Messineo (1950, p. 337-338)[347], quando busca compreender e estabelecer a função de um determinado dispositivo do Código Civil Italiano, inserido na sequência àquele que define o conceito de sociedade. Mencionado dispositivo coloca que, quando a comunhão for instituída com a finalidade da manutenção do uso e desfrute de uma ou mais coisas, seria esta relação disciplinada pelas normas relativas às comunhões em geral e, portanto, não constituindo uma sociedade.[348][349]

Neste sentido, tendo por base o extrato de mencionado conceito, o que a diferencia da sociedade são alguns elementos centrais, os quais serão abordados a seguir.[350]

---

[347] MESSINEO, Francesco. *Manuale Di Diritto Civile e Commerciale (Codici e Norme Complementari)*. v. 1. 8. ed. rev. ampl. Milão: Giufrè.

[348] Os artigos do Código Civil Italiano são os seguintes: Art. 2.247 Contratto di società – Con il contratto di società due o più persone conferiscono beni o servizi per l'esercizio in comune di un'attività economica allo scopo di dividerne gli utili. Art. 2.248 Comunione a scopo di godimento – La comunione costituita o mantenuta al solo scopo del godimento di una o più cose è regolata dalle norme del Titolo VII del Libro III (1.100 e seguenti). (TITOLO VII – DELLA COMUNIONE – CAPO I – Della comunione in generale).

[349] E concordando com o entendimento de Messineo (1950) e, inclusive a ele fazendo alusão, Luiz Gastão Paes de Barros Leaes, em Parecer denominado "O Shopping Center como Condomínio Voluntário", datado de 30/06/2010, anexado aos autos dos Recursos Especiais 1.232.631 e 1.255.169-RJ, em que são Recorrentes Marcon Empreendimentos Imobiliários S.A. e Companhia Carioca de Fomento e, Recorrido IRB – Brasill Resseguros S.A., e como Relator o Ministro João Otávio de Noronha, à p. 16, insere a seguinte definição de comunhão empresária: "caracterizada pelo fato de que os bens utilizados para o exercício da empresa coletiva não formam um patrimônio separado e autônomo, como nas sociedades, mas permanecem como bens de propriedade comum".

[350] Todos eles cunhados por Messineo (1950), op. cit., p. 337-338, que são assim transcritos: "Resta, invece, il problema della distinzione fra società-imprenditore e comunione di impresa, in considerazione di quanto si è detto sopra al n. I, sub b, che è fondamentale. A) La distinzione può stabilirsi in base ad um elemento certo. Quando si costituisce (mediante gli apporti dei soci) uma società, il patrimônio che ne risulta *non è comune*, ma appartiene unicamente alla società come soggetto (supra, n. I bis): la legge (2247) non annovera (come invece faceva l'art. 1697 cod. Civ. 1865), fra gli elementi della società, la comunione (di proprietà) dei beni (o servigi) conferiti (supra, n. 2, A), mentre annovera l'esercizio in comune. Per converso, nel caso di comunione di impresa per quote, sono, indivisamente, titolari dell'impresa e del patrimonio (per quota), il due o più imprenditori: manca um soggeto nuovo ed autonomo e manca um patrimonio próprio di questo ("capitale"); i participanti alla comunione sono, infatti, imprenditori e rispondono diretamente essi (per quota) dele obbligazioni della comunione (infra, n. 12, per la c. d. società di armamento). b) È caratteristico della società,

O primeiro deles informa que os bens continuam sendo de propriedade de seu titular, de maneira que há um exercício conjunto entre a titularidade da quota (i.e. da participação) na empresa e no patrimônio colocado à disposição da empresa; ou seja, não se verifica a existência de nenhum sujeito novo e autônomo e, também, inexiste qualquer patrimônio próprio (i.e. capital). Neste sentido, os participantes da comunhão são aqueles que, na verdade, desempenham a figura do empresário e, portanto, respondendo diretamente pelas obrigações decorrentes da comunhão empresária.

O segundo elemento mantém relação com a pessoa que exerce a atividade de empresa que, enquanto em uma sociedade este exercício é por ela realizado, na comunhão de empresa ele é comum a todos os seus participantes. Por conta deste fator, cada um dos coproprietários é considerado como empresário na comunhão de empresa.

O terceiro mantém relação com a finalidade dos bens em si considerados, ou seja, enquanto em uma sociedade eles são considerados como mero instrumento para que o objeto social venha a ser alcançado e se realize o lucro[351], na comunhão de empresa, os bens assumem um papel central e

l'esercizio in comune di un'atività economica; ma, da quest'aspetto, differenza fra società e comunione di impresa non c'è, poichè, anche nella comunione di impresa, l'esercizio di attività economica è comune ai più imprenditori. c) Nella società, il complesso dei conferimenti ha carattere strumentale, rispeto alla produzione del profitto; invece, nella comunione di impresa, ricorre soltanto il concetto di gestione diretta dei beni. d) La comunione ereditaria fra gli eredi dell'imprenditore, per sè, non dà luogo a società (neppure irregolare) (cfr. 202, n. 4), in quanto manca, o può mancare, l'attività economica da parte dei coeredi; e manca anche l'apporto dei beni; questi erano già nel patrimonio dell'imprenditore, salvo che ora appartengono a due o più coeredi di lui, invece che a lui. B) a) Piuttosto, uma distinzione va posta fra la società e quella specie di comunione, che è costituita o mantenuta a *scopo di godimento* (2248), e che è regolata dalle norme sulla comproprietà (1100 segg). Quest'ultima non è imprenditore, perchè in essa manca l'esercizio in comune di attività economica, che, vice-versa, ricorre nella società; e manca il distacco fra comunione e comunisti. b) Ma, si avverta che, anche fra comunione di impresa (supra lett. a) e comunione di godimento, sussiste differenza: la prima non lascia di essere impresa e implica l'esercizio di attività economica; la seconda non è impresa, ma semplicemente forma di godimento in comune, esulandone l'esercizio di attività economica."

[351] A respeito do conceito de lucro, importa a transcrição do levantamento realizado por Alessandra Hirano Fuji, in: O conceito de lucro econômico no âmbito da contabilidade aplicada. Revista Contabilidade & Finanças da Universidade de São Paulo, Faculdade de Economia, Administração e Contabilidade, Departamento de Contabilidade e Atuária, vol. 15, nº 36, Set/Dez. 2004, de forma a verificar acerca de sua fluidez e pertinência seja à relação coproprietária ou à societária: "Adam Smith, na obra *The Wealth of Nations* (1776), foi o

particular, na medida em que sobre eles e a respeito deles é que ocorre a gestão da empresa, isto é, da atividade econômica, sempre organizada à maneira da coletividade comproprietária.

E, acrescente-se a esses elementos, uma ponderação realizada por Messineo (1950, p. 338), através da qual aborda que o fato de a compropriedade constituir um direito real não a distancia do direito de empresa, pois:

> Si è recentemente negato che possa darsi comunione di impresa, perchè l'espressione "comunione" sta a indicare particolarmente il fenômeno della contitolarità dei diritto reali; ma tale opionione, evidentemente ristretta, non tiene conto dell'ampieza di accezione di quel termine, autorizzata appunto dalla legge; e, sopra tudo, dimentica che l'esercizio *in comune* di um'attività economica, menzionato nell'art. 2.247, alude appunto a comunione di empresa, salvo che, nel caso dell'art. 2.247, si trata di comunione unificata a società (con soggettività unitária). Di qui, la legittimità di considerar la comunione *non-unificata* di impresa, le cui manifestazioni, del resto, sono più di uma; non si vede, ad es, quale altro rapporto nasca, se non appunto, uma comunione di impresa, nel caso di succesione di più eredi ad impreditore singolo.[352]

---

primeiro a definir lucro como quantia a ser consumida sem prejudicar o capital, incluindo tanto o capital fixo quanto o capital circulante. J. R. Hicks, na obra *Value and Capital* (1946), definiu lucro como "a quantia que uma pessoa pode consumir durante um período de tempo, estando essa pessoa tão bem no final do período como estava no início". Tanto para Smith quanto para Hicks, o lucro está relacionado com a manutenção da riqueza ou do capital do indivíduo. Chang (1962, p. 639) define o lucro da empresa como "a quantia máxima que a firma pode distribuir como dividendos e ainda esperar estar tão bem no final do período como estava no começo." Solomons (1961, p. 373) adaptou o conceito de lucro proposto por Hicks para uma entidade de negócios, definindo-o como "a quantia pela qual seu patrimônio líquido aumentou durante o período, com os devidos ajustes sendo feitos para qualquer novo aporte de capital contribuído por seus donos ou para qualquer distribuição feita pela empresa para seus proprietários [...]"

[352] Tradução nossa: "Se é recentemente negado que se possa existir comunhão de empresa, por conta de a expressão "comunhão" estar a indicar particularmente o fenômeno da copropriedade do direito real; mas tal opinião, evidentemente restrita, não leva em consideração a amplitude do significado, autorizado pela lei; e, sobretudo, esquece que o exercício em comum de uma atividade econômica, mencionada no artigo 2.2.47, faz alusão à comunhão de empresa, salvo no caso do artigo 2.2.47, por se tratar de uma comunhão unificada à sociedade (com subjetividade jurídica). Neste ponto, a legitimidade de se considerar a comunhão não-unificada de empresa, mas cujas manifestações, de todo o resto, se resume a apenas uma; não se veda, de qualquer forma, uma comunhão de empresa, inclusive na hipótese de sucessão com mais de um herdeiro a um empreendedor individual."

E agora, ainda mais reforçado por conta desta manifestação, o que importa sublinhar é que, de fato, uma empresa pode ser desenvolvida independentemente da constituição de uma sociedade, o que se faz confirmar pela essência da teoria da comunhão de empresa.

Reafirme-se que a escolha de um regime jurídico dentre vários aplicáveis para a mesma situação fática e, como afirmado reiteradas vezes, mantém estreita relação com o princípio constitucional da livre iniciativa, uma vez que ela, segundo Grau (2015, p. 179-180):

> é a projeção da liberdade individual no plano da produção, circulação e distribuição das riquezas, assegurando não apenas a livre escolha das profissões e das atividades econômicas, mas também a autônoma eleição dos processos ou meios julgados mais adequados à consecução dos fins visados. (g.n.)

Portanto, a Constituição do Brasil, ao estabelecer a livre escolha das atividades econômicas, também faz preservar a liberdade de fins e de meios, para o alcance e o desenvolvimento de cada atividade econômica, uma vez que estes – os fins e os meios – informam, dirigem e integram o princípio da livre iniciativa.

Em assim o sendo, aceitar o diverso condenaria à morte a ordem constitucional que estabelece apenas a regra geral do intervencionismo estatal – com objetivos específicos e delimitados – e não seu dirigismo.

Assim, entender que caberia ao Estado, no campo pautado pela livre iniciativa, estabelecer, conduzir, impor algo não previsto – de maneira expressa – ao particular representaria o rompimento de todo um sistema que privilegia a liberdade de atuação; esta apenas e por vezes, limitada pelos princípios que serão abordados no próximo capítulo.

Acrescente-se a estes fatores, a previsibilidade e a calculabilidade tão desejada, especialmente, por aqueles que desenvolvem uma empresa, bem situada por Bobbio (2011) quando realiza um estudo acerca da estrutura da norma jurídica e suas funções tendo por base os elementos da Teoria Pura do Direito de Hans Kelsen.

Após percorrer o caminho de forma a demonstrar que a norma jurídica e o próprio sistema jurídico têm por finalidade não apenas punir, mas também premiar, conclui Bobbio (2011, p. 19): "Se fazes A, podes B, isto é, tens o direito de obter o bem do prêmio". E este prêmio, *in casu*, seria a observância da aplicação do regime jurídico eleito por aquele que desenvolve sua atividade com o imóvel, seja através da compropriedade ou da sociedade.

E assim afirma-se e se conclui, uma vez que o empresário imobiliário ao exercer sua opção pela forma de estruturação jurídica de sua atividade econômica se encontra diante de uma possibilidade conferida pelo ordenamento. Portanto, cabendo a ele optar pelo regime jurídico a ser aplicável a seus interesses, uma vez que é titular de um direito subjetivo que lhe confere não uma faculdade mas, sim, uma autorização jurídica conferida pelo ordenamento, isto é, "transformar em ato a potência, ou seja, a aptidão para a prática de tal ato", conforme Grau (2015, p. 241).

Ilustrando com tema correlacionado e abordado no Capítulo 2 anterior de maneira a iluminar o absurdo: se opta por constituir uma sociedade limitada e, portanto, pelo regime jurídico a ela aplicável. Mas o Estado, ao avaliar as circunstâncias daquela relação jurídica, entende se tratar de uma sociedade por ações, uma vez que pode observar que o elemento que fez unir seus integrantes não era a pessoalidade característica de uma sociedade de pessoas, mas, sim, o capital que cada uma delas possuía, da essência de uma sociedade de capital.

Nestas circunstâncias, a observância, o respeito quanto à escolha realizada resulta naquilo que se costuma qualificar como sendo segurança jurídica[353] que, como coloca Bobbio (2011, p. 59),

> o direito, como ordenamento coativo, visa à segurança coletiva. No exato momento em que se afirma que o direito garante pelo menos a segurança coletiva, quando não a paz, o fim, um certo fim, torna-se um elemento da definição funcional do direito. Uma vez mais o direito não é apenas um meio adequado para qualquer fim, mas tem, ele mesmo, um fim próprio e específico.

Desta forma e, finalizando, a opção por uma específica estrutura jurídica e que se materializa em um determinado regime jurídico tem como finalidade assegurar que as funções sejam observadas, uma vez que, e parafraseando Bobbio (2011, p. 105), a função individual do direito é relevante para os governados.

---

[353] Tepedino (1993), op. cit., p. 16, quando estuda a ausência de disciplina normativa com relação à multipropriedade imobiliária e a insegurança que isto pode ocasionar, coloca: "Quando um interesse, surgido espontaneamente na sociedade, encontra em determinada estrutura jurídica regulamentação adequada, a matéria prescinde de maior atenção do jurista, cingindo-se à livre apreciação da autonomia privada." Portanto, quanto mais naquelas situações em que se verificam diversas possibilidades amparadas pelo ordenamento para uma determinada hipótese.

Portanto, e respondendo à indagação que se realizou ao início deste capítulo: onde há comunhão pode haver compropriedade ou, alternativamente, uma sociedade; de outro lado, onde há sociedade não há, necessariamente, compropriedade e vice-versa, mas sempre haverá uma comunhão.

Capítulo 4
Limites da Autonomia Privada nas Estruturas Estruturantes do Negócio Jurídico Imobiliário

4.1. Delimitação do objeto

Para que se possa iniciar a abordagem dos limites da autonomia privada, torna-se necessário um esclarecimento de maneira que o objeto de estudo seja claramente delimitado como forma de se evitar entendimento que se distancie do foco de observação.

O que se avaliará no presente capítulo serão questões relacionadas aos contornos considerados como limítrofes e que os contratantes possuem ao estabelecerem as bases dos negócios jurídicos, ou seja, os limites da autonomia privada e que devem ser observados quando das tratativas e das respectivas estruturações que destas decorrerem.

Portanto, seu foco central reside nas questões que orbitam entre a boa-fé, a função social e o abuso do direito de maneira que, através da avaliação destes elementos nas estruturas do negócio jurídico imobiliário, se possa desenvolver um debate que tenha por finalidade iluminar aqueles interesses que, por vezes, exorbitam estes limites tendo por base um determinado contexto[354].

E, especialmente, por conta do exercício de um poder de uma das partes contratantes e baseado em sua força econômica e que tende a impor sua vontade através do exercício do poder do econômico. Poder econômico

---

[354] Isto, pois, todo ajuste deve ser avaliado sob a ótica de sua utilidade e justiça para as partes dele integrantes e, sempre, concorde com o ordenamento jurídico, como assim coloca Martins-Costa (2015).

este não circunscrito e limitado às situações e relações objeto de estudo pelo direito concorrencial, mas, sim, sob a ótica daqueles comportamentos praticados por integrantes da relação jurídica e que de alguma maneira escapem àquilo que o direito entende como algo aceitável e, para tanto, fazendo incidir princípios ou normas abertas (i.e. modelos abertos) que têm por finalidade restringir, ou, então, dosar comportamentos, de maneira que se conformem aos limites estabelecidos em determinado contexto social.

E como coloca e explica Martins-Costa (2015, p. 7), "são modelos abertos aquelas estruturas normativas cuja estatuição ou consequência, ou ambos, tem baixo grau de determinação. É precisamente o caso do artigo 187[355] [...] e também o artigo 113[356] do Código Civil [...]".

E o desafio reside, exatamente, em estabelecer critérios que possam de alguma maneira iluminar os caminhos interpretativos quando da observação de uma determinação relação negocial imobiliária sob a ótica dos limites a serem por ela observados.

4.2. Contextualização dos limites e das estruturas estruturantes

Foram avaliados e discutidos, sob a ótica das principais relações que se estabelecem em uma relação jurídica imobiliária, os regimes jurídicos aplicáveis à Compropriedade e à Sociedade; seja de forma isolada ou de maneira comparada. Inclusive, realizadas abordagem e ponderações acerca do tema relacionado às semelhanças e diferenças entre as duas espécies de comunhão de interesses organizados, como forma de melhor vincar suas particularidades distintivas, as sinônimas e as verossimilhanças[357].

Neste sentido, compreendidos tais regimes jurídicos em sua essência normativa, bem como seus principais pontos de convergência ou divergência teórica, a eles serão agregados elementos tendentes ao estabelecimento

---

[355] Diz o Artigo 187 do Código Civil: "Artigo 187 – Também como ato ilícito o titular de um direito que, ao exercê-lo, excede manifestamente os limites impostos pelo seu fim econômico ou social, pela boa-fé ou pelos bons costumes".

[356] O artigo 113 do Código Civil coloca: "Artigo 113 – Os negócios jurídicos devem ser interpretados conforme a boa-fé e os usos do lugar de sua celebração."

[357] Segundo De Plácido e Silva (2013), op. cit., p. 862: "Verossimilhança. De verossímil (plausível), entende-se a plausibilidade, a probabilidade de ser. A verossimilhança resulta das circunstâncias que apontam certo fato, ou certa coisa, como possível, ou como real, mesmo que não se tenham deles provas diretas.[...] Deve ser deixada ao prudente arbítrio do juiz, que a resolverá segundo as circunstâncias que cercam cada caso, diante do exame das relações existentes entre as provas feitas e os fatos que se pretendem provar."

de certas discussões e que mantêm relação com determinadas bases relacionadas com a estruturação de uma relação jurídica imobiliária organizada. E, no contexto destes elementos que se constituem pelas cláusulas contratuais serão abordados, como informado, alguns elementos conformadores e que têm por finalidade estabelecer limites jurídicos à relação que se estabelece na esfera da autonomia da vontade.

Como colocado por Gondinho (2001, p. 138):

> o controle da legitimidade ora em foco deve abranger a tutela constitucional da iniciativa privada e a propriedade, de modo que a intervenção da autonomia privada no âmbito da modelação de situações jurídicas reais se submeta aos princípios constitucionais, fazendo incidir, nas relações privadas de direito real, os valores existenciais e sociais situados no vértice do ordenamento.

E acrescente-se a estes elementos, aqueles outros relacionados a um desenvolvimento sustentável da atividade econômica empresarialmente organizada e que se encontra, parafraseando Bertoncello (2016, p. 56), intrinsecamente relacionado ao conceito de ética empresarial e de responsabilidade corporativa, em que o papel daquele que desenvolve uma atividade econômica vem se modificando de forma acentuada de forma a corresponder àquilo que a sociedade dele espera.[358]

Em sentido semelhante leciona Wald (2005, p. 323), ao versar acerca dos princípios gerais que constam do Código Civil: "tanto a empresa individual quanto a chamada sociedade empresária devem atender aos imperativos éticos e sociais"[359], sendo que se pode acrescentar o que Chalub

---

[358] BERTONCELLO, Fernando R.M. *Direito, Mercado Financeiro e Sustentabilidade*. Curitiba: Prismas, 2016. E, neste sentido, traz à colação as palavras de Elias Farah, in: Ética Empresarial: reflexões básicas para uma análise mais ampla, Revista de Direito Bancário e do Mercado de Capitais, nº 55, Revista dos Tribunais, 2012, p. 396: "O relacionamento empresarial deve principiar no consenso com um fator básico: as partes devem ser introduzidas à convicção possível que todos os contratos, de qualquer espécie e gênero, estarão assentadas na virtude da recíproca confiança; A confiabilidade mútua é o pressuposto que garante a legitimidade de todos os atos. Os elementos de confiança, veracidade, legitimidade, respeito e responsabilidade social adquirem mais relevância, na medida em que a empresa passa a constituir atividade preponderantemente na moderna civilização [...]"

[359] WALD, Arnold. *A Empresa no Novo Código Civil*. In: O Crédito Imobiliário em face do Novo Código Civil/Instituto de Registro Imobiliário do Brasil e Associação Brasileira das Entidades de Crédito e Poupança. São Paulo: IRIB/ABECIP.

(2005, p. 323) afirma nos seguintes termos "a eticidade está materializada na concepção moderna da boa-fé objetiva".[360]

Portanto, e além da simples moldura[361] de uma estrutura associativa[362] que poderá adotar uma diversidade de formas para uma também infinidade de efeitos -, por vezes desejáveis, outrora impensados e, talvez, incompreendidos em sua plenitude quando de seu nascimento – o que se objetiva é o enfretamento das motivações e dos limites daqueles que exercem ou podem exercer seu impositivo poder de direção quando da escolha por determinada estrutura jurídica.

E abordar, também, parcela das particularidades interiores do próprio molde escolhido para, assim, possuir uma massa crítica, de forma a realizar uma avaliação acerca dos limites jurídicos na relação jurídica imobiliária assim formatada.

Em face deste panorama, serão considerados como regimes associativos e para fins de compreensão do que se pretende abordar, aqueles relacionados à Compropriedade Consensual ou, então, à Sociedade Personificada, ambos sob a significância e condições considerados nos capítulos anteriores.

Aliado a estes regimes, serão abordadas algumas das disposições contratualmente estruturais e costumeiramente aplicáveis quando do nascimento destes negócios jurídicos imobiliários, e que operam como disposições "privadas normativas"[363], que se dirigem à essência do poder central do negócio objeto do acordo associativo.

---

[360] CHALUB, Melhim Namem. Novos Aspectos Obrigacionais do Direito Imobiliário. In: O Crédito Imobiliário em face do Novo Código Civil/Instituto de Registro Imobiliário do Brasil e Associação Brasileira das Entidades de Crédito e Poupança. São Paulo: IRIB: ABECIP, 2005. Sendo que, em continuação, ele transcreve as palavras de Miguel Reale nos seguintes termos: "a vida jurídica está tão vinculada a processos sociais e econômicos e a exigências éticas, que as normas não devem ser rigorosamente jurídicas, mas abertas a uma série de perspectivas."

[361] A expressão "moldura" no contexto do presente texto é utilizada de forma emprestada de KELSEN, Hans, in: Teoria Pura do Direito; 7.ed. São Paulo: Martins Fontes, 2006, p. 390, não obstante em um sentido especificamente relacionado à opção pelo regime jurídico e suas consequências, mas em sua essência, delimitando a aplicação e desenvolvimento do objeto da relação.

[362] Quando se utiliza da expressão "estrutura associativa", não se deseja estabelecer qualquer relação conceitual com a "associação", sem fins econômicos, prevista no artigo 52 do Código Civil, mas, sim, atribuindo-se à palavra associação a conceituação de gênero da espécie em que as sociedades personificadas, não personificadas, e a Compropriedade seriam espécies.

[363] A expressão "privadas normativas" é utilizada no sentido de que são disposições estruturantes do negócio jurídico imobiliário e que buscam a ele conferir perenidade e segurança

A avaliação destas questões irá percorrer os caminhos de uma consideração metodológica relacionada à autonomia privada correlacionada ao poder de controlar. Isto, também, por vezes ancorado no poder econômico[364] de um dos agentes contratantes, assim como, de maneira geral, acerca dos limites legais e principiológicos da ordem jurídica. Pois, como lembrado por Comparato (2016, p. 471) e fazendo menção a Aristóteles, "o homem é o melhor dos animais quando perfeito; ele é o pior de todos quando afastado do direito e da justiça."

Questões estas que têm como finalidade identificar os elementos balizadores e equalizadores de uma moldura aplicável quando do desenvolvimento da estrutura associativa das relações jurídicas que se estabelecem no entorno e, intrinsicamente, em um negócio jurídico imobiliário que deve atender à sua função social constitucional[365].

De outro lado, a abordagem da concepção dos regimes estruturantes sob a ótica do conceito do poder de controlar, buscará identificar as relações existentes entre o poder daquele que possui certa predominância econômica sobre o outro e o controle das estruturas estruturantes do próprio negócio, pois conforme Mello (2009, p. 82)[366], quando menciona Guilherme Döring Cunha Pereira em Alienação do Poder de Controle

---

jurídica e, ao mesmo tempo, estabelecer mecanismos de estabilização e confirmação do poder de controlar. Grau (2015), op. cit., p. 93 e, utilizando-se de semelhante raciocínio, denomina as disposições "privadas normativas" de "[...] liberdade de configuração interna dos contratos", exatamente quando discute que a liberdade contratual, sofre limitações "ponderabilíssimas" por força constitucional.

[364] Toma-se por empréstimo, a caracterização de poder econômico cunhada por Bagnoli (2009), op. cit., p. 29, nos seguintes termos: O poder econômico é a manifestação do poder condicionado ao fator econômico que subordina quem não detém o elemento econômico. A manifestação do poder econômico é uma dominação dificilmente percebida, na qual dominante e dominado se relacionam formando algo único, ao mesmo tempo em que permanecem distintos, cada qual à face uma mesma moeda. "O senhor precisa do seu escravo, senão deixa de ser senhor; o escravo reconhece sua condição e seu senhor."

[365] As palavras de Marco Fábio Morsello, in: O Condômino Antissocial sob a Perspectiva Civil Constitucional. Revista da Faculdade de Direito da Universidade de São Paulo. v. 109, p. 171, 2014, quando aborda o comportamento antissocial do condômino em um condomínio edilício e avalia a possibilidade de sua expulsão, assim coloca: "Forte nessas premissas, a propriedade deve ser analisada sob a ótica de uma relação jurídica complexa, com proeminência da função social em seu núcleo, propiciando efetividade diante de exercícios abusivos de direito [...]".

[366] MELLO, Felipe de Almeida. *Abuso do Poder de Controle e a Utilização da Arbitragem para a Resolução de Conflitos Societários*. Dissertação (Mestrado em Direito Político e Econômico) – Universidade Presbiteriana Mackenzie, São Paulo, 2009.

Acionário coloca: "o poder de controle [...] enquadra-se como uma modalidade de poder econômico."

Dito de outra forma, de maneira a se deixar vincado o entendimento, o que será objeto de reflexão são as razoáveis motivações relacionadas à escolha de um determinado regime jurídico simultaneamente à discussão acerca dos elementos de um negócio jurídico imobiliário organizado, ambos sob a ótica de sua estrutura e da regulação de seus eventuais limites.

Apenas recordando, um dos regimes jurídicos se refere à própria propriedade imobiliária e, em seu imediato e exclusivo entorno se desenvolve diretamente o negócio jurídico com as consequências e regramentos relacionados à denominada compropriedade consensual titularizada, portanto, em quinhões por cada um dos integrantes da relação jurídica.

De outro lado, mas sem que a propriedade imobiliária seja o foco direto e imediato do regime jurídico determinante das relações a serem estabelecidas, são utilizadas as estruturas societárias sob o regime jurídico aplicável às sociedades limitadas ou por ações e, sob esta roupagem, um imóvel é adquirido pela sociedade personificada que, por sua vez, é que, desempenhará uma relação direta e de domínio real sobre o imóvel. Portanto, nesta opção, aos sócios da sociedade importa que a pessoa jurídica do qual participem cumpra seu objeto de maneira que, na forma estabelecida quando do ingresso, possam auferir os resultados da atividade econômica empreendida.

4.3. Controle e a correlação com a estrutura: a comunhão societária e a compropriedade

No estudo dos regimes jurídicos da compropriedade e da sociedade foram identificadas e avaliadas as formas de administração em cada um dos regimes como um meio para, agora, possibilitar a avaliação do interesse de determinado integrante optar por um ou outro regime, a depender da possibilidade de poder exercer o controle da estrutura assim concebida. Tanto assim que as matérias passíveis de deliberação em cada um dos regimes e os respectivos quóruns normativamente estabelecidos foram abordados de forma substancialmente detalhada, de maneira a estabelecer um cenário que faculte ao seu intérprete possuir condições de avaliação sob a ótica dos interesses que se pretende resguardar a depender de sua posição no processo de regulação jurídica.

E dentre esses, o objeto de apreciação, neste específico momento, se restringe ao agente da relação que define, que impõe a opção pela estrutura por conta da possibilidade de dirigi-lá, ou seja, como coloca Comparato (1983, p. 25) como sendo "[...] a possibilidade de uma ou mais pessoas imporem sua decisão [...]".

Imposição esta decorrente, na maioria das vezes, do exercício prévio de um poder estruturante-determinante que, pelo menos em determinadas situações, ao assim proceder, o exerce na conceituação, implementação e direção da relação jurídico-econômico-negocial imobiliária.

Como se buscou demonstrar alhures, e uma vez observadas as particularidades a ele relacionadas, no regime jurídico da Compropriedade, o poder de controlar a gestão ordinária decorre, essencialmente, da titularidade da maioria dos quinhões em que se divide a propriedade, maioria esta calculada pelo valor de cada um dos quinhões detidos por cada um dos coproprietários e, sempre, sob a premissa de que o titular individual ou coletivo deste direito, de fato, o exerça na gestão da coisa em comum.

Neste sentido, é possível concluir que não se faz necessário ser detentor de uma posição, em quinhões, corresponde à mais da metade da totalidade dos quinhões existentes. Mas, sim, de quinhões que, em seu valor intrínseco, represente mais da metade do total dos valores dos quinhões em si considerados para que, em tese e em princípio, se possa exercer o controle da gestão ordinária do bem objeto da compropriedade.

De outro lado, no regime jurídico das sociedades abordadas através deste trabalho, o poder de controlar, para o que interessa ao objeto do presente estudo, pode ser titularizado por aquela "pessoa, natural ou jurídica, ou grupo de pessoas vinculadas por acordo de voto, ou sob controle comum, que é titular de direitos de sócio que lhe assegurem, de modo permanente, a maioria dos votos nas deliberações da assembleia geral e o poder de eleger a maioria dos administradores e usa efetivamente seu poder para dirigir as atividades sociais e orientar o funcionamento dos órgãos da sociedade"[367], como alhures esclarecido quando do estudo das sociedades.

Por interpretação analógica, e considerados determinados ajustes interpretativos, a conceituação acerca da titulação do poder de controlar, tanto

---

[367] Artigos 116 e alíneas "a" e "b" da Lei nº 6.404, de 15 de dezembro de 1976, transcrição livre, porém, observando o texto dos dispositivos.

na Compropriedade Consensual quanto em uma Sociedade Personificada, poderão se aproximar através da exegese de seus elementos intrínsecos e constituintes.

A atividade econômica e a forma organizacional relacionada à condução dos negócios sociais, independentemente do regime jurídico da estrutura, em muito se assemelham, sem, contudo, confundirem-se sob a ótica de sua essência normativa e que confere a cada uma das possibilidades tratamento normativo notavelmente distinto.

Enquanto em uma sociedade há, de fato, a figura dos administradores que ocupam, a depender da estrutura normativa societária interna, posições em órgãos da administração da sociedade, tais como no Conselho de Administração, no Conselho Fiscal e na Diretoria, inexiste esta possibilidade quando da compropriedade, uma vez que a compropriedade não possui personalidade jurídica e, tampouco, é sujeito de direito e de obrigações, tal qual ocorre com os condomínios edilícios.

A este respeito, importante notar que, em sendo do interesse de uma determinada coletividade de comproprietários, não haveria impedimento na criação de grupos internos – i.e. sem representação externa – e cuja competência estaria circunscrita à discussão de assuntos previamente estabelecidos pela comunhão dos mesmos. Neste sentido, portanto, mesmo que inexistente a personalidade jurídica da compropriedade, através de arranjos contratuais seria possível a obtenção de um resultado equivalente àquele normativamente facultado às sociedades no que se refere à criação de conselhos especializados.

Sob a ótica da avaliação da motivação dos participantes em uma e noutra estrutura, há também uma diferenciação que deve ser objeto de prévias e ponderadas reflexões antes da adoção de um determinado regime jurídico.

Na Compropriedade, o que tende a impulsionar a união é a possibilidade da comunhão direta e sobre o próprio imóvel que constitui objeto do negócio, motivação esta por vezes baseada, também, em restrições legalmente impostas a um dos participantes por conta de uma imposição normativa[368].

---

[368] A este respeito, se pode fazer alusão, exemplificativamente, às entidades fechadas de previdência privada e a determinada categoria de fundos de investimento regulados pelo Banco Central do Brasil em que se estabelece que o aporte de investimento diretamente em imóveis é vedado ou, então, cujo aporte de recursos não é autorizado em sociedades de capital fechado.

Por sua vez, na Sociedade Personificada, o que talvez impulsione os seus participantes é a participação em uma estrutura que faculte possibilidades e facilidades outras que não somente apenas a garantia de exercerem, de forma direta e principalmente, um poder real sobre a coisa objeto do negócio jurídico imobiliário.

E, conjuntamente com a compreensão detalhada destes regimes jurídicos e de suas particularidades e que foram abordados nos capítulos anteriores, se faz conveniente avaliar que outros elementos ou disposições "privadas normativas"[369], afora a própria moldura do regime jurídico adotado, são costumeiramente utilizados quando da concepção das estruturas associativas.

Isto, pois, com a finalidade de uma avaliação integrativa entre a moldura decorrente do regime jurídico adotado com as inserções estabelecidas por conta da autonomia privada, de forma que seja possível se ponderar acerca dos limites jurídicos desta relação negocial de efeitos econômicos entre agentes imobiliários.

4.4. Disposições Privadas Normativas em Negócios Jurídicos Imobiliários

Quando da concepção dos denominados "empreendimentos imobiliários estruturados"[370], certas disposições contratuais, em sua essência de conteúdo normativo, funcionam como sendo disposições "privadas normativas", sendo as mesmas e, em grande parte, decorrentes da criação do empresá-

---

[369] Como colocado anteriormente: A expressão "privadas normativas" é utilizada no sentido de que são disposições estruturantes do negócio jurídico imobiliário e que buscam a ele conferir perenidade e segurança jurídica e, ao mesmo tempo, estabelecer mecanismos de estabilização e confirmação do poder de controlar.

[370] Se entende por "empreendimentos imobiliários estruturados" – para os fins do presente trabalho -aqueles que, por conta de suas características de perenidade e desejável perpetuidade, são concebidos de forma a prever e disciplinar situações de administração continuada e o quanto possível centralizada, sendo que, por conta dos mesmos, um conjunto de relações jurídicas são estabelecidas, geridas e resolvidas com frequência, constituindo verdadeiros centros de negócio jurídico. E como exemplos deste tipo de empreendimento, é possível mencionar um Shopping Center ou, então, uma incorporação imobiliária faseada, entendida esta como sendo um projeto de construção de um imóvel destinado à alienação por meio de frações ideias constitutivas de futuras unidades autônomas, a ser desenvolvido ao longo de inúmeros anos, por conta de razões mercadológicas conciliadas a um conjunto de razões econômico-financeiras.

rio que encampa a figura do empreendedor imobiliário. Este entendido como sendo aquele que identifica o imóvel; pesquisa, planeja, organiza, concebe, desenvolve e, especialmente, assume o risco, pelo menos o inicial, da atividade econômica a ser desenvolvida.

Neste contexto, pode-se compreender como disposições privadas normativas aquelas que, em sua essência, tendem a regular as relações organizacionais no entorno e no centro do poder de decisão e acerca de questões possivelmente acreditadas como estratégicas para o contínuo e regular desenvolvimento da atividade econômica empresarialmente organizada. Isto, portanto, creditando no sucesso de um poder de administração o quanto possível centralizado e experientemente capacitado, mas nem sempre declarado ou exteriorizado de maneira transparente[371].

Neste sentido, as assim pensadas disposições "privadas normativas", por conta da subsunção ao preconizado conceito estruturante estruturador da estrutura, são as seguintes:

(I) contratação do próprio empresário empreendedor imobiliário ou, então, de sociedade por ele controlada, coligada ou indicada para a gestão do empreendimento imobiliário, com a fixação de específica remuneração e outorga de mandato com amplos poderes de administração da coisa indivisa, com cláusula de irrevogabilidade e irretratabilidade, como condição de negócio;

(II) estabelecimento de quóruns mínimos para a aprovação de determinadas matérias a serem submetidas à apreciação dos condôminos, quóruns estes que somente poderiam ser atingidos com o voto favorável ou, então, não negativo (veto) do empresário empreendedor imobiliário; assim como de alteração dos quóruns estabelecidos normativamente para a aprovação de temas de interesse da comunhão;

(III) a formação do voto a ser proferido em condomínios edilícios, através das deliberações havidas previamente nas reuniões da Compropriedade Consensual ou, então, mediante exercício da representação da sociedade detentora do bem objeto da atividade econômica em tais assembléias;

[371] Diz-se nem sempre declarado, pois, nas palavras de Pierre Bourdieu, In: O Poder Simbólico, Rio de Janeiro: Bertrand Brasil, 1989, p. 9: "[...] o poder simbólico é, com efeito, esse poder invisível o qual só pode ser exercido com a cumplicidade daqueles que não querem saber que lhe estão sendo sujeitos ou mesmo que o exercem."

(IV) renovações compulsórias, automáticas e sistematicamente infinitas do estado de indivisão da compropriedade[372];
(V) prévia aprovação de expansões imobiliárias, entendidas estas como sendo a edificação de novas construções em acréscimo às existentes; com a consequente diluição dos não participantes no pagamento de seus custos e despesas na proporção dos quinhões detidos na propriedade, e o estabelecimento de critérios que levam em consideração para fins de diluição a área construída antes e pós a realização da expansão;
(VI) retenção compulsória de recursos para futuros investimentos em finalidades relacionadas ao desenvolvimento do empreendimento imobiliário ou, então, de qualquer de seus agentes participantes[373];
(VII) permissão, explicita ou não, quanto ao desenvolvimento de empreendimento concorrente àquele objeto da compropriedade, em imóvel contíguo ao do negócio imobiliário do qual participa;
(VIII) ajustes que podem caracterizar abuso do poder de controlar, especialmente, nas sociedades detentoras da propriedade imobiliária do bem que constitui seu principal ou único objeto social;
(IX) inserção de disposições em acordos que, como lembrado por Carvalhosa (1997, p. 480) e relatado alhures, constituem um *"ato de verdade"* [em contraposição a uma declaração de vontade], como v.g. aprovação prévia e sem conhecimento de conteúdo de relatório e contas da administração ou balanço e demonstrações de contas ou mesmo a ratificação de atos de natureza legal, como o dividendo obrigatório declarado pelos órgãos da administração.

Estas tais prescrições privadas normativas tenderiam a encerrar em si mesmas condições precedentemente vinculativas e assecuratórias de uma espécie de dirigismo negocial no entorno e no centro do desenvolvimento da própria atividade econômica empreendida.

---

[372] A respeito desta disposição e, como abordado no primeiro capítulo, importante recordar que há limite temporal de cinco anos no que se refere ao pacto de indivisibilidade.
[373] Tais como a realização de incentivos à permanência ou, então, ao desenvolvimento de uma determinada atividade econômica no imóvel objeto de exploração pelo empreendedor (i.e. financiamento de obras civis; melhorias, pagamento de equipamentos).

Isto, pois, se verifica quando do estabelecimento de mecanismos relacionados de forma direta com a administração ordinária e extraordinária do imóvel objeto da relação jurídica, através do direito de indicar ou nomear pessoas para a realização da administração da coisa indivisa; assim como naquela situação em que encontra pré-fixada a remuneração deste agente prestador de serviços como uma condição de ingresso no empreendimento.

E, acessoriamente, enquanto instrumento de efetivação deste dirigismo, inserir a outorga de mandato irrevogável e irretratável como condição intrínseca e essencial de participação na relação jurídica, visando construir elementos de forma a se entender como fixado um ambiente propício ao poder de controlar ordinariamente – o dia a dia – da atividade econômica constituinte do interesse social da comunhão estabelecida.

Mas não apenas a gestão ordinária da coisa comum se acredita como estando subsumida a este dirigismo do poder estruturante estruturador.

É possível creditar que há outras disposições que têm por finalidade buscar assegurar a perpetuidade do poder de comandar também a gestão extraordinária[374]do negócio jurídico, especialmente, nos seguintes casos: disciplina da futura expansão das edificações existentes na compropriedade; aquisição de imóveis lindeiros mediante a retenção compulsória de receitas dos integrantes da comunhão; o investimento em obras de reformas, não naturalmente necessárias de forma a manter a integridade do bem objeto da compropriedade, dentre outras situações.

E, aliadas à gestão ordinária e à extraordinária, são também identificadas determinadas condições que tendem possibilitar ao agente estruturador auferir ganhos, seja por meio da precificada transferência do poder de controlar ou, então, por conta da disciplina tendente à antecipação de posições futuras previsivelmente projetadas em algum momento da embrionária concepção estrutural da estrutura[375].

Ao lado e a bem da busca pela perpetuidade no poder, com relação a questões entendidas como estratégicas, são identificadas outras, também normativas, que visam estabelecer os quóruns mínimos para aprovação de determinadas matérias, assim como aquelas que disciplinam a formação

---

[374] Valendo recordar acerca deste elemento as discussões havidas nos capítulos anteriores acerca da possibilidade ou impossibilidade normativa da modulação dos efeitos dos direitos reais e, inclusive, da criação de direitos reais pela via consensual.

[375] E tais circunstâncias não são reveladas àqueles que ingressam na Compropriedade Consensual e são mantidas em resguardo e sigilo pelo empresário empreendedor imobiliário.

do voto através de reuniões em ambiente distinto daquele em que será decidido o tema, como forma pensada de se fazer prevalecer o dirigismo; o controle.

Tais disposições teriam por finalidade, outrossim, enfrentar situações nas quais participantes não familiarizados, suficientemente, com a gestão do negócio jurídico imobiliário poderiam, através do peso de seu voto, buscar dirigir o negócio de maneira contrária aos próprios interesses da compropriedade ou da sociedade. E, neste sentido, se verifica a existência de mecanismos que têm por finalidade, no campo da boa-fé objetiva, resguardar os interesses legitimados pelo sistema normativo, uma vez que, como coloca Carvalhosa (1997, v.2. p. 478), "será ilícito o acordo que viole normas de lei, do estatuto social, os bons costumes e os princípios gerais de direito.".

Isto tudo como forma de resguardar os interesses da coletividade em detrimento daqueles essencialmente egoísticos ou, melhor dizendo, personalíssimos. A depender das circunstâncias fáticas, idêntica reflexão poderia ser aplicada ao direito de veto, considerado por alguns como o mais relevante dos direitos naquilo que se refere ao exercício do poder de, pela negativa, exercer o dirigismo social.

De outro lado, seria possível entender que, senão em sua totalidade, mas pelo menos em parte, algumas das prescrições "privadas normativas" possuem como um dos seus fundamentos coibir o exercício do voto que teria por objetivo apenas buscar o máximo retorno possível sobre o capital investido e no menor espaço de tempo, não prestigiando, por vezes e da forma apropriada, o exercício da plena função social da propriedade[376] sob a ótica da tutela da atividade econômica.

Isto por conta do crescente interesse acerca do aumento dos lucros a qualquer preço e, portanto, em dissonância do desenvolvimento de uma atividade econômica pautada pela observância dos princípios da ordem econômica que, em sua essência, objetiva o desenvolvimento dos mercados. Neste sentido, relevante presumir que em algumas situações se faz necessária a realização de investimentos de forma que a atividade empresarial

---

[376] Estabelece a Constituição do Brasil, em seu "Artigo 5º – Todos são iguais perante a lei, sem distinção de qualquer natureza, garantindo-se aos brasileiros e aos estrangeiros residentes no País, a inviolabilidade do direito à vida, à liberdade, à igualdade, à segurança e à propriedade, nos seguintes termos:...XXIII – a propriedade atenderá sua função social."

possa subsistir e, com isso, a distribuição dos dividendos ou dos resultados – i.e. especialmente na compropriedade – poderia ser, pelo menos durante esta fase, relativizada, ou seja, diminuída de maneira a possibilitar a busca pela perenização dos negócios sociais.

No que se refere ao estabelecimento da prorrogação compulsória, sistemática e, o tanto quanto possível, infinita do estado de indivisão da coisa sobre a qual se desenvolve o negócio imobiliário, se pode compreender como sendo sua finalidade aquela relacionada à mitigação da possibilidade prescrita pela norma jurídica da divisibilidade da coisa após determinado número de anos ou, então, como estudado alhures, da venda da coisa em bloco.

As prévias aprovações, também inseridas no contexto normativo estrutural da relação baseada na autonomia privada das partes signatárias do acordo, teriam como fundamento o enfretamento de certas situações relacionadas ao regime jurídico adotado, assim como desde logo enfrentar discussões acerca de eventuais conflitos que possam, naturalmente surgir por conta do exercício de certos poderes atribuíveis àquele que exercitar o dirigismo negocial.

Possível perceber e entender, portanto, que a antecipação de posições e posicionamentos objetiva, o tanto quanto possível, perenizar a relação de forma a torná-la o quanto mais transparente e pacífica possível, dando assim cumprimento ao dever de lealdade negocial, intrinsecamente relacionado ao esperado pacífico relacionamento entre agentes no entorno de um negócio jurídico imobiliário perene.

De qualquer modo, é importante averiguar quais seriam os limites das tais disposições "privadas normativas" sob o prisma de sua individualidade ou, então, quando observadas em seu funcionamento conjunto e, ainda mais, em um sistema de concorrência com a estrutura definidora do regime jurídico adotado para a estruturação do negócio jurídico imobiliário. Colocado de outra forma: de que maneira ou através de que elementos poderiam ser estabelecidos os limites da estrutura estruturante do negócio jurídico imobiliário na relação entre agentes imobiliários?

No que se refere a estes limites, e como afirmado logo no início deste capítulo, deverão ser enfrentadas pelo aplicador do direito situações fáticas baseadas em normas abertas, ou seja, em modelos abertos e, para tanto, de forma a auxiliar o processo de interpretação e aplicação sem que se perca a segurança jurídica esperada do Direito, se transcreve as palavras de Martins-Costa (2015, p. 8), nos seguintes termos:

[...] a minha mais presente preocupação intelectual e a mais pesada responsabilidade como jurista, a saber: determinar e explicitar critérios para a aplicação de modelos jurídicos abertos, procedendo a uma adequada – isto é, corretamente orientada – qualificação jurídica dos fatos, pois a qualificação é, por assim dizer, o momento máximo da interpretação [...]

Acerca dos modelos abertos e sua interface com as estruturas estruturantes se dedicará o item seguinte.

4.5. Limites da Autonomia Privada nas estruturas estruturantes

Com relação, especificamente, à questão dos limites, uma reflexão preliminar se faz necessária, pois permeará o entendimento acerca da conformação do comportamento social em face do ordenamento que busca sua disciplina.

Na medida em que eles – os limites – são, de certa forma, estabelecidos pelo Estado através de seu reconhecimento pelo direito posto, seriam estas limitações apenas regras de exceção ou, então, constituiriam o próprio elemento formador do direito em si considerado em sua abrangência social.

Esta questão foi objeto de enfrentamento por Lourenço (2001, p. 185)[377] que, após realizar avaliação acerca de certas condições relacionadas ao neoliberalismo e à dificuldade em se aceitar que a criatura – no caso, o Estado – impusesse restrições ao seu criador – no caso, a pessoa -, ao final de sua pesquisa conclui, após avaliação do sistema jurídico, que estas restrições limitadoras que operam de certa maneira em oposição à autonomia da vontade, sempre existiram no ordenamento jurídico e possuem uma natureza principiológica.

E existiram, existirão e continuarão a existir, conclui Lourenço (2001), pois

> os limites não constituem simples exceções à regra geral, mas aplicação de um princípio sempre presente. A heterenomia[378] é mais do uma restrição à autonomia da vontade; é também um princípio do negócio jurídico, criado para garantia da coexistência em sociedade de todos os homens.[379]

---

[377] LOURENÇO, José. *Limites à liberdade de contratar: princípios da autonomia e da heteronomia da vontade nos negócios jurídicos*. São Paulo: Juarez de Oliveira.
[378] A palavra heteronomia é utilizada por Lourenço (2001), op. cit., p. 185, como sendo um oposto à palavra autonomia no contexto em que avalia e discute os limites da autonomia da vontade e alça estes limites como sendo princípios mantenedores da vida em sociedade.
[379] Loc. cit.

Aludindo à Kant e se referindo à autonomia, Comparato (2016, p. 467-468) coloca que apenas o homem é capaz de viver desta forma, ou seja, em conformidade com as regras por ele editadas e, neste sentido, faz menção à Aristóteles que afirma "é, pela sua própria essência, um ser ético, que tem consciência do bem e do mal, capaz das maiores crueldades e vilanias, assim como dos gestos mais heroicos e sublimes".[380]

Por esta razão, o estudo dos limites se torna ainda mais necessário e valioso à construção de um Estado conformado pela essência dos valores constitucionais; pois "o homem é, em grande parte, autor de si mesmo", em existência com a realidade social da qual participa, se integra e se constitui.

E o entendimento acerca da "autonomia privada"[381] e seus elementos caracterizadores, assume posição estratégica na abordagem acerca dos limites daquele que exerce o poder de definir a estrutura quando da avaliação das estruturas estruturantes do negócio imobiliário. E ao se abordar os aspectos relacionados à esta autonomia, é possível estabelecer, de maneira intuitiva, uma correlação com o abuso de finalidade do próprio direito como maneira de se identificar seus limites.

Neste sentido, Boraschi (2013) coloca que "a reflexão do assunto e, mais ainda, as soluções e alcance da redação legal a que a matéria pode alcançar assumem importância prática capaz de constituir um novo tema na vida dos nossos tribunais, até por que, na atualidade, pouco se tem debruçado sobre o abuso da finalidade econômica do direito".[382]

Para tanto, para que se possa entender como se opera o abuso da finalidade, inicialmente se faz importante compreender o que se define e se entende como sendo autonomia privada.

Buscando construir os elementos necessários à conceituação, Perlingieri (2007, p. 17), e reconhecendo que o conceito por ele desenvolvido deve servir apenas como um ponto de partida para posteriores desenvolvimentos

---

[380] COMPARATO, Fábio Konder. Ética: Direito, Moral e Religião no Mundo Moderno, 3. ed. rev. São Paulo: Companhia das Letras.

[381] Coloca Grau (2015), op. cit., p. 91: "[...] a liberdade de contratar tem o sentido precípuo de viabilizar a realização dos efeitos e virtualidades da propriedade individual dos bens de produção. Em outros termos: o princípio da liberdade de contratar é instrumental do princípio da liberdade privada dos bens de produção".

[382] BORASCHI, Reginaldo. *O Abuso decorrente da Violação à Finalidade Econômica do Direito*. Dissertação (Mestrado em Direito) – Pontifícia Universidade Católica de São Paulo, São Paulo. Disponível em: http://www.sapientia.pucsp.br/tde_arquivos/9/TDE-2013-06-05T08:29:54Z-13653/Publico/Reginaldo%20Boraschi.pdf. Acesso em: 14 abr. 2016.

críticos, conclui que a autonomia privada poderia ser entendida como "o poder, reconhecido ou concedido pelo ordenamento estatal a um indivíduo ou a um grupo, de determinar vicissitudes jurídicas [...] como consequência de comportamentos – em qualquer medida – livremente assumidos."[383]

Desta forma, a autonomia privada consubstanciaria um direito deferido ou reconhecido a uma determinada pessoa ou grupo de pessoas para livre desenvolvimento de alguma atividade, com consequências juridicamente estabelecidas por conta da prática de atos reconhecidamente legitimados.

Em complemento a mencionado conceito e, no entendimento de Borges e Vasconcelos (2015, p. 24) "a autonomia privada, como evolução do dogma voluntarista, constituiu-se como um dos princípios fundamentais do sistema de Direito Privado, em um reconhecimento da existência de um âmbito particular de atuação do sujeito, com eficácia normativa."[384]

A autonomia privada constituiria, portanto, um dos mais importantes e elementares valores que sedimentam o comportamento e conduta dos homens e que teria como finalidade assentar que o caminho a ser seguido dependeria da voluntariedade das escolhas e, neste sentido, continuam os mencionados autores ao dizer: "É parte do princípio de autodeterminação dos homens, é manifestação da subjetividade, o princípio dos tempos modernos que reconhece a liberdade individual e a autonomia do agir [...]."

Definidos, portanto, o sentido e o alcance da autonomia privada enquanto elemento intrínseco das relações jurídicas consensuais e que coroa a liberdade dos sujeitos na determinação dos caminhos a serem perseguidos, se torna conveniente observar quais seriam os seus limitadores. Isto, especialmente, mas não exclusivamente, em decorrência daquelas situações em que o seu genitor, por conta de desejar alcançar determinada finalidade na concretização de um negócio jurídico, acaba por ultrapassar a linha estabelecida pelo ordenamento.

A observação quanto a esta linha que define os limites à autonomia privada e, por via de consequência à livre iniciativa, é que se pretende identificar de forma a se estabelecer os elementos relacionados à avaliação crítica, ou melhor, criteriosa, no sentido de estabelecer mecanismos

---

[383] PERLINGIERI, Pietro. *Perfis do Direito Civil: Introdução ao Direito Civil Constitucional*. 3. ed. Rio de Janeiro: Renovar.

[384] BORGES, Roxana Cardoso Brasileiro; VASCONCELOS, Emanuel Luis Freire. Igualdade Substancial e Autonomia Privada no Código Civil Brasileiro de 2002, v. 8. Disponível em III Encontro de Internacionalização do CONPEDI/Universidad Complutense de Madrid. Organizadores: Rafael Peteffi da Silva, Cristina Amunátegui Rodriguez. Madrid: Ediciones Laborum.

que facilitem a interpretação das tais estruturas estruturantes no negócio jurídico imobiliário.

Acerca da livre iniciativa, e por conta se abordar no presente trabalho não apenas as sociedades personificadas, mas, também, a compropriedade, vale a transcrição do que informa Antonio Souza Franco, mencionado por Grau (2015, p. 200): "as empresas são apenas as formas de organização com característica substancial e formal (jurídica) de índole capitalista."[385].

Por conta destes elementos, reafirma-se que os princípios da livre iniciativa são aplicáveis a toda e qualquer forma de produção, individual ou coletiva, na qual se encontra compreendida, portanto, a compropriedade consensual enquanto uma das formas (ou regime jurídico) legalmente previstas de se estabelecer relações jurídicas negociais.

Retornando aos limites, sua existência é algo que não se pode ignorar. O comportamento egocêntrico de uma das partes da relação em que tudo lhe parece possível e sem limites não constitui uma premissa aceitável por qualquer ângulo que se observe ou estude o assunto. Acerca da existência ou necessidades de limites, Rodrigues Jr. (2014, p. 65-66 e 80-98) coloca:

> Não se ignora que as relações no mundo privado são marcadas, em diversos casos, pela assimetria entre as partes. O fenômeno da vulnerabilidade de diversos agentes é inegável e eles não podem ser deixados entregues à própria sorte, como se a 'mão invisível' do mercado tudo fosse capaz de resolver. Os grandes grupos econômicos podem ser tão nocivos aos privados quanto o Estado, em muitas situações. [...] O risco está, ainda, no que advertiu Konrad Hesse, citando Alexis de Tocqueville, na perda da capacidade humana de configuração responsável e autônoma da própria vida', não por um Estado todo-poderoso e ditatorial, mas pelo Estado excessivamente protetivo, que acostuma os homens com sua mão bondosa, quando, na verdade, os escraviza em uma gaiola de ouro.[386]

---

[385] E em sentido paralelo, porém complementar, de forma a afirmar a livre iniciativa como base para o desenvolvimento do sistema, menciona às p. 203-2044, Tércio Sampaio Ferraz Junior, in: A Economia e o Controle do Estado, nos seguintes termos: "Afirmar a livre iniciativa como base é reconhecer na liberdade um dos fatores estruturais da ordem, é afirmar a autonomia empreendedora do homem na conformação da ordem econômica, aceitando a sua intrínseca contingência e fragilidade; é preferir, assim, uma ordem aberta ao fracasso a uma "estabilidade" supostamente certa e eficiente."

[386] RODRIGUES JR, Otávio Luiz. *A doutrina do terceiro cúmplice: autonomia da vontade, o princípio res inter alios acta, função social do contrato e a interferência alheia na execução dos negócios jurídicos.* v. 93, n. 821. Revista dos Tribunais.

E o exercício da livre iniciativa com o concomitante desenvolvimento da atividade econômica encontra seu amparo na Constituição do Brasil[387], especificamente, no inciso IV, do artigo 1º (em que se consagra, enquanto fundamento da República Federativa do Brasil, a livre iniciativa); nos incisos XXI e XXIII do artigo 5º (em que se assegura o direito à propriedade e, concomitantemente, estabelece que esta mesma propriedade atenderá sua função social) e no artigo 170 da Constituição do Brasil, através do qual o poder econômico é legitimado, com o propósito de assegurar um estado de bem-estar social baseado no direito à propriedade, à livre iniciativa e ao livre exercício de uma atividade, especialmente, econômica.

Por conta da conjugação destes fatores assegurados na ordem constitucional, se tem por consolidado o capitalismo ordenado, ou seja, aquele que possui como base a calculabilidade e a previsibilidade por conta do Direito, como forma de propiciar a maximização dos lucros.

Nas palavras de Grau (2015, p. 34): "O mercado [..] é uma instituição jurídica constituída pelo Direito Positivo, o Direito posto pelo Estado Moderno." Em idêntico contexto, Bagnoli (2009, p. 231) coloca: "A liberdade econômica é uma liberdade jurídica, estabelecida em lei, que exige atuação do Estado para o funcionamento do sistema". E, Comparato (2016, p. 366), ao realizar uma apreciação crítica do positivismo jurídico arremata ao estabelecer: "os grandes morais da ideologia liberal-capitalista, como se sabe, sempre foram a ordem e a segurança das relações privadas, sobretudo as de cunho econômico."

Entretanto, da mesma forma que se pode preferir as proteções conferidas pelo Estado através das leis na medida em há certa espécie de favoritismo ao desenvolvimento econômico, os beneficiados por estas circunstâncias, o quanto possível, desejam a liberdade de contratar sem quaisquer limitações; buscando afastar, por conseguinte, qualquer espécie de norma estatal que tenha por finalidade a regulação de suas atividades.

Neste sentido, preferem acerca da disciplina de suas respectivas atividades a autorregulação, sobre a qual Zanchim (2012, p. 80), naquelas situações relacionadas aos contratos empresariais e cujas atividades são desenvolvidas em situação de igualdade jurídica, coloca que "a autorresponsabilização impulsiona o fenômeno da autorregulação, que representa

---

[387] A expressão Constituição do Brasil é utilizada por Grau (2015), op. cit. em diversas passagens e significando que o Brasil da atualidade dela nasceu.

dimensão contemporânea do Direito Econômico e incorpora à atividade dos agentes regras procedimentais de alto tecnicismo."[388]

E Grau (2015, p. 36), ao se referir ao controle, pelo Estado, das atividades empresariais, coloca que "o capitalismo [...] necessita da ordem, mas a detesta, procurando a qualquer custo exorcizá-la." E, pouco mais à frente, ao abordar a regulação dos acordos entre particulares e de seus efeitos e consequentes limites, afirma que "a ação estatal sobre os contratos é de importância capital, dada a sua configuração como instituto fundamental na economia de mercado. [...] Daí sua transformação – [...] – em instrumentos dinâmicos voltados ao alcance não apenas dos fins almejados pelas partes, mas, também, na medida em que conformados pelo Estado, dos fins últimos da ordem econômica."[389]

Acrescente-se a estes elementos o que leciona Comparato (2016, p. 499) acerca das relações entre liberdade e ética, na medida em que o comportamento empresarial nas relações jurídicas se encontra intrinsecamente relacionado à pertinência de um comportamento ético que, por conta da liberdade que constitui sua essência, pode desaguar em posturas que demandem repreensão por parte da ordem posta[390]: "a liberdade é o pressuposto da ética e a explicação da radical imprevisibilidade do comportamento humano".

Portanto, para que se possa estabelecer "um limite" é fundamental compreender as circunstâncias, presentes e históricas, nas quais uma determinada situação ou fato foram criados ou se encontram inseridos e, bem assim, verificar se a propriedade atende e dá cumprimento à sua função social. Melhor vincando: ao se interpretar um acordo, um contrato, este deve ser interpretado em seu contexto, de forma que se possa atribuir relevância ao que relevante tenha sido quando de sua formação.

Realizadas e absorvidas em seu contexto estas ponderações, a seguir se passará a observar os modelos jurídicos abertos e que buscam estabelecer

---

[388] ZANCHIM, Kleber Luiz. *Contratos Empresariais. Categoria – Interface com Contratos de Consumo e Paritários – Revisão Judicial*. São Paulo: Quartier Latin. E pouco mais à frente, continua: "Em face deste contexto, é natural que as transações entre empresários se sujeitem cada vez menos a restrições de normas cogentes. Ganha força, assim, a presunção de que eles têm todas as condições necessárias para criar sistemas próprios de proteção, haja vista sua situação de "hipersuficiência" econômica e jurídica, podendo resistir às pressões que eventualmente provenham de outros agentes do mercado."
[389] Ibidem p. 92.
[390] Ordem esta moral ou jurídica (da norma).

os critérios conformadores dos limites de uma relação jurídica imobiliária estruturada, no contexto das assim chamadas estruturas estrurantes.

4.5.1. Função Social na Propriedade Societária e na Compropriedade

O interesse tutelado reserva em si a proteção e a aplicação do assim denominado princípio da socialidade, conforme Boulos (2003, p. 131).[391] E, no mesmo sentido, coloca Martins-Costa (2005, p. 41-66), ao afirmar que "projeta em seus normativos e nas distintas disciplinas jurídicas a diretriz constitucional da solidariedade social".[392]

Este princípio tem por finalidade sujeitar não apenas a propriedade de determinado bem, mas também, os contratos – estes últimos, possivelmente dotados de nítida feição individualista – a uma função social, ou seja, à aplicação do bem comum, da igualdade material, da ordem social justa, da redução das desigualdades, bem como à proibição de qualquer forma de preconceitos, isto tudo conforme Ferreira Pacheco (2007, p. 85)[393].

Importa registrar, de outro lado, que a função social mantém relação direta com a função econômica de um contrato e vice-versa. Isto, pois, na medida em que através da geração de renda – i.e. do lucro, ou seja, da circulação de riquezas – de um contrato se propicia o desenvolvimento da economia em geral, e por via de consequência, de empregos e de um sem número de benefícios para a sociedade. E, neste sentido, indo de encontro ao alcance de um dos objetivos constitucionalmente assegurados, qual seja o de uma sociedade justa e solidária.[394]

E a respeito da correlação entre a função econômica e a função social de um contrato, coloca Theodoro Junior (2004, p. 102) que:

---

[391] BOULOS, Daniel Martins. *A Autonomia Privada, a Função Social do Contrato e o Novo Código Civil*. In: Aspectos Controvertidos do Novo Código Civil. Escritos em homenagem ao Ministro José Carlos Moreira Alves. Arruda Alvim, José Pontes de Cerqueira Cesar, Roberto Rosas (Orgs). São Paulo: Revista dos Tribunais, 2003.

[392] MARTINS-COSTA, Judith. *Reflexões sobre o princípio da função social dos contratos*. Revista Direito GV, [S.l.], v. 1, n. 1. ISSN 2317-6172. Disponível em: <http://bibliotecadigital.fgv.br/ojs/index.php/revdireitogv/article/view/35261/34057>. Acesso em: 16 fev. 2017.

[393] FERREIRA PACHECO, Keila. *Abuso do direito nas relações obrigacionais*. Belo Horizonte: Del Rey.

[394] Neste sentido, o artigo 3º da Constituição do Brasil, estabelece: Artigo 3º: Constituem objetivos fundamentais da República Federativa do Brasil: I – construir uma sociedade livre, justa e solidária; II -garantir o desenvolvimento nacional; III – erradicar a pobreza e a marginalização e reduzir as desigualdades sociais e regionais; IV – promover o bem de todos, sem preconceitos de origem, raça, sexo, cor, idade e quaisquer outras formas de discriminação."

A função social que se atribui ao contrato não pode ignorar sua função primária e natural, que é a econômica. Não pode esta ser anulada, a pretexto de cumprir-se, por exemplo, uma atividade assistencial ou caritativa. Ao contrato cabe uma função social, mas não uma função de 'assistência social'.[395]

Portanto, o princípio da socialidade também se faz presente quando se avaliam os comandos contidos na Constituição do Brasil, especialmente, quando se estabelece como um dos princípios da ordem econômica o da função social da propriedade, sendo também prevista a propriedade como um direito fundamental dos indivíduos, uma vez observada, também, a função social a que se destina.

Neste sentido, Gondinho (2001, p. 141), ao reconhecer que a propriedade sempre exerceu uma função na sociedade, assim discorre acerca de seu desenvolvimento: "[...] a função da propriedade torna-se social apenas a partir do momento em que o ordenamento reconheceu que o exercício da propriedade deveria ser protegido não no interesse do particular, mas no interesse coletivo da sociedade." No mesmo sentido, Boulos (2003, p. 130), ao afirmar o reconhecimento, pelo Estado, da autonomia privada e da liberdade de contratar, coloca que o interesse dos particulares se encontra "limitado pelas funções que o contrato está destinado a cumprir na sociedade."

E exatamente na propriedade e em seu uso é que reside o elemento fundamental de uma sociedade capitalista e ponto central para seu desenvolvimento. E como explica Del Masso (2007, p. 49): "A função social é uma função limitadora da autonomia privada sobre os bens, o choque dos interesses pessoais do proprietário com os interesses gerais da sociedade limitará os direitos daquele."

Dito de outra maneira, de forma a vincar este conceito, Fachin e Schulman (2008, p. 6) afirmam acerca da função social da propriedade que ela "condiciona a fruição individual do proprietário ao atendimento de múltiplos interesses não proprietários [...] de modo que a propriedade deixa de valer *per si*, vinculando-se a um porquê e um para quê."[396] Sendo certo que,

---

[395] THEODORO JUNIOR, Humberto. *O Contrato e sua Função Social*. São Paulo: Forense.
[396] FACHIN, Luiz Edson; SCHULMAN, Gabriel. *Contratos, Ordem Econômica e Princípios: Um Diálogo entre o Direito Civil e a Constituição 20 anos depois*. In: Constituição de 1988: o Brasil 20 anos depois. Brasília: Senado Federal, Instituto Legislativo Brasileiro, 2008, v. 4. Acesso em: 01 fev. 2017.

segundo Martins-Costa (2005, p. 57), "a liberdade de cada um se exerce de forma ordenada ao bem comum, expresso na função social do contrato."

E, portanto, observada a função social da propriedade sob uma perspectiva empresarial, é possível concluir que as decisões havidas em uma determinada partícula social, ou seja, naquele microfísico espaço, como coloca Chalhub (2000, p. 11), "pode[m] afetar diretamente a vida de toda a coletividade, na medida em que, dispondo dos meios de produção e da forma de trabalho, a empresa organiza e dirige o processo produtivo."

Em sua tese de doutoramento e ao discorrer acerca da evolução do direito de propriedade, Sodré (1935, p. 49) anotava que a propriedade se encontrava sujeita a diversas limitações, sejam elas públicas ou privadas, denotando, portanto, que não gozava do caráter absoluto que alguns, àquela época, dizia possuir. Tanto que assim coloca: "Já não se pode considerá-lo como um instituto exclusivo e absoluto. As leis já lhe opõem sérias restrições à exclusividade. De absoluto é o que menos tem o direito de propriedade."[397] Reitere-se, neste sentido, e como informado no Capítulo 1, que idêntica posição é a de Marchi (2002).

A permeabilidade deste conceito é o que se percebe na atualidade. Ele se aplica indistintamente a toda e qualquer relação social, seja de sociedade, de negócio ou contratual, de forma que todo negócio jurídico passa a estar sujeito à aplicação deste princípio condutor[398] e, inclusive naquelas situações em que o controle de uma sociedade é exercido por minorias societárias ou, então, por não detentores de participação societária alguma[399]. E, neste sentido, ao abordar os efeitos da aplicação da função social enquanto cláusula geral e conceito determinado por sua função no sistema jurídico, coloca Rodrigues (2008, p. 14) que "o cerne do problema

---

[397] SODRÉ, Ruy de Azevedo. Tese de Doutorado (Cadeira de Filosofia do Direito): *Função Social da Propriedade Privada*. São Paulo: Editora Revista dos Tribunais.

[398] Neste sentido, Grau (2015) op. cit., p. 91 coloca: "Tem-se afirmado, sistematicamente, que os dois valores fundamentais juridicamente protegidos nas economias do tipo capitalista são, simetricamente, o da propriedade dos bens de produção – leia-se propriedade privada dos bens de produção – e o da liberdade de contratar (ainda que se entenda que tais valores são preservados não em regime absoluto, mas relativo)."

[399] A este respeito, coloca Lopes (2009, p. 218): "O que deve ser destacado é a preocupação da Lei 6.404/76 em atribuir as responsabilidades pelo cumprimento da função social da empresa a todos aqueles que a controlem ou administrem, independentemente de serem acionistas e, neste caso, independentemente da sua participação no capital social [...]. Tal raciocínio aplica-se igualmente às sociedades limitadas [...]".

passa para a reformulação da dogmática clássica, cuja função básica era apenas lógica, de subsunção, para a recriação de um sistema valorativo em que selecionadas fontes sociais [...] darão o suporte de fundamentação para as decisões [...]".[400] Isto pois, parafraseando Chalhub (2000, p. 13), a função social se trata de um princípio que incide no próprio cerne da propriedade e, por conta deste fator, condiciona seu exercício a uma determinada finalidade e impõe como dever a implementação de certas circunstâncias que, em outras situações, seriam consideradas como faculdades.

Ao realizar uma avaliação tendente à contextualização da função social após o advento do atual Código Civil e abordar a forma como ela funciona no ambiente da vida civil, em que prevalecem os princípios da liberdade de contratar que integra e exterioriza a autonomia privada, Martins-Costa (2005, p. 43) conclui que "não se trata [...] de uma liberdade consentida nem de uma liberdade exercida no vazio, mas de uma "liberdade situada", a liberdade que se exerce na vida comunitária, isto é, o lugar onde imperam as leis civis."

Relevante destacar que a função social não deve ser interpretada como sendo um fardo, um ônus, um encargo a ser suportado a duras penas pelo proprietário, pelo empreendedor ou por qualquer dos contratantes, uma vez que, na realidade, e nas palavras de Gondinho (2001, p. 147), "a mesma visa simplesmente fazer com que a propriedade seja utilizada de modo social, cumprindo o fim a que se destina".

No que se refere à aplicação sistêmica desta função social, ela decorre de um intercâmbio entre a Constituição do Brasil e o direito privado – este em sentido amplo e no qual se encontra compreendido, portanto, o direito empresarial – e que poderá ser verificada em variados normativos de caráter infraconstitucional.[401]

---

[400] RODRIGUES, Luis Gustavo Friggi. *Ressignificação da Dogmática Jurídica à Luz do Paradigma da Função Social*. Dissertação (Mestrado em Direito Político e Econômico) – Universidade Presbiteriana Mackenzie, São Paulo, 2008. Disponível em: http://tede.mackenzie.br/jspui/bitstream/tede/1225/1/Luiz%20Gustavo%20Friggi%20Rodrigues.pdf. Acesso em: 12 fev. 2017. E, mais à frente, ao abordar o tema relacionado ao paradigma da função social e seu paradoxo para o direito, conclui à p. 85: "O direito positivo é, como já podemos extrair do estudo sobre as teses de Luhmann o único legitimado a introduzir, por meio de programas normativos, os valores socialmente aceitos. O processo de decisão judicial não deve se dissociar da realidade sociopolítica, pois o juiz há que levar em consideração esses valores socialmente aceitos (traduzidos em conceitos socialmente adequados no interior da Dogmática Jurídica)."

[401] Tais como: (I) O artigo 5º da Lei de Introdução ao Código Civil; (II) nos artigos 187, 421 e 2.035, Parágrafo Único, do Código Civil e (III) nos artigos: 116, parágrafo único, e 154 da Lei nº 6.404/76.

Importante observar que, muito antes da atual Constituição do Brasil, já existiam, portanto, disposições legais que em seu comando normativo estabeleciam a observância dos preceitos relacionados ao atendimento dos chamados fins sociais em pura oposição, portanto, aos interesses personalíssimos e individualistas.

Tanto assim que Comte (1844, p. 72) se manifesta nos seguintes termos: "[...], o homem propriamente dito não existe, só pode existir a Humanidade, já que todo nosso desenvolvimento se deve à sociedade, por qualquer ângulo que o consideremos". E, pouco mais à frente, ao fazer menção ao objetivo último de sua filosofia positiva, assim estatui: "[...] tanto na vida ativa quanto na vida especulativa, a ligação de cada um com todos, numa profusão de aspectos diversos, de forma que se torne involuntariamente familiar o sentimento íntimo da solidariedade social [...]".[402]

A avaliação acerca do cumprimento da função social da Sociedade e da Compropriedade consensual, bem como dos chamados pactos parassociais, sejam eles os acordos de quotistas, de acionistas ou as convenções de condomínio civil, servirá como instrumento para a concepção de critérios identificadores da existência dos limites a serem por qualquer deles observado.

De outro lado, diga-se que não constitui tarefa da função social aplicada aos contratos – e, portanto, às Sociedades ou à Compropriedade consensual – propiciar o amparo tendente à reparação daquelas situações em que uma das partes, por conta de sua ineficiência negocial ou, então, da previsibilidade não inserida no cálculo do risco, venha a sofrer um determinado dano ou, melhor, na linguagem econômica aplicável aos contratos, o reverso do lucro, ou seja, um prejuízo.

Neste sentido, o Superior Tribunal de Justiça, e ao que interessa para este ponto da crítica acerca dos abusos inversamente praticados, decidiu que: "ao contrato incumbe uma função social, mas não de assistência social. [...] O instituto é econômico e tem fins econômicos a realizar, que não podem ser postos de lado pela lei e muito menos pelo seu aplicador."[403]

E, como coloca Lopes (2009, p. 222) "a livre iniciativa e a função social são aspectos complementares e justificativos da atividade empresarial [...]. Os interesses privados dos empresários precisam ser igualmente reconhe-

---

[402] Loc. cit.
[403] BRASIL. Recurso Especial nº 783.404/GO, mencionado por Boraschi (2013), op. cit., p. 66.

cidos [...]." Estas são premissas inafastáveis quando da conjugação da função social enquanto possível limitadora dos da autonomia privada.

Mas não a análise dos limite da moldura não se restringe à função social da propriedade; há outros comandos que contribuem para sua definição e consequente identificação dos limites da autonomia privada quando da concepção das estruturas estruturantes, dentre eles o do abuso do direito.

4.5.2. Abuso do direito e a conformação das estruturas estruturantes

O abuso do direito opera como cláusula geral, entendida esta como norma que não prescreve uma determinada conduta, de maneira impensada e restritiva, mas, ao contrário, define valores e parâmetros para sua válida interpretação. Dito de outra forma, serve como ponto de referência e oferece critérios axiológicos [valores] e limites para sua aplicação, como bem assim coloca Tepedino (2002, p. IX). E Bagnoli (2014, p. 125), mencionando Sérgio Cavalieri Filho, complementa: "[...] a conduta está em harmonia com a letra da lei, mas em rota de colisão com os seus valores éticos, sociais e econômicos."

Colaborando com este entendimento, porém se referindo ao poder de controlar monopolizado, na maioria das vezes, pelas chamadas maiorias societárias, ou seja, por aquelas pessoas, físicas e/ou jurídicas, detentoras do poder de decidir os caminhos a serem perseguidos por uma sociedade e as condutas a serem adotadas, Bulgarelli (2001, p. 22-23), fazendo menção a autores italianos e franceses[404], assim se manifesta:

> Procura-se, por meio de um verdadeiro sistema de pesos e contrapesos, o equilíbrio da vida societária, concedendo-se direitos aos acionistas considerados individualmente ou em grupos, para se oporem aos poderes da maioria [...] que desdobram nas teorias conhecidas como abuso do direito e desvio do poder, francesas, ou desvio do poder, italiana.

Desta forma, a avaliação se a prática de um determinado ato ou a celebração de um determinado acordo acaba por ferir, de e sob qualquer forma,

---

[404] Nicolò Salanitro, *L'invaliditá dele deliberazioni del Consiglio di amministrazione di società per azioni*. (Milão, 1965); Giovani Tantini, *Le modificazioni dell'ato constitutivo nella società per azioni*. (Pádua, 1973); Aldo Maisano, *L'ecesso di potere nelle deliberazioni assembleari di società per azioni*. (Milão, 1968); Gabriel Roujou de Boubèe, *Essai sur l'acte juridique collectif*. (Paris, 1961), p. 311 ss.; Roblot Renè, no *Traitè Elementaire de Droit Commercial* de G. Ripert, t. I. n. 1.194, p. 666, 1.221, p. 684.

princípios ou direitos outros ou de outros que também se encontram amparados de igual maneira em situação semelhante, se torna mais e cada vez mais presente em cada momento de reflexão do estruturador de um negócio jurídico, de forma a se evitar a invalidade dos atos praticados.

A respeito do equilíbrio entre o direito daquele que o exerce e sua prática abusiva de maneira a prejudicar direitos de outros e com relação aos quais se relaciona, vale a reflexão tendo por base as lições de Josserand (1999, p. 5), que se manifestou nos seguintes termos:

> El derecho moderno y especialmente el derecho contemporâneo se forman del abuso una idea mucho más compreensiva; es abusivo cualquier acto que, por sus móviles y por su fin, va contra el destino, contra la función del derecho que se ejerce [...]. Cada derecho tiene su espíritu, su objeto, su finalidad; quien quiera que intente apartalo de su missión social, comete una falta, delictuosa o cuasidelictuosa, um abuso del derecho susceptible de compreender, dado el caso, su responsabilidad.[405]

Um limite, portanto, quando superado e, ao atingir a esfera jurídica de outros, se caracteriza como um abuso do direito[406] e, exatamente, este abuso é que o direito objetiva reprimir. Neste sentido, coloca Ferraz Jr. (1995, p. 23): "Todo abuso é censurável. Quando parte de pessoa física ou jurídica que detém poder, isto é, que se acha em condições de criar para outras situações de dependência, torna-se uma ofensa ao direito que configura e garante o poder."[407]

---

[405] JOSSERAND, Louis. Del Abuso de Los Derechos y otros ensayos. Santa Fé de Bogotá: Temis, 1999. E, antecedentemente, é por ele colocado às pgs. 3-4 que: "A esta concepción implacable, frenética de los derechos individuales, se opone la teoria de relatividad, que lleva a admitir posibles abusos de los derechos, aun delos más sagrados. En esta teoria los derechos, produtos sociales, como el mismo derecho objetivo, derivan su origem de la comunidad y de ella reciben su espiritu y finalidad [...] deben ejercerse en el plano de la institución, con arreglo a su espiritu, o de lo contrario seguirán una dirección falsa, y el titular que de ellos haya, no usado, sino abusado, verá comprometida su responsabilidad para con la victima de esa desviación culpada."
[406] O Código Civil estabelece: "Artigo 187: "Também comete ato ilícito o titular de um direito que, ao exercê-lo, excede manifestamente os limites impostos pelo seu fim econômico ou social, pela boa-fé ou pelos bons costumes."
[407] FERRAZ JR., Tércio Sampaio. Da Abusividade do Poder Econômico. Revista de Direito Econômico – Conselho Administrativo de Defesa Econômica – CADE, nº 21 – Outubro-Dezembro de 1995, Imprensa Nacional.

E este abuso, na fenomenologia empírica, pode ser verificado exatamente no momento em que se constata a violação do valor tutelado pela norma jurídica, ou seja, dos próprios valores amparados normativamente e, também, conceituado por Carpena (2002, p. 370) como sendo um ato abusivo:

> Aquele pelo qual o sujeito excede os limites de exercício do direito, sendo estes fixados por seu fundamento axiológico [valores], ou seja, o abuso surge no interior do próprio direito, sempre que ocorra uma desconformidade com o sentido teleológico, em que se funda o direito subjetivo. O fim – social ou econômico – de um certo direito subjetivo não é estranho à sua estrutura, mas elemento de sua própria natureza.[408]

Desta forma, o comando contido na norma jurídica que versa acerca do abuso do direito não estabelece uma determinada conduta como sendo lícita ou ilícita, mas, sim, opera como uma cláusula geral aplicável indistintamente a todas as situações, ou seja, definindo elementos subjetivos sob a forma de valores e parâmetros a serem utilizados quando da aplicação de seu conceito. Opera, assim, como um ponto de partida interpretativo, através do oferecimento, ao operador do direito, de critérios axiológicos e limites para sua aplicação, como assim se manifesta Tepedino (2002, p. XIX).

E como colocado por Jouserrand (1999, p. 7), talvez tenha ocorrido com o direito de propriedade, especialmente a imóvel, a primeira verificação prática dos exatos contornos relacionados à figura do abuso do direito, notadamente naquelas situações em que seu titular, ao usar a coisa no sentido de realizar sua exploração, excede seus limites na medida em que prejudica os próximos à sua propriedade imobiliária. E, como exemplo, menciona a instalação de um matadouro de animais que embaraçava a boa qualidade do ar de toda uma região.

Trazendo esta realidade para o objeto deste estudo, se poderia cogitar acerca daquela hipótese em que o detentor do poder estruturador, nas estruturas do negócio jurídico imobiliário, estabelece a compulsoriedade do financiamento, de terceiros[409], tendente à implantação de toda e qual-

---

[408] CARPENA, Heloísa. *O abuso do direito no Código civil de 2002*. In: TEPEDINO, Gustavo (coord.). *A Parte Geral do Novo Código Civil – Estudos na Perspectiva Civil – Constitucional*. Rio de Janeiro: Renovar.

[409] De lojistas (varejistas em geral), por exemplo, e que tenham interesse em ingressar no empreendimento imobiliário desde que sejam financiadas as obras relacionadas às suas instalações.

quer operação que venha a ser por ele entendida como significativa para o bom desenvolvimento do empreendimento imobiliário objeto da comunhão e sem a necessidade da apresentação de seus fundamentos. Nesta situação, não obstante o direito emergir, legitimamente, da assunção de um pacto inicial e antecedente, os limites deste direito se encontram subsumidos a um comportamento justificável sob a ótica econômica e mercadológica do risco retorno.[410]

Da mesma forma, e a depender do contexto em que inserido, poderia ser considerada como sendo uma prática que caracterizaria o abuso do direito, aquela situação através da qual se pactua a prévia aprovação de uma expansão de empreendimento imobiliário estruturado ou, então, a de sucessivos aumentos de capital em uma determinada sociedade, sem que se franqueie o acesso aos estudos econômico-financeiros e a possibilidade de verificação de sua conformidade àqueles que se sujeitariam aos efeitos do pacto.

Em acréscimo, outro elemento passível de caracterização da figura do abuso de direito é a quebra de confiança negocial e o fator surpresa acerca da imprevisibilidade do comportamento do agente. A este respeito, Boraschi (2013, p. 61), quando aborda o tema da responsabilização objetiva ou subjetiva do agente que o pratica, coloca que "[...] no abuso do direito, o agente se vale de uma confiança preestabelecida e que é ínsita a toda relação jurídica, vindo a ultrapassar os limites [...], causando maior surpresa ao ofendido, o qual, pressupondo estar agindo em boa-fé objetiva, não acreditava na prática da ilicitude."

Ao abordar o tema relacionado à transformação de um ato lícito em um ato ilícito, através da limitação vedada por meio da norma, de forma a caracterizar uma lesão e o ato corresponder a um ilícito, Ferraz Jr. (1995, p. 23), ao versar acerca do direito da concorrência, coloca que:

> Ilicitude no uso do poder econômico ocorre, em princípio, quando uma prática de mercado traduz a configuração da ilegalidade. Trata-se de práti-

---

[410] E em situação semelhante, mas ao abordar a situação dos contratos de arrendamento e através dos quais é inserida cláusula através da qual fica vedado o subarrendamento, bem como sua cessão a terceiros sem prévia autorização, coloca Josserand (1999). op. cit., p. 14-15 que "el rechazo por parte del arrendador debe apoyarse en un motivo legítimo; de otra suerte, si se inspira em el deseo de perjudicar al inquilino, o en un capricho, no es suficiente, y el subarrendatario podrá entrar en el goce de la cosa con autorización del tribunal, la cual suplirá, en este caso, la autorización del propietario."

cas *per se* condenáveis por força de lei, em face do dano que provocam para o mercado. Para a caracterização da abusividade, porém, não é necessário que a prática seja uma ilicitude *per se*. Mesmo no exercício de prerrogativas legítimas, conferidas por lei ou não proibidas pela legislação, a ação econômica pode ferir interesses, lesar terceiros, produzir desequilíbrios no mercado. Trata-se, então, de uma lesão de direito que, inobstante a legitimidade da prática, pode gerar responsabilidade. Ou seja, o ato que obedece aos limites da lei, mas que, no exercício do direito, viola princípios de finalidade econômica da instituição social do mercado, produzindo um desequilíbrio entre o interesse individual e o da coletividade, constitui um abuso do poder econômico enquanto poder juridicamente garantido pela Constituição.

E acerca da metamorfose de um ato lícito em um ato ilícito nas relações circunscritas às comunhões, objeto deste estudo, se poderia cogitar acerca daquelas situações em que são ajustadas disposições privadas normativas que têm por finalidade, de alguma forma, regular de maneira a restringir a competição no mercado, mas, de outro lado, para certos integrantes desta relação são pactuadas liberalidades em situação idêntica. Estar-se-ia diante das cláusulas de raio ou de exclusividade e com relação às quais os próprios integrantes da relação negocial imobiliária ajustariam a não edificação de empreendimentos concorrentes ou, então, próximos àqueles objetos do investimento da comunhão. Mas, de outro lado e, hipoteticamente, ao redigir a disposição é inserida exceção àqueles aprovados ou em fase de aprovação[411] e acerca dos quais nada se informa quando da celebração do pacto parassocial.

Sob outra ótica, mas negativa no sentido da não contratação representar um abuso de direito, Jouressand (1999, p. 14-15) menciona hipótese relacionada àquelas situações em que o deixar de contratar seria o fato constituinte da transgressão do direito de outros. Esclarece que o ato de contratar pressupõe o livre agir e a vontade independente no entorno da assunção de uma relação e indaga como se poderia entender que a ausência de contratar caracterizaria um ato de abuso e, portanto, passível de repreensão pelo ordenamento jurídico. Explica que, de fato, a atitude passiva ou

---

[411] Entenda-se desta forma aqueles empreendimentos imobiliários que possuam suas aprovações relacionadas à edificação, mesmo que não possam iniciar suas obras de construção (i.e. possua o alvará de aprovação, mas não ainda o de execução).

o nada fazer é um direito que não admite limitação de qualquer espécie, pois ninguém é obrigado a celebrar um contrato, especialmente, naquelas situações em que qualquer dos agentes manteve-se de forma inerte.

Entretanto, em sendo verificadas determinadas circunstâncias, e como Jouserrand (1999, p. 14-15) coloca, constata-se que "mediado tratos, y retirarse em ciertas condiciones es cometer uma falta". E a título ilustrativo menciona a hipótese de um comerciante que oferece permanentemente seus produtos para o público e, quando então, uma pessoa deseja adquiri-los se recusa, sem qualquer motivo, realizar a venda ou até mesmo deixá-lo adentrar no estabelecimento. E assim conclui: "comete él un acto ilícito, abusa del derecho que le pertenece – aunque no le pertenece del todo – de escogner sus clientes; será responsable de daños y perjuicios em provecho de la víctima del rechazo."[412]

Nas relações de comunhão, poderia se constatar como subsumida a esta hipótese da negativa de contratar aquela ausência do previsto e estabelecido comportamento anteriormente disciplinado, relacionado à não formalização de determinados ajustes previamente aprovados através de reuniões ou assembleias de comunheiros (i.e. a negativa na celebração de um contrato, aprovado por maioria, por parte de seu dissidente).

Em face destes elementos, a avaliação da figura do abuso do direito, enquanto gênero do qual a espécie seria o abuso de poder, é elemento fundante para o estabelecimento dos limites a serem observados pelos agentes da relação jurídica imobiliária e, notadamente, por aquele que possuir o poder de definir as atividades sociais, especialmente, quando das prévias e necessárias reflexões acerca das disposições privadas normativas e que integram as estruturas estruturantes do negócio jurídico imobiliário.

Dito de outra forma, a abordagem acerca dos limites daquele que é o titular do poder estruturador, sob o enfoque do abuso do direito, tem por finalidade o estudo das relações de proximidade entre a situação daquele que exerce ou teria poder de exercer certa "inspiração" em um determinado agente da relação jurídica imobiliária como fator determinante para sua aceitação de determinada estrutura estruturante. E, a este poder, há limites; vejamos.

---

[412] E assim continua na imediata sequência: "Así se muestran susceptibles de abuso los derechos más diversos, y la lista podría alargarse interminablemente; derechos positivos o negativos, derechos reales o personales, derechos contractuales o extracontractuales, derechos patrimoniales o extrapatrimoniales [...]".

4.5.3. Poder, Poder do Econômico[413] e as estruturas estruturantes

No Capítulo 2, foi abordado o poder de controlar sob a ótica do direito aplicável às sociedades que naquele ponto foram objeto de apreciação, bem como e através de critérios substancialmente analógicos à compropriedade.

A partir deste momento, não serão objetos de avaliação as formas pelas quais ocorre e se opera o poder de controlar, uma vez que estas foram abordadas anteriormente, mas, doravante, será percorrido o caminho tendente à fixação dos parâmetros definidores de seus limites que, o quanto razoavelmente possível, deverão ser observados de maneira conjunta à função social e ao abuso do direito [este enquanto gênero, da qual a espécie seria o abuso do poder].

O poder, na conceituação de Hans Kelsen e transcrita por Bagnoli (2009, p. 231), deve ser entendido como sendo "a capacidade de influenciar alguém". E, assim Hans Kelsen complementa de forma contundente: "o poder, em sua essência, não se limita a ser político ou econômico, espiritual ou de terror, mas sim o meio pelo qual se obtém o comportamento desejado."[414]

Através de uma perspectiva econômica, o poder, na conceituação de Bruna (2001, p. 104-105) pode ser definido como "a capacidade de determinar comportamentos econômicos alheios, em condições diversas daquilo que decorreria do sistema de mercado, se nele vigorasse um sistema concorrencial puro"[415]. Este entendimento muito se aproxima daquele colocado por Forgioni (1998): "O poder econômico implica sujeição (seja dos concorrentes, seja dos agentes econômicos atuantes em outros mercados, seja dos consumidores) àquele que o detém. Ao revés, implica independência, absoluta liberdade de agir sem considerar a existência ou o comportamento de outros sujeitos."[416]

---

[413] Refere-se a Poder "do" Econômico, como forma de enfatizar a relação de imposição exercida por aquele que possui, sobre outros, um determinado poder baseado em sua capacidade econômica e, portanto, gerando uma relação de sujeição.
[414] Loc. cit.
[415] BRUNA, Sérgio Varella. *O Poder Econômico e a Conceituação do Abuso de seu Exercício*. 1. ed. São Paulo: Revista dos Tribunais. E em sentido bastante semelhante, Vaz (1993), op. cit., p. 93, coloca que o poder econômico é o "resultante da concentração de forças econômicas privadas e capazes, segundo a expressão weberiana, de impor sua própria vontade ao comportamento de outras pessoas. (...)."
[416] FORGIONI, Paula Andrea. *Os Fundamentos do Antitruste*. São Paulo: Revista dos Tribunais.

Por fim, Ferraz Jr. (1995, p. 24), realizando uma avaliação acerca da fenomenologia da realidade econômica leciona que:

A noção de poder econômico, portanto, assinala, de um lado, um fenômeno da realidade, objeto de limitações jurídicas, mas também uma situação jurídica de tolerância, base para a configuração de um direito de concorrer. Em si, o poder econômico não é ainda um direito subjetivo, mas uma situação admitida ou permitida negativamente, isto é, permitida na medida em que não é proibida (mas não permitida positivamente, isto é, autorizada por normas permissivas expressas).

Portanto, buscando conciliar os elementos básicos das diferentes conceituações atribuíveis à caracterização do poder "do" econômico, é possível perceber os seguintes fatores como sendo intrínsecos à sua conceituação: a) a força por conta de uma influência empírica e real; b) a permissividade e a tolerância quanto à prática da ação[417] e c) a limitação ou dirigismo da própria vontade privada.

Caracterizado, portanto, o poder como sendo uma situação que condiciona comportamentos, vale a reflexão acerca da atitude adotada pelo receptor da influência exercida pelo detentor do poder, no caso daquele que possui melhores condições de estabelecer as estruturas estruturantes; de modo a verificar se a conduta do agente foi capaz de influenciá-lo de forma decisiva na adoção de comportamentos comissivos ou omissos. Assim, o comportamento do receptor poderá ser positivo, negativo ou neutro, a depender do impacto que o poder exerceu sobre sua livre convicção e, por decorrência, condicionando sua decisão, pelo menos em tese, em sentido contrário ou, então, de maneira a limitar a defesa de seus próprios interesses.

Torna-se legítima, desta forma, a indagação no sentido de se verificar se os elementos caracterizadores do exercício do poder, *in casu*, aquele relacionado ao econômico privado, ofenderia a esfera privada daqueles que se encontrarem em posição passiva, ou seja, de subsunção na relação

---

[417] Como o objeto de estudo é o poder "do" econômico na esfera da autonomia privada, se parte do pressuposto que as partes contratantes – tanto nas sociedades quanto na compropriedade consensual – se encontram em situação similar de igualdade (formal) jurídica e, portanto, inexistindo a necessidade da invocação de proteções outras que não aquelas relacionadas ao direito civil, ou seja, não se esta abordando relações de consumo ou de pessoas em estado de necessidade.

de poder. Para que se identifique uma resposta a esta pergunta, se torna necessária a avaliação das circunstâncias empíricas de cada situação e dos elementos norteadores e formadores da vontade, ou melhor, da processualística relacionada à formação do livre consentimento.

Neste sentido, para que se possa conceber os critérios definidores dos limites da autonomia privada nas estruturas estruturantes do negócio jurídico imobiliário, se faz necessário percorrer um caminho que passará, como se percebe, pela avaliação do cumprimento da função social da propriedade, da boa-fé, bem como do abuso do direito e, inclusive, neste contido as exteriorizações do poder, inclusive, daquele que por conta de possuir uma melhor capacidade econômica acaba por impor sua vontade aos demais agentes da relação jurídica. Sempre, de outro lado, tendo em mente que a função econômica da propriedade imobiliária é também protegida pelo ordenamento jurídico e, portanto, de sua preservação depende a sociedade para que se cumpra os objetivos constitucionais.

O que se pode ter como presente é que o poder "do" econômico de determinados agentes imobiliários e, em determinadas circunstâncias negociais, pode exercer influência, por vezes de questionável validade ética ou normativa, e o direito possui mecanismos para, identificada esta situação, manter o equilíbrio nas relações. Importante esclarecer que com isso não se deseja estabelecer um protecionismo do empresariado e na relação entre empresários em situação de paridade econômica; que como lembrado por Zanchim (2012, p. 86-87), assim foi definida por F. Messineo como aquela "situação em que as partes contam com tutela legal em igual intensidade, gozando de autodeterminação que impede que uma imponha à outra o conteúdo do contrato."[418]

De outro lado, é possível perceber que a avaliação externa por meio da denominada "estrutura" e, interna através das chamadas disposições "privadas normativas" e que compõem, através de sua conjugação, a estrutura estruturante do negócio imobiliário, sofrem limitações por conta da interferência de direitos também considerados fundamentais para o desenvolvimento da atividade econômica.

Dito de outra forma, há uma disciplina legal e geral das atividades desenvolvidas pelos empreendedores imobiliários como maneira de con-

---

[418] Isto, pois, como bem coloca, à p. 81: "[...] seria verdadeira incoerência admitir que alguém, em seu próprio ramo de atividade, possa ser leigo e incapaz de suportar os riscos de seus empreendimentos."

formar seus negócios aos interesses, também significativos, de um Estado que estabelece a intervenção na ordem econômica a bem e para o bem da proteção do próprio mercado e como fundamento para seu crescimento. O que se busca resguardar na esfera dos direitos subjetivos é a conformação de comportamentos aos princípios estabelecidos pela boa-fé, pela função social e pela função econômica dos contratos que são estabelecidos pelo e para os empresários em suas relações[419].

Como colocado por Fachin e Schulman (2008, p. 19):

> [...] não há mais como se "enxergar a esfera contratual apenas em preto e branco, sem as cores do crivo de índole material. Entende-se que a contemporaneidade demanda uma compreensão larga do contrato, expandindo-se a visão clássica pela qual o acordo entre particulares é visto tão-só como negócio jurídico, eis que se percebe que a teoria geral produziu um "mascaramento da diversidade do real" (Carbonnier, 1974, p. 249). É preciso, portanto, remover as camadas de presunções e ficções que objetivaram tornar as avenças impermeáveis às relações e às situações concretas. Novos elementos e fenômenos precisam ser incorporados ao estudo, como o mercado, a empresa, a publicidade e a catividade.

Em adição às ponderações até então realizadas, em artigo em que desenvolve algumas reflexões acerca do futuro do direito empresarial brasileiro Camargo (2016) e, ao também enfrentar o tema da previsibilidade e da estabilidade desejada pelo mercado, aliada ao campo da fiscalização e regulação estatal das atividades econômicas coloca que nos dias atuais: "abraça-se uma visão mais multidisciplinar das questões cotidianas, premiando princípios como transparência, equidade, prestação de contas e responsabilidade corporativa. Mais postura e comportamento ético, menos retórica e externalidades negativas [...]."[420]

---

[419] Também neste sentido, Boulos (2003), op. cit., p. 127, coloca: "Assim, o direito subjetivo, embora limitado, no seu exercício, pela boa-fé, pelos bons costumes e pela função social econômica, continua a privilegiar e atender, de forma imediata, ao interesse do respectivo titular. Da mesma forma, o princípio da liberdade de contratar continua a envolver a possibilidade de as partes livremente optarem pela celebração ou não do contrato; de elegerem, segundo os seus interesses, o tipo contratual mais adequado (liberdade de seleção do tipo contratual), e preencherem o seu conteúdo da forma que melhor lhes aprouver."

[420] CAMARGO, André Antunes Soares de. *Reflexões sobre o futuro do Direito empresarial brasileiro*. Disponível em: http://www.migalhas.com.br/dePeso/16,MI244074,71043Reflexoes+sobre+o+futuro+do+Direito+empresarial+brasileiro, de 18/08/2016. Acesso em: 23 ago. 2016.

Portanto e, como dito por Fernando Pessoa, caro poeta de origem portuguesa: "Tudo vale a pena, quando a alma não é pequena".

Assim o sendo, caberá ao empresariado imobiliário, quando do desenvolvimento de seus negócios jurídicos através das denominadas estruturas estruturantes avaliar, detidamente, sejam as circunstâncias das pessoas, dos contratos e dos fatos da relação jurídica empresarial que se estrutura, eventuais limites que devam ser observados por conta destes constituírem, como dito anteriormente[421], verdadeiros princípios limitadores do exercício da autonomia privada. Isto, pois, quem abusa, não usa, abusa. Excede os limites ao usar e, assim, comete uma infração.

Neste sentido, se torna necessário buscar a superação de circunstâncias que apenas têm por finalidade proteger e resguardar, a todo e qualquer custo, o meu em detrimento do nosso sempre, sem perder de vista que o contrato, em sentido amplo e, como colocado por Zanchim (2012, p. 291) "continuará sendo o que sempre foi: um acordo de declarações de vontade em certas circunstâncias negociais orientadas pelo interesse econômico de seus contratantes."[422]

Neste sentido, assume relevância as colocações de Morsello (2014, p. 171) ao afirmar que, na atualidade, "grassam o denominado crepúsculo do dever e a ética indolor, com individualismo exacerbado, justaposição e contraposição de valores, fomentando os conflitos, designadamente na vida condominial, com comportamentos nitidamente antissociais."[423]

---

[421] Lourenço (2001), na totalidade.

[422] E assim continua: "Trata-se de algo muito pequeno para servir de bastião a ideologias de prateleira que se julgam defensoras dos fracos e oprimidos. De certo modo, o reconhecimento da essência econômica dos contratos e a categorização das avenças em contratos empresariais, contratos de consumo e contratos paritários podem reabrir debates técnicos sobre temas importantes como a aplicação de princípios contratuais."

[423] E, ainda segundo Morsello, neste mesmo sentido: "LIPOVETSKY, Gilles. *A sociedade pós-moralista*. Trad. Armando Braio Ara. Barueri: Manole, 2009. p. 25-27; GIDDENS, Anthony. Runaway world. How globalisation is reshaping our lives. London: Profile Books, 2002. p. 16-17; MINDA, Gary. Postmodern legal movements: law and jurisprudence at century's end., New York: New York University Press, 1995. p. 1-9; HESPANHA, António Manuel. *O Caleidoscópio do Direito. O Direito e a Justiça nos dias e mundo de hoje*. 2. ed. Coimbra: Almedina, 2009. p. 469-476; AZEVEDO, Antonio Junqueira de. *O direito pós-moderno e a codificação*. In: Estudos e pareceres de direito privado. São Paulo: Saraiva, 2004. p. 55-63; NALINI, José Renato. *Ética e família na sociedade pós-moralista*. In: COLTRO, Antônio Carlos Mathias (Coord.). *A revisão do direito de família*. Estudos jurídicos em homenagem ao centenário de Edgard de Moura Bittencourt. Rio de Janeiro: GZ Editora, 2009. p. 384-418."

Portanto, buscar, de forma incessante e o quanto possível, entender quais os limites dos mecanismos relacionados ao desenvolvimento do mercado imobiliário e as estruturas estruturantes permitidas e, não aquelas que, de alguma maneira têm por finalidade mascarar a verdade, constitui o motivo do que foi abordado até então. Pois, como se diz, não se pode deixar iludir a verdade.

Contudo e, sem encerrar as infinitas reflexões ao rotineiro enfrentamento da realidade (i.e. da verdade) dos negócios jurídicos em uma sociedade capitalista, necessário reafirmar o quanto dito na introdução deste capítulo por Bagnoli (2009, p. 84), ou seja, "nada se tem contra o poder econômico, mas apenas quando ele é utilizado de forma abusiva" e, mencionando, novamente, as palavras de Grau (2015, p. 96): "é necessário que o Estado se empenhe na defesa do capitalismo contra os capitalistas"[424], tudo como forma de propiciar o responsável crescimento das relações neste tão caro mercado imobiliário nacional. Devendo-se, contudo e, por conta de seus malefícios, ser repudiada "a intromissão excessiva do Estado na vida dos privados por meio da redução exacerbada do seu poder de auto conformarem relações jurídicas", como assim afirma Boulos (2003, p. 126).

Como colocava Gandhi, mencionado por Comparato (2016, p. 393): "a verdade é dura como o diamante e suave como a flor em botão". Que a verdade, portanto, nos e dos negócios jurídicos imobiliários estruturados seja duramente suave, retilínea, ética e atenda aos anseios insculpidos na Constituição do Brasil.

Isto, sem que se condene com pena de morte, a tão apreciada segurança jurídica, quando da aplicação dos modelos abertos, pois como coloca Martins-Costa (2015, p. 8) "o Direito não pode se dar ao luxo de não ser positivo e o Direito positivo não pode se dar ao luxo de desvalorizar a segurança jurídica. [...] um Ordenamento jurídico deve oferecer segurança e almejar segurança [...] deve acalmar e não inquietar."

---

[424] E, oportuna a transcrição do que coloca à p. 56: "É oportuna a lembrança, aqui, da imagem do feiticeiro que já não consegue dominar as forças demoníacas que evocara. Para aplacá-las, afinal, é que o Estado esta aí, com o Direito que produz – o Direito posto – a serviço da preservação do sistema."

CONCLUSÃO

Através desta obra, procurou- se abordar os elementos-chave que, em princípio, deverão ser refletidos, quando do desenvolvimento de empreendimentos imobiliários estruturados, acerca da opção por uma determinada estrutura associativa. E, neste sentido, sob o enfoque comparativo entre os regimes jurídicos aplicáveis à Compropriedade, no caso, e conforme definição adotada e longamente discutida, a consensual, paralelamente à sociedade por ações e à sociedade limitada.

Para tanto, foram objetos de observação e discussão os vínculos que se estabelecem entre os agentes imobiliários, os demais participantes e o bem imóvel objeto do central desenvolvimento da empresa; tudo como forma de identificar os pontos centrais desta relação, de maneira a estabelecer as principais questões que se relacionam com o comportamento das tais estruturas associativas ao longo do desenvolvimento do negócio jurídico imobiliário.

Neste caminho, ao serem realizados os estudos comparativos, foi possível observar que em determinadas situações o comportamento dos regimes da compropriedade consensual e da sociedade personificada se equivalem, de maneira a demonstrar que são em quase tudo semelhantes, mas que se distanciam, especial e notadamente, quando observados sob a ótica da relação que se estabelece entre os participantes e o bem objeto da atividade empresária.

Na compropriedade, uma relação de direito real e sobre a coisa com todas as implicações que desta natureza são decorrentes, dentre elas o seu caráter *erga omnes*; a existência de quóruns preestabelecidos para a tomada de decisões e a discussão acerca da possibilidade de ajustes em sentido diverso; a (im) possibilidade de divisão da coisa desde que observados certos elementos; como se define a destinação do bem e quais as condições de sua administração, ordinária ou extraordinária e, especialmente, as discussões acerca da modulação dos efeitos dos direitos reais.

Especificamente acerca da modulação dos direitos reais, se discute acerca da vinculação das disposições de um acordo firmado (que pode receber, dentre diversas outras, a nomenclatura de Convenção de Condomínio Civil) entre coproprietários e aqueles que passarem a compor a unidade coproprietária.

Dito de outra forma, se o ajustado seria oponível *erga omnes* e, portanto, aderende ao próprio bem imóvel objeto da compropriedade ou, então, constituiria apenas direito pessoal dependente de sua aceitação por novos coproprietários, seja em decorrência de sua alienação voluntária, mas, especialmente por conta de uma transferência realizada em eventual processo de execução forçada. E a discussão acerca desta circuntância ilumina, ou melhor, coloca em foco a eventual fragilidade desses acordos quando, especialmente e, através deles, são estabelecidos mecanismos relacionados ao poder de controlar os negócios da compropriedade imobiliária. Poder este passível de atribuição de certo valor econômico.

De outro lado, na sociedade personificada, – e ao que bastante pode importar em face das garantias representadas por um imóvel, especialmente, em um Brasil em que parte substancial da empresa se desenvolve tendo por base a propriedade imobiliária – os participantes desta relação jurídica não exercem um direito direto sobre o imóvel, mas, sim, através de uma participação em quotas ou ações representativas de um determinado capital social. E, assim o sendo, com as consequências decorrentes desta circunstância, dentre elas a possibilidade de sua livre exploração, alienação e oferecimento em garantia, uma vez observado o quórum previsto legalmente ou, então, aquele estabelecido através do consensuado ajuste societário (i.e. através dos acordos parassociais).

Mas, uma vez avaliada e superada esta perspectiva acerca da titularidade direta sobre o imóvel objeto da empresa – entendida esta como atividade econômica organizada, e não na como pessoa jurídica – na sociedade personificada, os elementos constituintes deste regime jurídico facultam àqueles que por ele optar uma maior variedade de possibilidades na estruturação dos negócios jurídicos imobiliários.

E esta firmação se fundamenta, exemplificativamente, por conta também de outros elementos abordados alhures, pela facilidade conferida à sociedade na estruturação da captação de recursos, seja através do lançamento de títulos de dívida ou, então, através da divisão do capital social em porções de diferentes espécies (i.e. ações ordinárias e preferenciais).

Acrescente-se, também, às diferentes formas em que se pode dividir o capital social, as variadas possibilidades de se estabelecer e assegurar o denominado poder de controle que pode ser fator determinante para a escolha de um determinado regime. Poder este de controlar que, diferentemente da possibilidade de discussão relacionada à compropriedade e à modulação de seus efeitos através de uma convenção de condomínio civil, se pode disciplinar com segurança através dos chamados acordos parassociais (de acionistas ou quotistas) e que vincula a participação e o seu detentor.

Quanto ao controle, e de maneira a vincar como o mesmo se realiza em cada um dos regimes estudados, de maneira geral e simplificada, em uma sociedade, o controle pode ser exercido pelo(s) titular(es) de mais da metade das quotas ou ações (com direito a voto) em que se divide o capital. De outro lado, na relação coproprietária, a gestão ordinária da empresa exige idêntica maioria, mas, de outro lado, para a extraordinária, estabelece a unanimidade. E isto, sem se adentrar nas discussões acerca dos quóruns exigidos para determinadas matérias, dentre elas aquela relacionada à definição da destinação do bem objeto da compropriedade e, por consequência, o de sua alteração.

Importa apenas recordar acerca da existência, no regime aplicável à sociedade, de alguns quóruns não dispositivos (i.e. que não comportam alteração pela vontade das partes) e mais elevados para determinadas matérias (dentre estes a alteração do objeto social; a incorporação, fusão e transformação societária), assim como a existência do direito de retirada de um determinado sócio que discordar da aprovação de determinado tema aprovado, por maioria, pelos demais sócios.

Em face, especialmente, destes elementos, pode-se concluir que a adoção do regime jurídico aplicável à sociedade, além de conferir maior flexibilidade, também tende a assegurar maior segurança jurídica comparativamente ao da compropriedade.

E essa relativa insegurança jurídica, por vezes constatada por conta de alguns elementos relacionados ao regime jurídico aplicável à compropriedade, se relaciona, especialmente, com discussões decorrentes das raízes que norteiam a interpretação e aplicação dos direitos coproprietários no regime jurídico da compropriedade. Mas, de outro lado, passível de defesa tendo em vista os princípios constitucionais e, dentre eles e notadamente, os da ordem econômica e da livre iniciativa, este último enquanto elemento intrínseco da autonomia da vontade.

E na esfera destas discussões, além daquelas já comentadas, se encontra também a possibilidade da compropriedade ser entendida como sendo uma sociedade naquela situação em que seus comproprietários, diretamente e através do imóvel *indiviso* ou em estado de indivisão, exercerem uma atividade de empresa.

A este respeito, observou-se através dos elementos constitutivos da relação comproprietária, conjugadamente, com aqueles relacionados à societária, a impertinência desta conclusão no sentido de uma compropriedade ser uma sociedade. Isto, pois, apesar de verossímeis, possuem elementos que as distanciam, aliado à inafastável circunstância de àqueles que desenvolvem a empresa, caber a escolha pelo regime jurídico a ser aplicado aos seus negócios imobiliários. Concluir em sentido diverso acarretaria a equiparação da comunhão empresária à sociedade em comum (atual denominação da sociedade de fato) e, por conta dessa circunstância, às implicações decorrentes, dentre elas a responsabilidade solidária e ilimitada pelas obrigações sociais, bem como as fiscais e tributárias, o que não se admite sob qualquer fundamento ou linha de argumentação uma vez ferir o sistema constitucional.

Importa, também, elencar como uma das consequências que se traduz em insegurança quando da opção pelo regime da compropriedade, a possibilidade conferida pelo ordenamento jurídico de, a qualquer tempo, qualquer dos comproprietários, solicitar a divisão do imóvel, em sendo divisível e, acaso não o seja, requerer sua venda em juízo. E, por conta deste fator, colocar em risco a empresa até então desenvolvida pela comunidade comproprietária e, além da empresa, os resultados esperados e planejados por cada um dos comproprietários. Isto, pois, não obstante existir o direito de preferência em caso de venda, não se pode presumir que a coletividade possuirá os recursos financeiros para seu exercício e, portanto, não o possuindo, os frutos decorrentes daquela empresa cessarão para com os seus comproprietários.

Importa estabelecer que a conclusão acerca da segurança jurídica entre os regimes estudados não se baseia apenas na fortaleza ou fraqueza dos elementos capazes de defender as estruturas adotadas em um e noutro regime, mas, também, o fator tempo para que uma determinada discussão seja finalizada. Dito de outra maneira, como a empresa e o empresário não têm como finalidade última se alimentar de discussões e fomentá-las, a escolha entre os regimes deve levar em consideração aquele que, em seu conjunto, apresenta a menor possibilidade de discussão e, com isso, a maior segurança jurídica considerada, outrossim, o tempo.

De outro lado, não obstante a conclusão a que se encerra, devem sempre ser avaliados em cada um dos regimes, especialmente quando materializados através das estruturas estruturantes, ou seja, do conjunto de normas e disposições privadas normativas estabelecidas pelos e/ou colocadas aos integrantes da relação jurídica, a observância a certos limites impostos à autonomia privada. Limites estes conformados pela aplicação de determinados princípios e regras estabelecidos pelo ordenamento jurídico, dentre os quais e, como discutido alhures, o da função social, o do abuso do direito e o da boa-fé.

Isto, pois, quando da concreção, isto é, da efetivação do dever ser em ser, através das estruturas estruturantes do negócio jurídico imobiliário, e como afirmado anteriormente, o comportamento empresarial nas relações jurídicas se encontra intrinsecamente ligado à pertinência de uma postura ética que, por conta da liberdade que constitui sua essência, pode desaguar em posturas que demandem repreensão por parte da ordem posta. Repreensão esta que poderá carrear ao comportamento desconforme penalidades e consequências variadas.

REFERÊNCIAS

ABRÃO, Nelson. *Sociedades Limitadas*. 10. ed. rev. ampl. e atual. pelo Desembargador Carlos Henrique Abrão. São Paulo: Saraiva, 2012.

ALMEIDA GUILHERME, Luiz Fernando do Vale de. *Código Civil Comentado*. São Paulo: Rideel, 2013.

ALVARES, Samantha Lopes. *Ação de Dissolução de Sociedades*. São Paulo: Quartier Latin, 2008.

ALVES, José Carlos Moreira. *Direito Romano*. 6. ed. rev. ampl. Rio de Janeiro: Forense, 1987.

ALVIM, Arruda. *Direitos Reais*. In: O Crédito Imobiliário em face do Novo Código Civil/Instituto de Registro Imobiliário do Brasil e Associação Brasileira das Entidades de Crédito e Poupança. São Paulo: IRIB/ABECIP, 2005.

ANGELICI, Carlo; FERRI, Giovanni. *Manuale di Diritto Commerciale*. 12. ed. Torino: Utet Giuridica, 2006.

AMENDOLARA, Leslie. *Os Direitos dos Acionistas Minoritários*. São Paulo: STS, 1988.

BESSONE, Darcy. *Direitos Reais*. São Paulo: Saraiva, 1988.

BAGNOLI, Vicente. *Direito e Poder Econômico. Os Limites Jurídicos do Imperialismo frente aos Limites Econômicos da Soberania*. Rio de Janeiro: Elsevier, 2009.

_____. BASTOS, Alexandre Augusto Reis; NAVAS, Amanda Renata Enéas. *Cláusula de Exclusividade – Análise Concorrencial a partir do Caso dos Créditos Consignados*. São Paulo: Almedina: 2014.

BERTONCELLO, Fernando R.M. *Direito, Mercado Financeiro e Sustentabilidade*. Curitiba: Prismas, 2016.

BESSONE, Darcy. *Direitos Reais*. São Paulo: Saraiva, 1988.

BIANCA, C. Massimo. *Diritto Civile. La Proprietá*. v. 6. Milano: Giuffrè, 1999.

BLOCH, Marc. *A Sociedade Feudal*. Trad. Emanuel Lourenço Godinho. Lisboa: Edições 70, 1982.

BORBA. José Edwaldo Tavares. *Direito Societário*. 11. ed. rev. ampl. atual. Rio de Janeiro: Renovar, 2008.

BOBBIO, Norberto. *Teoria do Ordenamento Jurídico*. Tradução: Maria Celeste C.J. Santos. 10. ed. Brasília: Universidade de Brasília, 1999.

_____. *Direito e Poder*. Tradução: Nilson Moulin. São Paulo: Unesp, 2008.

_____. *Da Estrutura à Função: Novos Estudos de Teoria do Direito*. Tradução: Daniela Beccaccia Versiani. Barueri, SP: Manole, 2011.

BORASCHI, Reginaldo. *O Abuso decorrente da Violação à Finalidade Econômica do*

Direito. 2013. Dissertação (Mestrado em Direito) – Pontifícia Universidade Católica de São Paulo, São Paulo, 2013. Disponível em: http://www.sapientia.pucsp.br/tde_arquivos/9/TDE-2013-06-05T08:29:54Z-13653/Publico/Reginaldo%20Boraschi.pdf. Acesso em: 14 abr. 2016.

BORGES, Roxana Cardoso Brasileiro; VASCONCELOS, Emanuel Luis Freire. *Igualdade Substancial e Autonomia Privada no Código Civil Brasileiro de 2002*. v. 8, p. 24-38. Disponível em III Encontro de Internacionalização do CONPEDI/Universidad Complutense de Madrid. Organizadores: Rafael Peteffi da Silva e Cristina Amunátegui Rodriguez. Madrid: Ediciones Laborum, 2015.

BOULOS, Daniel Martins. *A Autonomia Privada, a Função Social do Contrato e o Novo Código Civil*. In Aspectos Controvertidos do Novo Código Civil. Escritos em homenagem ao Ministro José Carlos Moreira Alves. Arruda Alvim, José Pontes de Cerqueira Cesar, Roberto Rosas (Orgs.). São Paulo: Revista dos Tribunais, 2003.

BOURDIEU, Pierre. *O Poder Simbólico*. Rio de Janeiro: Bertrand Brasil, 1989.

BULGARELLI, Waldirio. *Manual das Sociedades Anônimas*. 12. ed. São Paulo: Atlas, 2001.

BRUNA, Sérgio Varella. *O poder econômico e a conceituação do abuso de seu exercício*. 1. ed. São Paulo: Revista dos Tribunais, 2001.

BRASIL. Associação Brasileira de Shopping Centers – ABRASCE. *Evolução do Setor. Shopping Centers no Brasil 2016*. Disponível em: www.portaldoshopping.com.br/monitoramento/evolução-do-setor. Acesso em: 10 fev. 2017.

BRASIL. *Constituição da República Federativa do Brasil*. Cláudio Brandão de Oliveira (Org.). 8. ed. Rio de Janeiro: Roma Victor, 2006.

BRASIL. Departamento Nacional de Registro do Comércio – DNRC. Instrução Normativa nº 98/2003 (Manual de Atos de Registro de Sociedade Limitada). Brasília: DREI. Disponível em: http://drei.smpe.gov.br/legislacao/instrucoes-normativas/titulo-menu/pasta-anexos/manual-de-atos-de-registro-mercantil-sociedade-limitada.pdf. Acesso em: 16 jan. 2017.

BRASIL. Decreto-Lei nº 2.848, de 7 de dezembro de 1940. Código Penal Brasileiro. Disponível em: http://www.planalto.gov.br/ccivil_03/decreto-lei/Del2848compilado.htm. Acesso em: 31 jan. 2016.

BRASIL. Lei nº 13.105, de 16 de março de 2015. *Código de Processo Civil*. Disponível em: http://www.planalto.gov.br/ccivil_03/_ato2015-2018/2015/lei/l13105.htm. Acesso em: 06 jun. 2016.

BRASIL. Projeto de Lei do Senado nº 463, de 13 de dezembro de 2016. *Condomínio Multiproprietário em Imóveis*. Disponível em: http://www25.senado.leg.br/web/atividade/materias/-/materia/127788. Acesso em: 01 fev. 17.

BRASIL. Lei nº 6.404, de 15 de dezembro de 1976. Disponível em: https://www.planalto.gov.br/ccivil_03/Leis/L6404consol.htm. Acesso em: 10 jan. 2017.

BRASIL. Lei nº. 10.406, de 10 de janeiro de 2002. Código Civil Brasileiro. Disponível em: https://www.planalto.gov.br/ccivil_03/LEIS/2002/L10406.htm. Acesso em: 10 jan. 2017.

BRASIL. Recurso Especial nº. 783.404/GO. Relatora a Sra. Ministra Nacy Andrighi, 2ª. Turma do Superior Tribunal de Justiça. Disponível em: https://ww2.stj.jus.br/processo/revista/documento/mediado/?componente=ATC&sequencial=3139407&num_registro=200501581344

&data=20070813&tipo=51&formato=PDF. Acesso em: 18 abr. 2016.

CALÇAS, Manoel de Queiroz Pereira. *Sociedade de Propósito Específico no Setor Imobiliário*. In *Direito Imobiliário Atual*. Daniel Aureo de Castro (Coord.). Rio de Janeiro: Elsevier, 2013.

CAMARGO, André Antunes Soares de. *Reflexões sobre o futuro do Direito empresarial brasileiro*. Disponível em: http://www.migalhas.com.br/dePeso/16,MI244074,71043-Reflexoes+sobre+o+futuro+do+Direito+empresarial+brasileiro, de 18/08/2016. Acesso em: 23 ago. 2016.

CAMILLO, Carlos Eduardo Nicoletti; FUJITA, Jorge Shiguemitsu; SACAVONE JR, Luiz Antonio; TALAVERA, Glauber Moreno (Coord.). *Comentários ao Código Civil*. 3. ed. rev. atual. São Paulo: Revista dos Tribunais, 2014.

CARPENA, Heloísa. *O Abuso do Direito no Código Civil de 2002*. TEPEDINO, Gustavo (coord.). In: A Parte Geral do Novo Código Civil – Estudos na perspectiva civil – constitucional. Rio de Janeiro: Renovar, 2002.

CARVALHOSA, Modesto. *Acordo de Acionistas*. São Paulo: Saraiva, 1984.

_____. *Comentários à Lei de Sociedades Anônimas*. v. 3. rev. ampl. São Paulo: Saraiva, 1997.

_____. *Comentários à Lei de Sociedades Anônimas*. v. 1, 4. ed., São Paulo: Saraiva, 2002.

CHALHUB, Melhim Namem. *Propriedade Imobiliária. Função social e outros aspectos*. Rio de Janeiro: Renovar, 2000.

_____. *Novos Aspectos Obrigacionais no Direito Imobiliário*. In: O Crédito Imobiliário em face do Novo Código Civil/Instituto de Registro Imobiliário do Brasil e Associação Brasileira das Entidades de Crédito e Poupança. São Paulo: IRIB/ABECIP, 2005.

CHAPPUIS, De Clément. *Structure Juridique des Enterprises*. In *Cours droit des sociétés structures juridique des entreprises*. França: Chembaba, 2013.

COELHO, Fábio Ulhoa. *Curso de Direito Comercial*. v. 2, 5. ed. rev. atual. São Paulo: Saraiva, 2002.

_____. *Curso de Direito Comercial*. v. 3, 6. ed. rev. atual. São Paulo: Saraiva, 2006.

_____. *Penhorabilidade das Cotas Sociais*. Rio de Janeiro: Editora Revista dos Tribunais, nº 82.

COMPARATO, Fabio Konder. *Ensaios e Pareceres de Direito Empresarial. O Indispensável Direito Econômico*. Rio de Janeiro: Forense, 1978.

_____. *A reforma da empresa*. São Paulo: Saraiva, 1990.

_____. *O Poder de Controle na Sociedade Anônima*. 3. ed. Rio de Janeiro: Forense, 1983.

_____. *Ética: Direito, Moral e Religião no Mundo Moderno*. 3. ed. rev. São Paulo: Companhia das Letras, 2016.

COMTE, Auguste. *Discurso sobre o Espírito Crítico*. Trad. Maria Ermantina Galvão G. Pereira. São Paulo: Martins Fontes, 1990.

COSTA, Philomeno J. da. *Aspectos da Sociedade por Ações*. p. 85. Disponível em: http://www.revistas.usp.br/rfdusp/article/viewFile/66821/69431. 1977. Acesso em: 31 jan. 2017.

CUNHA, Rodrigo Ferraz Pimenta da. *O exercício de voto na sociedade anônima*. In: Direito Societário – Desafios Atuais. CASTRO, Rodrigo R. Monteiro de & Aragão, Leandro Santos de (Coord.). São Paulo: Quartier Latin, 2009.

DANTAS, Santiago. *Clássicos da Literatura Jurídica. Programa de Direito Civil. Parte Geral*. 4. ed. Rio de Janeiro: Editora Rio, 1979.

DAVID, René. *Os Grandes Sistemas do Direito Contemporâneo*. Tradução: Hermínio A.

Carvalho. São Paulo: Martins Fontes, 2014.

DEL MASSO, Fabiano. *Direito Econômico. Direito Ponto a Ponto.* 1. ed. Rio de Janeiro: Elsevier, 2007.

_____. BAGNOLI, Vicente. *Teoria Jurídica do Mercado e a Atividade Empresarial (Aplicação jurídica uniforme para todas as atividades econômicas).* Disponível em: *60 Desafios do Direito: economia, direito e desenvolvimento.* v. 2. Coordenadores: Ana Cláudia Silva Scalquette e José Francisco Siqueira Neto; Organizadores: Felipe Chiarello de Souza Pinto e Vicente Bagnoli. 1. ed. São Paulo: Atlas, 2013.

DE LUCCA, Newton. *O Direito de Recesso no Direito Brasileiro e na Legislação Comparada.* Revista da Faculdade de Direito da Universidade de São Paulo. v. 94, 1999. Disponível em: www.revistas.usp.br/rfdusp/article/download/67435/70045. Acesso em: 18 jan. 2017.

DINIZ, Maria Helena. *Multipropriedade imobiliária: uma especial figura condominial ad tempus.* In: Direito Imobiliário Atual. Daniel Aureo de Castro (Coord.). Rio de Janeiro: Elsevier, 2013.

ELIAS FILHO, Rubens Carmo. A Convenção de Condomínio e as Restrições aos Direitos dos Condôminos dela decorrentes. 2012. Tese (Doutorado em Direito Civil)- Pontifícia Universidade Católica de São Paulo, São Paulo, 2012. Disponível em: http://www.sapientia.pucsp.br/tde_arquivos/9/TDE-2012-11-26T10:36:07Z-13134/Publico/Rubens%20Carmo%20Elias%20Filho.pdf. Acesso em: 16 mai. 2016.

ESPINOLA, Eduardo. *Posse, Propriedade, Compropriedade ou Condomínio. Direitos Autorais.* Rio de Janeiro: Conquista, 1956.

FACHIN, Luiz Edson; SCHULMAN, Gabriel. *Contratos, Ordem Econômica e Princípios:* *Um Diálogo entre o Direito Civil e a Constituição 20 anos depois.* In Constituição de 1988: o Brasil 20 anos depois. Brasília: Senado Federal, Instituto Legislativo Brasileiro, 2008, v. 4. Disponível em: http://biblioteca2.senado.gov.br:8991/F/8ULNR1P93RY8JM6U3C1KQ7TT8N6NQAG5GNIUYXQP3KH1JJE9RC-11205?func=full-set-set&set_number=001749&set_entry=000002&format=999. Acesso em: 01 fev. 2017.

FERRAZ JR., Tércio Sampaio. *Da Abusividade do Poder Econômico.* Revista de Direito Econômico – Conselho Administrativo de Defesa Econômica – CADE, nº 21 – Outubro-Dezembro de 1995, Imprensa Nacional: 1995, Disponível em: http://www.terciosampaioferrazjr.com.br/?q=/publicacoes-cientificas/85. Acesso em: 11 abr. 2016. Acesso em: 01 mar. 2017.

_____. Tércio Sampaio. *Poder econômico e gestão orgânica.* In: FERRAZ JÚNIOR, Tércio Sampaio; SALOMÃO FILHO, Calixto; NUSDEO, Fabio (orgs.). *Poder Econômico: direito, pobreza, violência, corrupção.* 1. ed. Barueri: Manole, 2009.

FERREIRA PACHECO, Keila. *Abuso do Direito nas Relações Obrigacionais.* Belo Horizonte: Del Rey, 2007.

FERREIRA, Waldemar. *Consultas e Pareceres. Condomínio e Sociedade.* Revista dos Tribunais, nº 72, 1928.

_____. *A Personalidade Jurídica das Sociedades Comerciais no Direito Brasileiro.* São Paulo: Revista da Faculdade de Direito da Universidade de São Paulo. V.48, 1953. Disponível em: http://www.revistas.usp.br/rfdusp/article/view/66178/68788. Acesso em: 09 jan. 2017.

FINLEY JR., Thomas P. *Formation of a Limited Liability Company – Form a LLC.* p. 1. 2016.

FONSECA, Priscila M. P. Correa da. *Dissolução Parcial e Retirada de Sócio*. São Paulo: Atlas, 2002.

FORGIONI, Paula Andrea. *Os Fundamentos do Antitruste*. São Paulo: Revista dos Tribunais, 1998.

FRANÇA, Erasmo Valladão Azevedo e Novaes. *A Sociedade em Comum*. 1. ed. São Paulo: Malheiros, 2013.

_____. *Conflito de Interesses nas Assembleias de S.A. e outros escritos sobre conflito de interesses*. São Paulo: Malheiros, 2014.

_____. Parecer não publicado, datado de 17 de dezembro de 2011, disponível nos autos da Medida Cautelar, Processo nº. 583.00.2011.227666-7/10, nº de Ordem 2.549, às fls. 98-117 (TJ/SP, 26ª. Vara Cível da Capital de São Paulo).

FRANCE. *Code de Commerce*. Disponível em: https://www.legifrance.gouv.fr/affichCodeArticle.do?cidTexte=LEGITEXT000005634379&idArticle=LEGIARTI000006223057. Acesso em: 23 jan. 2017.

FRANCE. *Code Civil*. Disponível em: https://www.legifrance.gouv.fr/affichCode.do?cidTexte=LEGITEXT000006070721. Acesso em: 14 fev. 2017.

FUJI, Alessandra Hirano. *O conceito de lucro econômico no âmbito da contabilidade aplicada*. Revista Contabilidade & Finanças da Universidade de São Paulo, Faculdade de Economia, Administração e Contabilidade, Departamento de Contabilidade e Atuária, v. 15, n. 36, Set/Dez 2004. Disponível em: http://dx.doi.org/10.1590/S1519-70772004000300004. Acesso em: 07 jun. 2016.

GABAN, Eduardo Molan; DOMINGUES, Juliana Oliveira. *Direito Antitruste: O Combate Aos Cartéis*. 2. ed. Prefácio de Fábio Nusdeo e apresentação de Tércio Sampaio Ferraz Junior. São Paulo: Saraiva, 2009.

GONDINHO, André Pinto da Rocha Osório. *Direitos Reais e Autonomia da Vontade (O Princípio da Tipicidade dos Direitos Reais)*. Rio de Janeiro: Renovar, 2001.

GRAU, Eros Roberto. *A Ordem Econômica na Constituição de 1988*. 17. ed. São Paulo: Malheiros, 2015.

GROSSI, Paolo. *A Ordem Jurídica Medieval*. Tradução Denise Rossato Agostinetti. São Paulo: Martins Fontes, 2014.

IGLESIAS, Juan. *Derecho Romano – Instituciones de Derecho*. v. 1. Privado. Barcelona: Ariel, 1953.

ITALY. Regio Decreto 16 marzo 1942-XX, nº 262. *Approvazione del testo del Codice Civile*. Disponível em: http://www.nazionale.anaip.it/codicecivileitaliano/codice-civile-aggiornato-condominio.pdf. Acesso em: 07 jun. 2016.

JAPIASSU, Hilton; MARCONDES, Danilo. *Dicionário Básico de Filosofia*. 3. ed. rev. e ampl. Rio de Janeiro: Zahar, 2001.

JOSSERAND, Louis; BRUN, André. *Derecho Civil. La Propiedad y Los Otros Derechos Reales y Principales*. Trad. Santiago Cunchillos y Manterola. Buenos Aires: Bosh & Cia, 1950.

_____. *Del Abuso de Los Derechos y otros ensayos*. Santa Fé de Bogotá: Temis, 1999.

KANT, Immanuel. *Crítica da Razão Pura*. Tradução Lucimar A. Coghi Anselmi e Fulvio Lubisco. São Paulo: Martin Claret, 2015.

KASER, Max. *Direito Privado Romano*. Trad. Samuel Rodrigues e Ferdinand Hammerle. Rev. Maria Armanda de Saint Maurice. Lisboa: Fundação Calouste Gulbenkian, 1999.

KELSEN, Hans. *Teoria Pura do Direito*. 7. ed. São Paulo: Martins Fontes, 2006.

LESSA, Pedro Augusto Carneiro. *Sociedade Regular e Sociedade de Fato em Direito Civil e em Direito Comercial*. Revista da Faculdade de Direito de São Paulo (atual Revista da Faculdade de Direito da Universidade de São Paulo), v. 10, 1902.

LEAES, Luiz Gastão Paes de Barros. Parecer denominado *"O Shopping Center como Condomínio Voluntário"*, datado de 30/06/2010, anexado aos autos dos Recursos Especiais 1.232.631 e 1.255.169-RJ, em que são Recorrentes Marcon Empreendimentos Imobiliários S.A. e Companhia Carioca de Fomento e, Recorrido IRB – Brasill Resseguros S.A. e como Relator o Ministo João Otávio de Noronha, 2010.

LGOW, Carla Wainer Chalréo. *Direito de Preferência*. São Paulo: Atlas, 2013.

LOBO, Jorge. *Sociedades limitadas*. v. 1. Rio de Janeiro: Forense, 2004.

LOPES, Ana Frazão de Azevedo. A Função Social da Empresa na Constituição de 1988. In TIMM, Luciano Benetti; MACHADO, Rafael Bicca (Coord.). Função Social do Direito. São Paulo: Quartier Latin, 2009.

LOURENÇO, José. Limites à Liberdade de Contratar: Princípio da Autonomia e da Heteronomia da Vontade nos Negócios Jurídicos. São Paulo: Juarez de Oliveira, 2001.

MALUF, Carlos Alberto Dabus. *O Condomínio Tradicional no Direito Civil*. 2. ed. São Paulo: Saraiva, 1989.

MAMMANA, Carlos Eduardo Martins. *Análise das condicionantes para a escolha do tipo societário: sociedades por ações de capital fechado e sociedades limitadas*. Dissertação (Mestrado em Direito dos Negócios). Escola de Direito de São Paulo da Fundação Getúlio Vargas, São Paulo, 2016. Disponível em: http://bibliotecadigital.fgv.br/dspace/bitstream/handle/10438/16518/Disserta%C3%A7%C3%A3o%20Carlos%20Mammana%20-%20Mestrado%20Profissional%202016.pdf?sequence=1. Acesso em: 16 jan. 2017.

MARCHI, Eduardo C. Silveira. *A Propriedade Horizontal no Direito Romano*. São Paulo: Quartier Latin, 2002.

MARQUES, José Frederico. *Sociedade por Quotas – Exegese do art. 15 do Dec. nº 3.708, de 10 de janeiro de 1919*. In Pareceres. São Paulo: AASP, 1993.

MARTINS-COSTA, Judith. *Reflexões sobre o princípio da função social dos contratos*. Revista Direito GV, [S.l.], v. 1, n. 1, p. 41-66, jan. 2005. ISSN 2317-6172. Disponível em: <http://bibliotecadigital.fgv.br/ojs/index.php/revdireitogv/article/view/35261/34057>. Acesso em: 16 fev. 2017.

_____. *Como Harmonizar os modelos jurídicos abertos com a segurança jurídica dos contratos?* Revista Brasileira de Direito Civil. v. 5, Jul/Set 2015, Instituto Brasileiro de Direito Civil.

MAURO, Laerson. *Você Conhece Direito Civil? – Coisas*. Rio de Janeiro: Editora Rio, 1981.

MAXIMILIANO, Carlos. *Condomínio. Terras, apartamentos e andares perante o Direito*. Rio de Janeiro: Freitas Bastos, 1944.

MELLO, Celso Antonio Bandeira de. *Conteúdo Jurídico do Princípio da Igualdade*. São Paulo: Malheiros, 2006.

MELLO, Felipe de Almeida. *Abuso do Poder de Controle e a Utilização da Arbitragem para a Resolução de Conflitos Societários*. Dissertação (Mestrado em Direito Político e Econômico) – Universidade Presbiteriana Mackenzie, São Paulo, 2009.

MENDONÇA, J.X. Carvalho de. *Tratado de Direito Comercial Brasileiro*. v. 3, 2. ed. Rio de Janeiro: Freitas Bastos, 1933.

MESSINEO, Francesco. *Manuale Di Diritto Civile e Commerciale (Codici e Norme Complementari)*. v. 1, 8. ed., rev. ampl. Milão: Giufrè, 1950.

MONTEIRO, Washington de Barros. *Curso de Direito Civil. Direito das Coisas*. v. 1 e 3. 29. ed. atual. Saraiva: 1991.

MORSELLO, Marco Fábio. *O Condômino Antissocial sob a Perspectiva Civil Constitucional*. v. 109. Revista da Faculdade de Direito da Universidade de São Paulo, 2014.

NERY JUNIOR, Nelson; ANDRADE NERY, Rosa Maria de. *Código Civil Comentado*. 8. ed. rev. ampl. e atual. São Paulo: Revista dos Tribunais, 2011.

PARENTONI, Leonardo Netto; MIRANDA, Jacqueline Delgado. *Cotas sem Direito de Voto na Sociedade Limitada: Panorama Brasileiro e Norte Americano*. Revista Eletrônica do Curso de Direito da UFSM (Universidade Federal de Santa Maria), v. 11, n. 2, 2016. Disponível em: https://periodicos.ufsm.br/revistadireito/article/viewFile/22784/pdf. Acesso em: 16 jan. 2017.

PENTEADO, Luciano de Camargo. *Direito das Coisas*. 2. ed., rev. ampl. e atual. São Paulo: Revista dos Tribunais, 2012.

PEREIRA, Caio Mário da Silva. *Instituições de Direito Civil*. v. 4, 21. ed. Rio de Janeiro: Forense, 2013.

PERLINGIERI, Pietro. *Perfis do Direito Civil: Introdução ao Direito Civil Constitucional*. 3. ed. Rio de Janeiro: Renovar, 2007.

PINTO JUNIOR, Mário Engler. *A opção entre a forma LTDA. ou a S.A.*. Revista de Direito Mercantil, Industrial, Econômico e Financeiro, v. 79. São Paulo: Revista dos Tribunais, 1990.

PONTES DE MIRANDA, Francisco Cavalcanti. *Tratado de Direito Privado*. Parte Geral, Tomo 1, 4. ed. São Paulo: Revista dos Tribunais, 1974.

PORTUGAL. Decreto Lei nº 262/86, de 2 de setembro de 1986. *Código das Sociedades Comerciais*. Disponível em: http://www.dgpj.mj.pt/sections/citius/livro-v-leis-sobre/pdf2215/dl-262-1986/downloadFile/file/DL_262_1986.pdf?nocache=1182251871.74. Acesso em: 31 jan. 2017.

POUND, Roscoe. *Las Grandes Tendencias del Pensamiento Jurídico*. Barcelona, 1950.

REGO, Marcelo Lamy; LAMY FILHO, Alfredo; PEDREIRA, José Luiz Bulhões. *Direito das Companhias*. Rio de Janeiro: Forense, 2009.

REQUIÃO, Rubens. *Curso de Direito Comercial*. v. 1 e 2, 19. ed. atual. São Paulo: Saraiva, 1989.

RETTO, Marcel Gomes Bragança. *Sociedades Limitadas*. Barueri, SP: Manole, 2007.

RIPERT, Georges e Boulanger, Jean. *Tratado de Derecho Civil Segun El Tratado de Planiol*. Trad. Delia Garcia Daireaux, Supervisão de Jorge Joaquim Llambias. Buenos Aires: La Ley, 1963, tomo VI.

RODRIGUES, Luiz Gustavo Friggi. *Ressignificação da Dogmática Jurídica à Luz do Paradigma da Função Social*. Dissertação (Mestrado em Direito Político e Econômico) – Universidade Presbiteriana Mackenzie, São Paulo, 2008. Disponível em: http://tede.mackenzie.br/jspui/bitstream/tede/1225/1/Luiz%20Gustavo%20Friggi%20 Rodrigues.pdf. Acesso em: 12 fev. 2017.

RODRIGUES JR., Otávio Luiz. *A doutrina do terceiro cúmplice: autonomia da vontade, o princípio res inter alios acta, função social do contrato e a interferência alheia na execução dos negócios jurídicos*. Revista dos Tribunais, v. 93, n. 821, p. 80-98, mar. 2004.

SALOMÃO FILHO, Calixto. *O Novo Direito Societário*. São Paulo: Mallheiros, 2011.

SARAMAGO, José. *As Intermitências da Morte*. São Paulo: Companhia das Letras, 2005.

SCHMIDT, Dominique. *Les Droits de la minorité dans la société anonyme*. Sirey, 1970.

SILVA, De Plácido. *Dicionário Jurídico*. 21. ed. Rio de Janeiro: Forense, 2003.

SINÉ, Laure. *Le Petit droit des Sociétés: SNC, SARL/EURL/AS/SAS/SE*. Paris: Dunod, 2008.

SOARES, Danielle Machado. *Condomínio de fato: incidência do princípio da autonomia privada nas relações jurídicas reais*. Rio de Janeiro: Renovar, 1999.

SODRÉ, Ruy de Azevedo. Tese de Doutorado: *Cadeira de Filosofia do Direito: Função Social da Propriedade Privada*. São Paulo: Editora Revista dos Tribunais, 1935.

SPINOZA, Baruch de. *Ética Demonstrada à Maneira dos Geômetras*. Tradução Jean Melville. Martin Claret: São Paulo, 2003.

TEPEDINO, Gustavo. *Multipropriedade Imobiliária*. São Paulo: Saraiva, 1993.

_____. *Crise de fontes normativas e técnica legislativa na parte geral do Código Civil de 2002*. In: A parte geral do novo Código Civil: estudos na perspectiva civil-constitucional. Rio de Janeiro: Renovar, 2002.

_____. BARBOZA, Heloisa Helena; MORAES, Maria Celina Bodin de. *Código Civil Interpretado conforme a Constituição da República*. v. 1, 2. ed. Rio de Janeiro: Renovar, 2007.

THEODORO JÚNIOR, Humberto. *O Contrato e sua Função Social*. São Paulo: Forense, 2004.

UNITED STATES OF AMERICA. Delaware Department of State. Delaware Limited Liability Company Act. Disponível em: http://delcode.delaware.gov/title6/c018/. Acesso em: 16 jan. 2017.

VAZ, Isabel. *Direito Econômico da Concorrência*. Rio de Janeiro: Forense, 1993.

VENOSA, Sílvio de Salvo. *Direito Civil. Direitos Reais*. v. 6, 15. ed. São Paulo: Altas, 2015.

VERGUEIRO, Carlos Eduardo. *Acordos de Acionistas e a Governança das Companhias*. São Paulo: Quartier Latin, 2010.

VIEIRA, José Alberto C. *Direitos Reais*. Coimbra: Coimbra, 2008.

WALD, Arnold. *Direito das Coisas*. 8. ed. São Paulo: Revista dos Tribunais, 1991.

_____. *A Empresa no Novo Código Civil*. In: O Crédito Imobiliário em face do Novo Código Civil/Instituto de Registro Imobiliário do Brasil e Associação Brasileira das Entidades de Crédito e Poupança. São Paulo: IRIB/ABECIP, 2005.

_____. *Do Direito de Empresa*. In: TEIXEIRA, Sálvio de Figueiredo (Coord.). Comentários ao Novo Código Civil. v. 14. Rio de Janeiro: Forense, 2010.

ZANCHIM, Kleber Luiz. *Contratos Empresariais. Categoria – Interface com Contratos de Consumo e Paritários – Revisão Judicial*. São Paulo: Quartier Latin, 2012.

ÍNDICE

CAPÍTULO 1 – COMPROPRIEDADE: CARACTERÍSTICAS
E INSTRUMENTO DE COMUNHÃO DE INTERESSES
PARA EMPREENDIMENTOS IMOBILIÁRIOS ESTRUTURADOS   15

CAPÍTULO 2 – SOCIEDADE & PERSONALIDADE JURÍDICA:
A CORRELAÇÃO COM A COMPROPRIEDADE   77

CAPÍTULO 3 – COMPROPRIEDADE E SOCIEDADE:
UM CENÁRIO COMPARATIVO   135

CAPÍTULO 4 – LIMITES DA AUTONOMIA PRIVADA
NAS ESTRUTURAS ESTRUTURANTES DO NEGÓCIO
JURÍDICO IMOBILIÁRIO   159

ÍNDICE

CAPÍTULO 1 – COMPROPRIEDADE. CARACTERÍSTICAS
E INSTRUMENTO DE COMUNHÃO DE INTERESSES
PARA EMPREENDIMENTOS IMOBILIÁRIOS ESTRUTURADOS 25

CAPÍTULO 2 – SOCIEDADE & PERSONALIDADE JURÍDICA.
A COEXISTÊNCIA COM A COMPROPRIEDADE 77

CAPÍTULO 3 – COMPROPRIEDADE E SOCIEDADE.
UM CENÁRIO COMPARATIVO 135

CAPÍTULO 4 – LIMITES DA AUTONOMIA PRIVADA
NAS ESTRUTURAS ESTRUTURANTES DO NEGÓCIO
JURÍDICO IMOBILIÁRIO 159